U0507610

流动的权力：

先秦、秦汉国家统治思想研究

RESEARCH ON THE THOUGHTS OF STATE RULE IN
PRE-QIN AND QIN-HAN

李健胜 ◎ 著

中国社会科学出版社

图书在版编目（CIP）数据

流动的权力：先秦、秦汉国家统治思想研究 / 李健胜著 . —北京：
中国社会科学出版社，2018.11
ISBN 978 - 7 - 5203 - 3395 - 5

Ⅰ.①流…　Ⅱ.①李…　Ⅲ.①政治思想史—研究—中国—先秦时代
②政治思想史—研究—中国—秦汉时代　Ⅳ.①D092.2

中国版本图书馆 CIP 数据核字（2018）第 244548 号

出 版 人　赵剑英
责任编辑　李炳青　张　湉
责任校对　王　斐
责任印制　李寡寡

出　　　版　中国社会科学出版社
社　　　址　北京鼓楼西大街甲 158 号
邮　　　编　100720
网　　　址　http://www.csspw.cn
发 行 部　010 - 84083685
门 市 部　010 - 84029450
经　　　销　新华书店及其他书店

印　　　刷　北京明恒达印务有限公司
装　　　订　廊坊市广阳区广增装订厂
版　　　次　2018 年 11 月第 1 版
印　　　次　2018 年 11 月第 1 次印刷

开　　　本　710×1000　1/16
印　　　张　15.5
插　　　页　2
字　　　数　240 千字
定　　　价　69.00 元

凡购买中国社会科学出版社图书，如有质量问题请与本社营销中心联系调换
电话：010 - 84083683
版权所有　侵权必究

目　　录

序　言

中国思想史研究是史学研究的组成部分，因其偏重文本阐释、思想解读、现实关怀，与主张实证的史学研究多有不同，因此，虽在学科体系中列入专门史，但与哲学、阐释学等学科也有紧密联系，似乎本然地具有多学科综合的学术特点。

近代以来，经学崩解、道统式微，传统学术研究在西学东渐的时代背景下迎来新的契机，加之来自西方的理论与方法开始植根于中土，中国思想史研究也呈现出百舸争流之势，胡适、冯友兰等前贤的研究，初步建构起中国思想史研究的视域、理论及方法。20世纪40年代以来，侯外庐先生的中国思想史研究在研究理论与方法上自成一派，[①] 赵纪彬、杜国庠、邱汉生、张岂之、姜广辉等都是刘泽华学派不同时期的代表人物，他们先后主编的多卷本《中国思想通史》《宋明理学史》《中国思想学说史》《中国经学思想史》等是中国思想史研究的重要成果。20世纪80年代，刘泽华先生的政治思想史研究因其鲜明的学术主张、强烈的现实关怀引起学界广泛关注。刘先生梳理出中国传统思想文化的主脉——"王权主义"，并以此为分析工具，重点解析专制统治在中国古代形成、演变的历史过程，并借此反思中国古代思想文化及其价值体系对近现代社会的作用与影响。刘先生长期在南开大学任教，他培养的学生及受其影响而用"王权主义"为思想史研究分析工具，主张中国古代王权支配社会观点的一些学者，如李宪堂、张分田等都属于刘泽华学派，这一学派还被称为

---

① 方克立、陆信礼：《"侯外庐学派"的最新代表作——读〈中国儒学发展史〉》，《中国社会科学院研究生院学报》2010年第2期。

"南开学派""反思学派"或"王权主义学派"。① 此外,余英时先生的士
大夫研究,葛兆光先生提倡的一般知识、思想、信仰研究等,都对当代中
国思想史研究起到重要的示范或引领作用。西方学界思想史研究渐渐衰落
之时,在中国,这一学科仍然充满活力,这是中国人习惯于用"思想文
化"来解决问题的特殊背景使然,② 而如何顺着这一"习惯",进一步拓
宽研究方法、深化研究理论,则是当下思想史学界热议的话题。

中国思想史研究与书写经历过一个串"糖葫芦"的阶段,即以历史
上依次出现的精英思想家及经典文本为分析对象,介绍其生平、思想主
张、阐释其思想主旨,再用某种一以贯之的所谓"史观"串联起来,构
成了一度占据主流地位的思想史写法,与之相关的研究方法也被称作
"典籍思想"研究。目前,"典籍思想"研究面临着诸多挑战,其研究范
式也受到质疑,秦晖先生认为,历史进程中真正关键的是"社会思想"
而非"典籍思想",他所指的"社会思想"是指落实在制度设计与政策思
维层面的思想,心性义理之学只有落实到这一层面,才会对社会发生实际
影响,因此,思想史研究在关注典籍和形而上层面的同时,有必要从
"制度化的思想"的角度考虑问题。③ 的确,"典籍思想"与实际的历史
状况之间存在差异,但"典籍思想"对"社会思想"的总结、提炼并不
一定都要落实到制度设计与政策思维层面,作为理想型思想的文本表达,
"典籍思想"对"社会思想"的统摄作用不可小觑。秦晖先生所说的"制
度化的思想"即当下流行的制度思想史研究方法,这一方法有助于从制
度与政策的变迁轨迹中寻找"思想"的真实面目。但是,制度思想史无
法解释固化的制度与变动不居的社会之间存在的差异,往往会把动态的历
史固着在既有制度上。

实际上,"思想"在发展变迁过程中有其起伏变化的自身逻辑,思想
史研究应当按照"思想"在历史上实际发生的问题展开研究,不恰当的
研究与写作范式,以及一厢情愿的建构、重构或解构手段,可能都不利于

---

① 李振宏:《中国政治思想史研究中的王权主义学派》,《文史哲》2013 年第 4 期。

② 葛兆光:《什么才是"中国的"思想史?》,《文史哲》2011 年第 3 期。

③ 秦晖:《西儒会融,解构"法道互补"——典籍与行为中的文化史悖论及中国现代化之
路》,《传统十论》,东方出版社 2014 年版,第 141 页。

思想史研究的深化。"典籍思想"是"思想"自身逻辑的一种表现形式，它既可能体现不了"思想"，也有可能蕴含着特定时代真正的"思想"，因此，"典籍思想"研究如果以那些体现"思想"的典籍为研究与写作对象，那么"典籍思想"研究仍有它切实的学术价值。制度是权力运作的手段也是结果，如把"制度化的思想"与权力运作的过程结合起来，才能看清制度生成的具体过程，建构制度的目的等，这样，制度思想史研究才有意义。思想史研究与写作的具体方法不存在孰高孰低的问题，关键是要结合历史发展变化的总体方向，并遵照"思想"自身的逻辑。

　　如何评价思想史研究的学术价值也是思想史学界关注的一个议题。以钱穆先生为代表的具有新儒家身份的思想史家，以鲜明的文化民族主义立场书写中国传统思想，①使思想史承载起弘扬传统民族文化的使命。现当代中国内地一些学者的思想史研究与书写在价值立场上具有浓厚的权变色彩，他们总是能以思想史研究迎合不同时期的主流政治及社会潮流。一些学者的研究以强烈的批判意识与真诚的现实关怀赢得学界尊重，但其思想史研究与书写主要是依据话语立场，对"思想"发展变化的细节关注得不够，其价值判断因此也有可商榷之处。也有一些学者受后现代主义哲学思想影响，质疑精英思想与典范文本的思想史意义，主张考察一般的技术、知识等。由于传统中国的一般技术、知识等被精英阶层的历史书写所遮蔽，想要落实这种研究思路着实不易，而且，一般的技术、知识等是不是"思想"也是一个大的问题。总之，思想史研究的学术价值受到时代因素、文化观念、政治立场等因素影响，主观色彩颇为浓厚，这或许是思想史研究在史学研究中颇引人注目却广受质疑的主因。就笔者从事十数年思想史研究的浅见来说，思想史研究应当摆脱诸多所谓"立场"，理论与方法也应当回归本土且应自成体系，重要的是要建构起与哲学史、文化史研究的边界，且应向实证史学方法靠拢，将其学术价值定位于史学的求真、求实，基于某种文化信仰的、满足现实需要的或迎合国际学术潮流的思想史研究，虽能占得先机、博得关注或引领潮流，与史实本身蕴含着的真理及其厚重的史学意义相比，终究不过是过眼云烟。

　　就本书的研究内容而言，总体上属于政治思想史研究的范畴，至于所

---

① 陈勇：《论钱穆文化民族主义史学思想的形成》，《史学理论研究》2011年第2期。

谓"统治思想"的概念，学者也有过讨论。张分田先生认为，统治思想有广义、狭义之分，广义上的统治思想是指占统治地位的思想，狭义的即为统治者的思想，统治思想的基本特征是对现存秩序的基本模式和主要法则做出合理性解释、规范性定义、操作性指导、理想性展示和永恒性论证。统治思想是一个包罗万象的观念体系，往往以最高统治者的政见、统治集团的思想、占统治地位的政治思潮、国家制度与政策的基本原理等为载体。① 张先生的定义唯其"包罗万象"，基本上与政治思想史研究对象相重合。

笔者所说的"国家统治思想"是指最高统治者关于国家管理与社会控制的思想总纲领，它是政治思想的组成，是其中颇为重要但也较狭隘的一个部分。笔者试图通过对国家权力运作具体过程、方式的考察，以及国家权力与重要社会势力及精英思想界的互动，考察最高统治者实施国家管理与社会控制的思想观念与具体技术，以及重要社会势力及精英思想家对这些观念、技术的回应、反思、批判，进而总结出特定时期的国家统治思想。总体而言，这是一种国家权力与重要社会势力及精英思想界互动背景下的统治思想史研究方法，它按国家统治思想在历史上实际发生的问题展开研究，充分考量了历史发展的具体过程，尤其是与最高权力集团关系密切的社会势力对社会发展进程及国家统治思想的作用与影响，同时也试图在宏观角度判断国家统治思想与国家形态、社会性质的内在关系。笔者在研究中尽量避免描述式思想史研究使思想景观平面化的缺陷，也试图避免把史实当作思想阐释的借镜，力图使思想史研究吻合史学基本研究规范。

本书是政治思想史著作，研究中结合了政治史、制度史，因此，与本书内容相关的先秦、秦汉思想史、政治史、制度史的论著是笔者研究与写作的重要学术基础。论文方面，笔者引述了王国维先生《殷周制度论》，傅斯年先生《夷夏东西说》，顾颉刚先生《禅让传说起于墨家考》等论文观点。专著方面，钱穆先生《秦汉史》（《钱穆先生全集》（新校本），九州出版社 2011 年版），童书业先生《春秋左传研究（校订本）》（《童书业著作集》第一卷，中华书局 2008 年版），徐中舒先生《先秦史论稿》

---

① 张分田：《深化中国古代统治思想研究的几点思考》，《天津师范大学学报》（社会科学版）2007 年第 3 期。

（巴蜀书社 1992 年版），吕思勉先生《先秦史》（上海古籍出版社 2005 年版），瞿同祖先生《中国法律与中国社会》（中华书局 1981 年版），陶希圣先生《中国政治思想史》（中华印刷出版公司 1948 年版），徐复观先生《两汉思想史》（华东师范大学出版社 2001 年版），田余庆先生《秦汉魏晋史探微（重订本）》（中华书局 2011 年版），刘泽华先生《中国政治思想史集》（人民出版社 2008 年版），朱凤瀚先生《商周家族形态研究》（天津古籍出版社 1990 年版），美国学者本杰明·史华兹《古代中国的思想世界》（江苏人民出版社 2004 年版），李峰先生《西周的灭亡：中国早期国家的地理和政治危机》（上海古籍出版社 2007 年版），邢义田先生《天下一家：皇帝、官僚与社会》（中华书局 2011 年版），刘小枫先生《儒家革命精神源流考》（上海三联书店 2000 年版），阎步克先生《品位与职位：秦汉魏晋南北朝官阶制度研究》（中华书局 2009 年版），陈苏镇先生《汉代政治与〈春秋〉学》（中国广播电视出版社 2001 年版）等皆为笔者参考、引述的专著。史料方面，笔者以传世史料《尚书》《诗经》《左传》《史记》《汉书》《后汉书》及诸子之书为主，结合了出土甲金文字及郭店简、睡虎地秦简、张家山汉简等材料，总体上以传世史料为主，且以能够全面、完整体现古史发展变迁的正史材料为核心去分析相关问题。

　　传统史家追求"述事而理以昭焉，言理而事以范焉"[①] 的著史境界，力求"事"与"理"的圆融，这也应当是现代史学工作者追求的著史境界。然而，笔者水平有限，只好将此当作不断追索的目标，本书内容及观点不当之处，敬请学界诸贤及读者朋友指正。

---

① （清）章学诚：《原道下》，载（清）章学诚著，叶瑛校注《文史通义校注》，中华书局 1985 年版，第 139 页。

第 一 章

早期国家阶段的权力运作与统治理念

一般而言，夏、商、西周是我国早期国家阶段①。之所以称这一时期为早期国家，唯其进入国家时代不久，国家管理与社会控制的手段、方式尚处于初级阶段。这一时期，国家权力运作的具体方式与成熟国家阶段有很大不同，这一方面是时代因素造成的，另一方面也与国家权力运作过程中形成的统治理念息息相关。

研究早期国家的统治理念，须探析这一时期国家权力运作过程中形成的制度框架及其内在结构，这样才能有拨云见雾之功效。早期国家阶段政治制度的内在结构是形成国家统治思想的基石，也是展现当时最高统治者统治理念的平台，同时也能直观地反映出当时的社会形态。

第一节 早期国家阶段权力运作的制度框架

早期国家阶段，统治者掌管、处理的具体事务在本质上与后世并无二致，其目的都是为了更好地实施国家管理与社会控制，也都试图建构起稳定、有效的统治秩序。但是，夏、商、西周时期，最高统治者运作权力的具体方式与战国秦汉以来的成熟国家阶段有较大区别，由此形成的制度框架和统治理念也与后世有所不同。不过，这一认识在学界未必是共识。比如，把成熟国家阶段的制度体系倒推至先秦时代的诸多研究，往往在构建历史连续性的同时，忽略了国家权力运作及其制度体系在不同时代的具体

---

① 谢维扬先生认为，夏为我国早期国家的发生期，商、西周为早期国家的典型期，春秋战国为早期国家的转型期。参见谢维扬《中国早期国家》，浙江人民出版社 1995 年版。

特征，也遮蔽了它们具体的、动态的发展过程，同时也为制度思想史的研究造成麻烦。典籍思想史研究成果大多忽略了国家权力运作过程与思想世界的互动问题，不能更好地揭示统治理念形成、发展的具体状况。一些基于战国后期及西汉时期定型的诸子文本的研究结论，甚至得出不甚恰当但影响颇为深远的结论，这些情况都不利于认清早期国家阶段的统治理念。笔者认为首先应当结合近代以来学界有关早期国家阶段政治制度的研究成果，分析早期国家阶段权力运行过程中形成的制度框架，在此基础上再去解析这一时期的统治理念，才能得出恰当的认识。

总的来说，夏、商、西周时期最高统治者运作权力的制度体系历经萌芽、发展、成熟、衰变的过程，各个时期因时代不同、族群不同，制度体系也有所区别，但同时也有一定的连续性。早期国家阶段，处于萌芽或初步发展阶段的政治制度虽然原始、疏阔，但细究之，当时政治制度的内容也颇为繁复，涉及国家管理与社会控制的方方面面。其中，盟誓制度是国家形成与权力分配的基础性制度，服制则是构成剥削制度的核心，分封制度是商周时期贵族内部划分权力的基本形式。早期国家阶段的统治者主要依赖上述三大制度进行权力运作，这些制度也典型地反映出当时的国家统治理念。

一　基于盟誓制度的权力运作

《礼记·曲礼下》云："约信曰誓，莅牲曰盟。"孔颖达疏："'约信曰誓'者，亦诸侯事也。约信，以其不能自和好，故用言辞共相约束以为信也……盟者，杀牲歃血，誓于神也。"可见，盟誓是在特定宗教祭祀场所为了达到一定目的而进行的宣誓缔约。

远古时期，对神的信仰与敬畏是形成约束效力、维持社会秩序的一个重要前提，而人类进入氏族社会阶段后，处理不同氏族之间社会事务的概率不断上升，原来可能用作处理氏族内部问题的盟誓习俗更多的用来解决超血缘、跨地域问题。在人类文明发展的初期，这一以伦理与信仰为基础的古老风俗成为行之有效的社会组织制度，在统治者权力运作过程中发挥着重要作用，至西周时，它已成为一项国家根本制度。

盟誓以宗教仪式的形式展开，起初应当没有统一的仪式，至春秋时，盟誓仪式程式化。①孔颖达《礼记正义》云:"盟之为法:先凿地为方坎,杀牲于坎上,割牲左耳,盛以珠盘,又取血盛以玉敦,用血为盟。书成,乃歃血而读书。"盟誓的核心仪式为"读书",即盟誓者在祭坛上向神灵陈述自己的意愿。《左传》襄公十一年,诸侯会盟于亳,"载书曰:'凡我同盟,毋蕴年,毋壅利,毋保奸,毋留慝,救灾患,恤祸乱,同好恶,奖王室。或间兹命,司慎、司盟,名山、名川,群神、群祀,先王、先公,七姓、十二国之祖,明神殛之,俾失其民,队命亡氏,踣其国家。'"可见,追加假定语式的自我诅咒是"读书"的基本内容。从历史发展过程看,盟誓制度经历了肇兴(夏商及其以前)、形成(西周)、成熟(春秋)到衰落(战国)的历史演变过程,跨越了整个先秦时代,对当时社会的政治、经济、文化等各方面均产生了较大影响。②

《左传》哀公七年载:"禹合诸侯于涂山,执玉帛者万国。"《国语·鲁语下》云:"防风氏后至,禹杀而戮之。""涂山之会"即是盟誓大会,夏后氏同族及被征服东夷诸部会盟于涂山,共同宣誓臣服于大禹,大禹借此次会盟宣誓王权、建立国家,并对臣服态度不积极的部族首领施以惩罚。《吕氏春秋·离俗览·用民》云:"当禹之时,天下万国",大禹势力的增长就是在与"万国"即众多小地方性政治实体的互动中实现的,大禹建夏则意味着一个超强政治实体的出现及其对小政治实体的控制和组合。③这一过程中,盟誓无疑是大禹运作权力、建构国家的制度保障。

夏启时代,东夷诸族叛乱,启伐之,《左传》昭公四年载,"夏启有钧台之享"。启曾在阳翟钧台与诸族首领会盟,巩固王权。《左传》昭公四年亦载,"夏桀为仍之会,有缗叛之"。今本《竹书纪年》载,夏桀"十一年,会诸侯于仍,有缗氏逃归,遂灭有缗"。夏桀亦试图用盟誓巩固王权,"有缗叛之",说明夏桀对地方小政治实体的控制失效,昭示着其王权的衰危。

《左传》昭公四年记有"商汤有景亳之命",今本《竹书纪年》亦载

---

①　陈梦家:《东周盟誓与出土载书》,《考古》1966 年第 5 期。

②　李模:《试论先秦盟誓制度的历史功用》,《天府新论》2001 年第 1 期。

③　谢维扬:《禹会涂山之意义及中国早期国家形成过程的特点》,《蚌埠学院学报》2014 年第 4 期。

"商会诸侯于景亳"，说明商汤时有"景亳之会"。景亳在今山东曹县境，当时为有莘氏之地，商汤会盟于此，意在联合东夷诸部，共击夏桀。[1]《尚书·汤誓》是商汤灭夏前的誓词，其文云："尔不从誓言，予则孥戮汝，罔有攸赦。"可知商汤曾率领伐夏诸部族举行过盟誓。《汤誓》虽是东周甚至更晚才写定的，但誓词内容可信，当是商王朝史上重要的"宝典"，视为祖训，世传相传[2]，记于其中的盟誓活动也是商王运作权力的重要方式。

甲骨文中有"盟"字：

戊寅卜，今庚辰酒血三羊于妣……（《合集》22228）
甲辰，贞其大禦王自……盟用白豭九……（《合集》32330）

有学者认为，带有通假于"盟"字的甲骨刻辞只代表一种祭名或用牲法，或为一种称扬先祖的祭仪，并不能说明商代有盟誓制度。[3] 结合上述传世文献，应当不能否认商代国家权力运作过程中盟誓的重要作用，因为甲骨卜辞不仅记载了作为祭祀活动的"盟"，也有关于会盟活动的"盟宫""盟室""盟子""盟册"等记载，说明商代也有体系较为完备的盟誓制度。[4]

西周时期，盟誓制度在国家权力运作过程中发挥着更为重要的作用。周武王伐商前有"孟津之誓"[5]。周初，盟誓制度与封土建国相结合，典型地体现出周初统治者权力运作的具体方式。平定"三监"之乱后，"周公为盟"[6]，让受封诸侯发誓效忠周天子，如分封康叔时，"命以《康诰》而封于殷虚"；分封唐叔时，"命以《唐诰》而封于夏虚"。[7] 说明周天子

---

① 张国硕：《试论商代的会盟誓诅制度》，《殷都学刊》1998年第4期。
② 顾颉刚、刘起釪：《尚书校释译论》，中华书局2005年版，第888—889页。
③ 张二国：《先秦时期的会盟问题》，《史学集刊》1995年第1期；吕静：《春秋时期盟誓研究》，上海古籍出版社2007年版，第89页。
④ 李雪山：《商代分封制度研究》，中国社会科学出版社2004年版，第282—285页。
⑤ 《左传》昭公四年，杨伯峻：《春秋左传注》，中华书局2009年第3版，第1250页。
⑥ 《史记》卷130《太史公自序》，中华书局1959年点校本，第3308页。
⑦ 《左传》定公四年，杨伯峻：《春秋左传注》，中华书局2009年第3版，第1538—1539页。

与诸侯共治天下的政治结构中，盟誓制度居于重要地位；西周不仅有盟誓活动，还将盟誓载书"藏在盟府"①，表明当时已有专门管理盟誓活动的机构；《左传》隐公十一年载，"周之宗盟，异姓为后"。说明周代分封盟誓将异姓诸侯也纳入周人宗法秩序当中，以加强异姓诸侯与周天子之间的政治联系。以盟誓配合分封的制度建构是西周的通制，《左传》僖公二十六年载，"昔周公、大公股肱周室，夹辅成王。成王劳之，而赐之盟，曰：'世世子孙无相害也！'载在盟府，大师职之。"北京房山区琉璃河遗址出土的《克盉》铭文记载了成王分封燕侯时的誓词，"王曰：太保，唯乃明，乃鬯享于乃辟，余大封。乃享，令克侯于匽。"② 这些材料证明成王时的确有以盟誓配合分封的制度。

诸侯在接受册命之后，与其宗氏、分族、附庸等也有盟誓，学者称其为"分宗"盟誓③，它是诸侯建立统治秩序的重要开端，也是地方政权的重要制度保障。《左传》昭公十六年载，"昔我先君桓公与商人皆出自周，庸次比耦以艾杀此地，斩之蓬、蒿、藜、藿，而共处之；世有盟誓，以相信也，曰：'尔无我叛，我无强贾，毋或匄夺。尔有利市宝贿，我勿与知。'恃此质誓，故能相保，以至于今。"说的是鲁公与"殷民六族"通过盟誓建立统治关系。《左传》定公四年载，"以随之辟小，而密迩于楚，楚实存之。世有盟誓，至于今未改。"说明诸侯国与小国附庸间亦通过盟誓确立隶属关系。从山西翼城大河口西周霸国墓地出土鸟形盉铭文看，卿大夫也以盟誓活动宣誓效忠诸侯，该铭文记载的两次誓词都由誓约句、违约句和惩罚句构成，是先秦各类誓词的通用结构。④ 此外，西周还有立约盟誓和法律诉讼盟誓，使盟誓制度成为国家管理与社会控制的重要手段。⑤

综上，在我国早期国家阶段，最高统治者或利用盟誓活动建立国家，或以盟誓巩固王权、划分权利，或以盟誓制度达成国家管理与社会控制，

---

① 《左传》襄公十一年，杨伯峻：《春秋左传注》，中华书局 2009 年第 3 版，第 994 页。
② 《克盉》（942），刘雨、卢岩编著：《近出殷周金文集录》（第三册），中华书局 2002 年版，第 416 页。
③ 雒有仓：《论西周的盟誓制度》，《考古与文物》2007 年第 2 期。
④ 胡宁：《从大河口鸟形盉铭文看先秦誓命规程》，《中国史研究》2016 年第 1 期。
⑤ 雒有仓：《论西周的盟誓制度》，《考古与文物》，2007 年第 2 期。

这都说明盟誓是这一阶段权力运作的重要制度保障。

二　服制与早期国家阶段的权力运作

服制也是早期国家权力运作的重要手段。"服"指服事或所服之事，《尔雅·释诂》云：服，"事也"。至于什么是服制，学界颇有争议，概括起来有以下几种观点：第一，认为是职官制度；第二，认为是内外分治；第三，认为是一种指定服役制度；第四，认为是藩属体制。[①] 综合相关研究，第三种观点颇有理据。持这一观点的徐中舒先生利用民族学材料研究指定服役，把指定某部分人专服某役，且世代相传、长期不变的服役形式定名为指定服役制度。[②] 他在《先秦史论稿》中进一步说："服是服役之意。内服是指王朝官吏，在王朝内服役。外服是指侯、甸、男、卫邦伯，是在王朝外服役。所有的内服、外服，都为大奴隶主——殷王服役。侯、甸、男、卫就是四种指定服役制。每服都存在有许多氏族、家族，或村社，和它的氏族长、家长、或村社推举的村长（里君）。这些氏族、家族和村社，都由它的氏族长、家长或村长统率着在王朝外服役。"[③] 吾师赵世超先生认为，"服"的本义是迫人做事，服制的内容就是强制摊派劳役和贡纳，并由之形成"人有十等""以待百事"式的等级制度。服制具有集团性、稳定性和普遍性的特点，商和西周内外上下人皆有服，不能将服制窄化为五等爵制和分封制。[④]

服制当起源于氏族社会，氏族首领要求族人为其服役，从事农业、手工业生产，或从事其他技艺。父系氏族社会阶段，氏族等级制强化了服制，使之成为氏族内部权力运作的主要方式。在氏族联盟或酋邦阶段，居于统治地位的氏族对臣服氏族施于服役，成为处理超血缘、跨地域关系的权力运作形式。

夏代的服制因缺乏可信材料无法实证。从甲骨卜辞看，商时已有明确的服制，从具体服役方面看，当时的一些农业氏族专门为商王服役，卜辞

---

①　康丽：《近三十年殷商内外服制研究述评》，《殷都学刊》2015年第3期。

②　徐中舒、唐嘉弘：《论殷周的外服制：关于中国奴隶制与封建制分期的问题》，《人文杂志》1982年增刊。

③　徐中舒：《先秦史论稿》，巴蜀书社1992年版，第73页。

④　赵世超：《服与等级制度》，《陕西师范大学学报》（哲学社会科学版）2014年第2期。

所载"圣田"是为王开垦土地，"尊田"是为王除草、垄田。还有一些氏族专门为商王挽车、推辇或奏乐，卜辞称之为"致众步""呼众人步""奏步"，反映了商王对农业氏族的剥削、奴役。① 《尚书·酒诰》记载了商代的内外服制，其文曰："越在外服：侯、甸、男、卫邦伯；越在内服：百僚、庶尹、惟亚、惟服、宗工，越百姓、里（居）[君]：罔敢湎于酒。不惟不敢，亦不暇。"周初青铜器铭文亦载之，康王时期《大盂鼎》铭文云："我闻殷述（坠）令（命），唯殷边侯、田（甸）雩（与）殷正百辟，率肄于酉（酒），古（故）丧师已（矣）。"② 裘锡圭先生利用甲骨卜辞研究商代服制，认为商代有诸侯性质的侯、甸、男、卫，他们分别由相应职官发展而成，中央王朝应该是在承认这种由职官发展而成的诸侯以后，才开始用"侯、甸、男"等称号来封建诸侯，并把这些称号授予某些臣属方国君主。③ 内外服制在商代国家权力运作过程中发挥着重要作用，在商代中期王位争斗中，内外服势力成为王位斗争中的重要依靠力量。在商代晚期偏早的武丁时期，内外服势力在国家政治、经济、军事、宗教等领域发挥了极大的作用，使得商王朝发展至鼎盛阶段。但祖甲改制之后的几代商王竭力扩大王权，限制内外服在国家事务中的影响力，造成了内外服与商王凝聚力的分解。帝辛舍弃用旧贵族的任官传统，诛杀外服，引发内外服势力与商王之间的矛盾，随着内外服制度的瓦解，商王朝走向了灭亡。④

周承殷制，也实行内外服制。传世文献载有诸侯向周天子服役的诸多事实，《左传》襄公二十五年载，"昔虞阏父为周陶正，以服事我先王。我先王赖其利器用也。"《国语·晋语八》载，"昔成王盟诸侯于岐阳，楚为荆蛮，置茅蕝，设望表，与鲜牟守燎，故不与盟。"《史记·秦本纪》云："非子居犬丘，好马及畜，善养息之。犬丘人言之周孝王，孝王召使

① 彭邦炯、宋镇豪：《商人奴隶制研究》，胡庆钧主编：《早期奴隶制社会比较研究》，中国社会科学出版社 1996 年版，第 133—137 页。

② 《大盂鼎》（02837AB），中国社会科学院考古研究所编：《殷周金文集成》（修订增补本）第二册，中华书局 2007 年版，第 1517 页。

③ 裘锡圭：《甲骨卜辞中所见的"田""牧""卫"等职官的研究——兼论"侯""甸""男""卫"等几种诸侯的起源》，《文史》（第 19 辑），中华书局 1983 年。

④ 张利军：《商代内外服制度的发展、演变》，《兰州学刊》2015 年第 12 期。

主马于汧渭之间，马大蕃息。"综合相关资料可知，在天子王畿之地拥有封邑的公、三有事等执政贵族构成内服；周的外服体系的主体亦为"侯甸""侯甸男"。外服体系中，"侯"的地位及其担负的军事职责最为重要，是屏卫王室、开拓边域、镇守封疆的主力，归顺周王室的商代之侯、边疆方国、部族君长也基本纳入外服体系，一些由王室卿室、西垂大夫的国君一般称为"公"，其地位低于"侯"，和商代一样，西周外服诸侯的真实体系是侯、甸、男、卫、邦伯。①

　　商周内外服制首先是基于血缘关系而形成的，是氏族内部社会分工的具体体现，也是氏族首领运作权力的一种手段，在超血缘、跨地域社会关系普遍存在的时代，基于血缘关系的服役制度仍然发挥着作用，且贯穿于内外服制当中。比如，《荀子·儒效》载，周公"兼制天下，立七十一国，姬姓独居五十三人"。这些分封的同姓诸侯大多为外服，可见血缘关系是服制成立的前提。在周天子身边承担职事的一些卿士也与天子有血缘关系，这也说明血缘关系是确定服制的一个原则。不过，血缘关系不是区分内外服的唯一标志，从内外服制的地域分布看，内服职事发生在王畿区，外服的"侯""甸"等则设在王畿区之外，而属于外服体系的部族、方国等有一些是由异姓氏族构成或建立的，商代外服体系中的诸多东夷部族及西方周族都是异姓氏族；西周外服体系中异姓氏族的力量也较强大，而王畿内服多任用异姓贤人。总之，超血缘、跨地域关系也是划分内外服制的前提。

　　在商周国家权力的运作过程中，服制首先构成了上下有序的等级关系。一般来说，商王、周天子居于服制的顶端，他们有驱使诸侯、公卿服役的权力，《国语·周语中》载："若王巡守，则君亲监之。"说的就是诸侯负担的相关义务，此外，从命氏方式②及族徽③中亦能看出众卿服侍商王、周天子的现象。同样的，在诸侯国内，诸侯处于权力的顶端，诸卿士、被征服的异姓族众等须向诸侯服役。《左传》定公四年载，"殷民六

---

① 刘源：《"五等爵"制与殷周贵族政治体系》，《历史研究》2014年第1期。

② 张淑一：《周代命氏方式详考》，《陕西师范大学学报》（哲学社会科学版）2000年第4期。

③ 张光直：《商文明》，辽宁教育出版社2002年版，第224页。

族,条氏、徐氏、萧氏、索氏、长勺氏、尾勺氏,使帅其宗氏,辑其分族,将其类丑,以法则周公。用即命于周。是使之职事于鲁,以昭周公之明德。"说明"殷民六族"被赐予鲁国,为鲁公服役。服制也构成了商周政治关系的内外格局。一般而言,王室是构成"内"的政治单元,王畿区则是形成"内"的地理单位。被征服异姓部族、方国往往居于边区,无论是族属关系还是地理方位,以及其所处的服制体系,皆是"外";已分封至四土的同姓部族首领,也须向商王、周天子服役,他们在政治格局中也处于"外"。

要之,服制关乎早期国家的剥削制度,是国家权力得以运行的物力、财力等来源的保障。商周统治者以血缘、地域为原则划分内、外服,目的在于建构上下有序的等级秩序,同时也便于形成内外有别的政治格局。

三 分封与统治者内部的权力划分

《说文》云:"封,爵诸侯之土也。从之,从土,从寸。寸,守其制度也。"按字义,"爵诸侯之土"即为分封。《左传》隐公八年,众仲说:"天子建德,因生以赐姓,胙之土而命之氏。诸侯以字为谥,因以为族。官有世功,则有官族。邑亦如之。"可见,"赐姓""胙土""命氏"是周代分封制的核心内容。[1]

分封制度起于何时,没有信史可征,唐柳宗元《封建论》云:"彼封建者,更古圣王尧、舜、禹、汤、文、武而莫能去之。盖非不欲去之也,势不可也。"[2] 按此说,分封由来已久。因缺乏可信材料,夏代有无分封、如何分封皆不得而知,但从有关夏代盟誓活动的记述看,夏曾与征服部族结成邦盟关系。[3] 夏王通过与同族及被征服部族进行盟誓,构建起国家管理与社会控制的基本框架,参与盟誓且臣服于夏王的部族首领拥有很大的独立权,他们控制的小政治共同体实际上就是一个相对独立的部族,部族首领对氏族内部诸事务拥有自主权,而这应当是臣服夏王的一个重要前提。因之,夏代可能没有明确的分封制度,但夏王与众多部族首领共同参

---

① 杨希枚:《论先秦所谓姓及其相关问题》,《中国史研究》1984年第3期。
② (唐)柳宗元著,易新鼎点校:《柳宗元集》,中国书店2000年版,第41页。
③ 詹子庆:《走近夏代文明》,东北师范大学出版社2006年版,第236页。

与的盟誓活动很大程度上实现了统治集团内部权力划分的需要。夏后氏与其有着邦盟关系的异姓诸侯间关系向来紧张，东夷诸部或服或叛，对夏代历史进程产生过重要影响，一部夏史实质上就是一部"夷夏交胜"[①] 史。这从一个侧面说明，由盟誓制度建立的部族联盟国家上下、内外权力关系较为松散，夏王对东夷为主体的异姓诸族的控制力也相对较弱，这种权力关系与之后的分封制有诸多相似之处。

王国维先生的《殷周制度论》一文从立嫡、庙数、婚制角度论述了商周制度的不同，得出"中国政治与文化之变革，莫剧于殷周之际"[②] 的结论，受这一观点影响，学界曾对商代分封多持否定意见。不过，董作宾、胡厚宣等先生的研究已证实商代有体系完备的分封制度。如胡厚宣先生的《殷代封建制度考》一文，从诸妇分封、诸子分封、功臣之封、方国之封等角度研究了商代的分封，也探究了分封诸国义务等问题。[③]

近年来的研究进一步证实商代有体系完备且特色鲜明的分封制度。据李雪山先生研究，商代王畿周边及四土、四方中分布着商王册封的诸侯，诸侯封邑以城垣为中心，与郊野之地"鄙"或"奠"构成一个相对独立的行政区划系统。商代封国多达 285 个，方国也有 85 个，合计有 370 个之多。这些封国在地理上呈现如下三个分布特点：其一，封国方国呈密集型的块状分布。从方国分布的静态来看，王都的西北和东南地区封国方国为数众多；从方国分布的动态来看，武丁时期方国最多，而到帝乙、帝辛时期方国数量锐减，其主要原因是武丁时期国家强盛，积极展开对外攻势，一部分方国俯首称臣，成为封国，一部分方国远徙，相当一部分则被灭国，成为商王田猎地、军事据点。其二，封国基本上位于方国的内侧，西北及西南地区这一特征尤为明显。其三，分封方国的分布也有犬牙交错的情况，东南地区这一特征尤为明显。[④] 商代的分封多为军事征服之结

---

① 傅斯年：《夷夏东西说》，《民族与古代中国史》，河北教育出版社 2002 年版，第 31—39 页。

② 王国维：《殷周制度论》，谢维扬、房鑫亮主编：《王国维全集》卷 8《观堂集林》，浙江教育出版社、广东教育出版社 2009 年版，第 302 页。

③ 胡厚宣：《殷代封建制度考》，《甲骨学商史论丛初集》（第一册），齐鲁大学国学研究专刊 1944 年。

④ 李雪山：《商代分封制度研究》，中国社会科学出版社 2004 版，第 312—313 页。

果，诸侯统领的族邦有自己的土地、民人，并非都为商王所赐[①]，诸侯对商王的依附关系较弱，这与"授民授疆土"的周代分封还是有一定区别的。总之，事实表明，商代开了分封制的先河，而周代分封制度是商代分封制的继承和发展。[②]

《左传》僖公二十四年载，"周公吊二叔之不咸，故封建亲戚以蕃屏周"。似乎是说西周分封始于周公。事实上，周文王时就很重视以分封之制扩展周人土地，尤其重视对异姓贵族的任用、分封。周武王克商后，曾分封邶、鄘、卫而设立三监，当时，身居要职的召公、毕公、荣伯等人的封邑都在王畿之内。[③] 除《左传》定公四年所载周初分封外，《鲁颂·閟宫》记载周成王赐封鲁公伯禽山川土地、附庸之事，《诗·大雅·崧高》也记载了申伯受封土地、民人的情况，出土大盂鼎、遣尊等铭文也记载了西周分封之事。周公东征之后所推行的分封制，是扩大和加强统治的一种手段，以分给封君商遗民的办法，消除了商残余势力的反抗，也加强了封国的统治力量。[④] 周成王以来的分封多发生在王畿之地或新征服土地上，而以建构周天子与诸侯之间的统属关系则是最高统治者以分封实施权力运作的重要形式。

西周的册命分封还有一定的仪轨，大致来说，分封仪式程序有三步：一是行礼于太庙，由傧者赞礼，赐以诰命；二是授民、授土、授职；三是受封者稽首祝拜谢，称颂天子。[⑤] 西周也有监国、巡察之制，用以管理诸侯，诸侯承担朝觐、进贡等义务。

诸侯与卿大夫之间通过分封建构隶属关系的记载并不多见，《礼记·礼运》云："天子有田以处其子孙，诸侯有国以处其子孙，大夫有采以处其子孙，是谓制度。"按此说，诸侯之下也有土地分授之制。结合上述西周诸侯与卿、卿与大夫的分宗盟誓可知，西周诸侯及其以下的盟誓活动当也用于配合土地、民人封授，这一点有出土铭文为证。虘簋铭文中有

---

① 陈梦家：《殷虚卜辞综述》，中华书局1988年版，第332页。
② 王宇信：《序》，李雪山：《商代分封制度研究》，中国社会科学出版社2004版，第4页。
③ 杨宽：《西周史》，上海人民出版社1999年版，第373—374页。
④ 同上书，第384—385页。
⑤ 王玉哲：《中华远古史》，上海人民出版社2003年版，第582—584页。

"赐厥臣弟虔井五"①，说的是虔之兄赐虔地"井五"之事，这件铜器铭文为了解宗法制下宗子分封群弟现象提供了宝贵材料②，也说明西周分封是贵族阶层内部层层分配权力及财富的重要手段。

总之，商周时期的分封制度存在着逐步演进的历史过程，至西周时，最高统治者通过册封、奠置、作邑等仪式，把土地、民人分封给诸侯，并以聘问、巡狩、监察之制管理诸侯，诸侯须尽朝觐、进贡、助祭等义务，诸侯之下也有分封，各级贵族之间以分封土地、民人形式形成上下有序的等级关系，由此形成的分封制度是早期国家阶段最高统治者进行权力运作的重要制度，也是统治集团内部进行权力划分的重要形式。

第二节　早期国家政治制度的内在结构

盟誓、服制及分封制是早期国家阶段的基本制度，也是统治者运作权力、划分利益的主要手段。分析这些制度的内在结构，须从基础性结构、上层结构两方面出发，厘清早期国家政治制度内在结构的实质。

一　以超血缘、跨地域社会关系为基础性结构

在我国早期国家阶段，由原始血亲家族进化而来的氏族是基本社会组织，在生产力普遍低下的时代，氏族成员在家族长的率领、管理下，聚族而居，共同耕作、共享劳动成果，成为当时社会的基本组成单元。国家形态下的氏族萌芽于"三皇五帝"时期，《尚书·尧典》称颂尧"克明俊德，以亲九族；九族既睦，平章百姓，百姓昭明，协和万邦；黎民于变时雍"。《尧典》还称鲧"方命圮族"，不值得信用。尽管《尧典》晚出，但也反映出当时氏族是社会基本单位，是统治者权力运作的对象。《论语·宪问》云，禹"躬稼而有天下"；《韩非子·五蠹》云，禹"身执耒臿，以为民先；股无胈，胫不生毛：虽臣虏之劳不苦于此矣"。说明大禹

---

① 《虔簋》（04167），中国社会科学院考古研究所编：《殷周金文集成》（修订增补本）第三册，中华书局 2007 年版，第 2351 页。

② 王晖：《从虔簋铭看西周井田形式及宗法关系下的分封制》，《考古与文物》2000 年第 6 期。

率领其族从事生产,他本人可能还没有完全脱离劳作而专事于国家管理。《史记·夏本纪》载:"禹为姒姓,其后分封,用国为姓,故有夏后氏、有扈氏、有男氏、斟寻氏、彤城氏、褒氏、费氏、杞氏、缯氏、辛氏、冥氏、斟戈氏。"可见夏王拥有诸多氏族,它们是夏代社会的基本组成。甲骨卜辞中有"子族""三族""五族"等集合的族称,说明商代最基层的血缘亲属单位是氏族。① 商人有聚族而食的习惯,聚食者包括人、众人、右工、多工等平民族众及贱官,其性质类似于《礼记》"乡饮酒"②,这进一步说明商代氏族是聚族而居、共耕共食的。西周时期,氏族仍是基本社会组织。《诗·小雅·斯干》记述了当时氏族聚族而居的情形:"秩秩斯干,幽幽南山。如竹苞矣,如松茂矣。兄及弟矣,式相好矣,无相犹矣。似续妣祖,筑室百堵,西南其户。爰居爰处,爰笑爰语。"该诗描述了同祖兄弟团结友爱,氏族上下欢乐和谐的情境,"筑室百堵"说明当时的确有氏族大家庭共同居住的现象。《诗·周颂·载芟》记述了农业氏族在家族长的率领下共同耕作时的情境:"载芟载柞,其耕泽泽。千耦其耘,徂隰徂畛。侯主侯伯,侯亚侯旅,侯彊侯以。有嗿其馌,思媚其妇,有依其士。有略其耜,俶载南亩。播厥百谷,实函斯活。"《毛传》曰:"主,家长也。伯,长子也。亚,仲叔也。旅,子弟也。彊,强力也。以,用也。"可见"侯主侯伯,侯亚侯旅,侯彊侯以",说的是家族长及其亲属。在他们的率领下,氏族成员"俶载南亩""播厥百谷",一幅忙碌热闹的场景。

氏族存续时间长、影响甚远,国家政权与氏族发生着密切的联系,当时的祭祀活动、昭穆制、宗庙制度皆与氏族有关。《国语·晋语八》载:"夫鬼神之所及,非其族类,则绍其同位,是故天子祀上帝,公侯祀百辟,自卿以下,不过其族。"《左传》襄公十二年载:"凡诸侯之丧,异姓临于外,同姓于宗庙,同宗于祖庙,同族于祢庙。"说明祭祀丧礼皆以氏族为单位。商代对直系先公先王进行单独祭祀或合祭,其对宗庙也一概加以保存。③ 周代有亲尽毁庙之制,反映了当时除遵循"亲亲"原则之外,

① 沈长云:《先秦史》,人民出版社 2006 年版,第 172—175 页。
② 宋镇豪:《夏商社会生活史》,中国社会科学出版社 1994 年版,第 503—506 页。
③ 朱凤瀚:《殷墟卜辞所见商王室宗庙制度》,《历史研究》1990 年第 6 期。

更看重"尊尊"原则。不同时期的宗庙制度皆与氏族血亲组织有关，换言之，宗庙之制是氏族组织发展变化的过程在氏族制度上的反映。

总之，氏族是早期国家阶段的社会基本组织单位，通过氏族分析、理解先秦社会方方面面，已经成为先秦学界的一个共识。不过，氏族是社会的基本细胞，氏族在国家管理与社会控制过程中充分地发挥着它的作用，是不是意味着它就是早期国家阶段政治制度的基础性内在结构呢？据笔者考察，答案是否定的。中国古代社会进入文明时代后很长一段时期，氏族的确还是社会的基本组织形式，但作为社会基本组织形式的氏族并不一定是国家最高权力运作所依赖的基础性结构，因为血亲氏族是社会的初级结构，当人类社会发展到一定程度，超血缘、跨区域社会问题越来越多，即使是同一氏族内容因血缘关系疏远分化出新的氏族，他们之间的关系也无法仅以血亲伦理加以规范，加之在社会发展进程中权力运作方式日趋复杂，仅依赖氏族社会内部处理各种关系的风俗习惯解决不了复杂社会的诸种事务。

从国家管理与社会控制角度看，如何统治异姓氏族及血亲关系疏远的同姓氏族，是早期国家十分重要的事务，不能对这些历史上实际发生的事实视而不见，把一切简单地归因于氏族，而忽略超血缘社会关系对最高统治者权力运作的影响。

夏代前期，小地方政治实体一般有一个或数个有血缘亲近关系的氏族构成，处理小地方政治实体的政治事务实际上就等于处理氏族内部事务，因此，基于血亲关系的权力运作是部族时代的基本权力运作形式。大禹建夏后，夏后氏居于统治地位，由夏后氏同族、臣服夏后氏的东夷诸族及其他远古部族共同构成的国家体系中，夏后氏各族仍是重要的统治基础，但夏朝历代国王权力运作的对象不仅仅局限于夏后氏，如何处理好被征服异族与夏后氏的关系是夏王权力运作的核心内容。换言之，夏代有处理超血缘、跨地域的政治事务，相应的，最高统治者采用的盟誓制度的内在基础性结构不再是单纯的氏族内部的社会关系，而是以超血缘、跨地域社会关系为其内在基础性结构。

商代氏族众多，见于史籍的就有条氏、徐氏、萧氏、索氏、陶氏、施氏、繁氏、来氏、宋氏、空桐氏、稚氏、目夷氏等。直到商后期，一般家庭仍"是由包括两三代人的几个有血缘近亲关系的核心家族结合而形成的"①。不过，就在商代中后期，氏族社会纯血缘的因素受到手工业的专业性和地域性因素的侵入②，超血缘、跨地域的社会关系对商代产生着越来越重要的影响。商代分封对象多为子姓同族或不称"子某"的同姓氏族，但也有异姓封国，包括与商族世代通婚的异姓亲族，以及被征服的文化上与商人相融合的异姓族属。③ 商代的方国则基本为异姓国家，与商关系颇为紧张的土方、羌方等皆是异族建立的国家，如何处理好与这些方国的关系是商王权力运作过程中必须要面对的重大事务。武丁以后，商王子侄的"独立自主性是相当强的"，以致他们"与商王敌友无常"④，血亲关系疏远的同姓氏族虽在理论上仍同属一个大的氏族，但在实际的权力运作中，他们与异姓氏族毫无二致，这一点在商末表现得尤为突出。

周初，周天子须处理诸多与异姓诸侯有关的政务，包括分封异姓贵族。《史记·周本纪》载，武王灭商后，"乃褒封神农之后于焦，黄帝之后于祝，帝尧之后于蓟，帝舜之后于陈，大禹之后于杞"。其中，封舜之后于陈一事见于《左传》，《左传》昭公八年载，"自幕至于瞽瞍无违命，舜重之以明德，寘德于遂，遂世守之。及胡公不淫，故周赐之姓，使祀虞帝。"周初的诸多封国中，齐国是典型的异姓国家，《左传》僖公四年载，管仲应对楚国使者说："昔召康公命我先君大公曰：'五侯九伯，女实征之，以夹辅周室！'赐我先君履，东至于海，西至于河，南至于穆陵，北至于无棣。"姜太公望辅佐周武王东征伐商，建国后又在东方开疆拓土，一直是周天子倚重的诸侯之一。此外，姜姓后裔封国还有申、纪、向，己姓后裔封国有蓼，曼姓后裔封国有邓。

在周人的文化中，同姓与异姓氏族多有区别，除上引《左传》隐公十一年、襄公十二年所载西周宗盟，"异姓为后"，诸侯之丧，"异姓临于外"的史实外，《左传》成公八年载，"凡诸侯嫁女，同姓媵之，异姓则否。"基于血亲关系来评判亲疏、内外的观念在西周乃至春秋一直深入人

---

① 朱凤瀚：《商周家族形态研究》，天津古籍出版社1990年版，第127页。

② 王玉哲：《中华远古史》，上海人民出版社2003年版，第341页。

③ 朱凤瀚：《商周家族形态研究》，天津古籍出版社1990年版，第81页。

④ 杜正胜：《卜辞所见的城邦形态》，吴荣曾主编：《尽心集——张政烺先生八十庆寿论文集》，中国社会科学出版社1996年版，第27页。

心。《左传》僖公二十八年载，晋文公有重病，曹共公的侍从侯獳贿赂晋文公的筮史，让他把晋文公得病的原因说成是由于灭了曹国，"齐桓公为会而封异姓，今君为会而灭同姓。曹叔振铎，文之昭也；先君唐叔，武之穆也。且合诸侯而灭兄弟，非礼也"。这都从一个侧面说明，异姓氏族在周代社会诸事务中扮演着重要角色。

由此可见，中国早期国家阶段的统治基础是多元的，仅从氏族血亲关系角度出发去理解这一阶段的国家权力运作是不恰当的。有学者认为，西周时期宗族血缘亲属关系与整个政权结构相结合，使家国同构的国家形式得以更完备的发展。[①] 这一观点把西周姬姓氏族的政治影响力完全泛化，忽略了其他氏族在社会诸层面的作用，也忽视了姬姓氏族血缘关系疏远背景下的权力运作问题。实际上，在中国早期国家的政治架构中，血缘关系的存在必定是具体的、有条件的，只有在各宗族成员之间才存在血缘关系，且只有参与了国家权力分配、在政治实践中存在互动关系的宗族成员之间，才会发生血缘、世系认同与政治利益认同的矛盾，也才有对上述关系进行协调、加以强制规范的必要，而不同氏族之间只会发生婚姻、地缘、政治、经济等关系，因此，不存在一个覆盖不同世系族群且高高在上的宗族关系。[②] 进而言之，当时最高统治者的权力运作并非仅靠氏族内部的规则，而是将强制性的、宗教的以及"封建"的方法合在一起[③]，以确立其天下共主的权威。

从上述盟誓制度、服制及分封制度所反映出的权力运作看，随着时代的发展，早期国家的制度安排更着力于处理超血缘、跨地域关系事务，这一点毋庸置疑。这些制度的起源多与氏族血亲关系有关，但是，氏族内部的诸项规则无法处理日趋复杂多元的政治事务，特别是当越来越多的异姓氏族被纳入早期国家的地缘范围之时，无法容纳超血缘关系的统治规则及超氏族剥削、奴役关系的血亲氏族关系只能进一步降格为初级的权力运作基础，而处理超血缘、跨地域关系的社会关系上升为这一时期政治制度的

---

① 沈长云：《古代中国政治组织的产生及其模式》，《史学理论研究》1998 年第 2 期。

② 钱杭：《周代政治架构中的血缘关系——兼论宗法制度在政治实践中的有限性》，载袁林主编《早期国家政治制度研究》，科学出版社 2015 年版，第 252—253 页。

③ ［美］本杰明·史华兹著，程钢译：《古代中国的思想世界》，江苏人民出版社 2004 年版，第 35 页。

基础性结构。盟誓制度着重处理王权与被征服部族、方国之间的关系,而那些被征服的部族、方国往往是异姓氏族,即使是西周时代的分宗盟誓,也有解决诸侯与异姓附属族众权力关系的内涵。服制能够更典型地体现超血缘、跨地域关系为早期国家政治制度的基础性结构,因为血缘关系虽为服制形成的基础原则,但地缘关系的因素是内外服制的基础,即使是在内服体系中,也有异姓氏族的身影,而随着血亲关系的疏远,迫人做事的服制越来越具有强制性,那种仅以与祖宗亲疏远近关系来表达权威的氏族内部规则也逐步让位于超血缘的政治秩序。分封制度是统治者内部的权力划分原则,它一开始就将异姓贵族纳入其中,同时,分封制体现出的统治模式与服制也有类似之处,那就是它们已超越了纯血缘的氏族关系,体现了恩威并施的统治法则。分封制与盟誓制度相配合的现象,也进一步说明贵族内部的权力分配不是单纯地依赖宗亲关系可以实现,而是在表达了王与诸侯之间存在超血缘、跨地域的政治关系。总之,从早期国家权力运作制度体系建构的实际过程看,超血缘、跨地域的社会关系才是当时政治制度的基础性结构。

二 以"王权—贵族"权力体系为上层结构

从早期国家阶段最高统治者利用盟誓制度、服制及分封制进行权力运作的结构层面看,这些制度的上层结构与两大统治集团有关,一是以夏王、商王及周天子为代表的王室集团,二是以各级贵族为代表的贵族集团。二者之间首先是合作关系,共同构成当时的统治集团,王室集团实质上也是贵族集团的组成部分,唯其处于权力的顶峰,是最高统治者,因而与一般意义上的贵族还是有较大区别。王室集团由夏王、商王、周天子为最高权力代言者,其权力体系可称为"王权"。贵族集团是个复杂、庞大的统治集团,商周时期,封国、方国首领构成的诸侯集团是贵族集团的核心力量,他们直接听命于王室,与王权构成上下、内外的权力结构。诸侯之下亦有卿、大夫、士等阶层组成的基层贵族集团,他们以逐级分封的形式获得土地、人口,也以逐级服从的形式与上一层贵族集团构成权利义务关系。王权与贵族集团之间也存有相互制约的关系,诸侯一级的贵族权利须经王权认可或封授,而诸侯拥有其封国内相对独立的军政权力及经济生活,从而制约着王权在地方上的影响力,在西周,即使在王畿之地内,公卿封地也具有较高的独立性，王的权力也受到限制。相应地，各级贵族的权力也由逐级分封而受到下一级贵族集团的制约。总之，中国早期国家阶段的权力结构可归纳为"王权—贵族"权力体系。

首先，王权是"王权—贵族"权力体系的核心，也是规导这一权力体系的主要力量。《荀子·正论》云："令行于诸夏之国，谓之王。"这是以王与诸侯之间的权力关系为基准对"王"的概念进行了界定，而王权可以界定为最高统治者"王"及其家族、家臣等共同构成的一个权力集团，可简称为王室集团。

王权脱胎于我国传说时代氏族部落联盟中居于领导地位的部落首领，学界曾一度称之为酋长，并以酋邦理论解释早期王权。从相关记载看，早期氏族部落首领及其家族在其族内居于领导地位，并形成各自不同的权力划分手段。《左传》昭公十七年载，"黄帝氏以云纪，故为云师而云名；炎帝氏以火纪，故为火师而火名"，至于少皞氏则"纪于鸟，为鸟师而鸟名"，这些部族因族属不同、社会发展程度不同，形成了各自不同的氏族文化，划分权力的方式因此也有区别。这一时期，氏族首领及其家族的权力范围基本在本氏族之内，也就是说，早期王权与其同族构成一个相对较小的权力结构，在地理范围上，往往以某个小政治共同体控制的区域为中心，在人口规模上，也是以此共同体的人口规模为基准。唐尧、虞舜阶段，部落联盟的规模逐步扩大，体现早期王权的地理范围、人口规模也渐趋扩展、增长，已经初步具备"王权—贵族"的权力体系，《尚书·尧典》所载帝尧与四岳讨论时政，帝尧命羲氏、和氏、羲仲等"钦若昊天历象""寅宾出日"诸如此类的权力运作，皆从一个侧面说明帝尧拥有诏令诸部落的最高权力。传说时代，早期王权的稳定性相对较弱，炎帝、黄帝部落与蚩尤大战、炎黄二族之战等传说都可印证。

夏代时，王权的领导地位更加突出且有相应的国家政治制度为保障。在大禹王与诸部落的盟誓活动中，大禹王居于盟主地位，可借其军政权力发号施令，由他和他的家族构成的王室集团虽是夏后氏族群中统治集团的组成部分，但因其地位特殊，特别是"家天下"的王位继承制确定之后，夏王室的地位比早期王权更具权威，在由超血缘、跨地域关系为基础形成的国家权力体系中，夏王与各部族之间的关系，可完全纳入"王权—贵族"的权力体系之中。不过，值得注意的是，夏离传说时代未远，这一时期的王权与部落阶段的早期王权也诸多共同之处。据《尚书·甘誓》,夏启征伐有扈氏时曾发誓词云:"今予惟共行天之罚。左不攻于左,汝不共命;右不攻于右,汝不共命;御非其马之正,汝不共命。用命,赏于祖;不用命,戮于社。"意思是说,夏启奉行上天之命惩罚有扈氏,战车左右及驾车士兵如不能完成战斗任务,就等于不奉行命令。如奉令则在宗庙中给以奖赏,如不奉令则社坛里杀之。这一誓词一方面说明夏启对这些士兵有生杀予夺之权,另一方面,从"赏于祖""戮于社"之语看,这些士兵应当是夏后氏成员,与夏启为同一氏族,说明夏启在部族叛乱、国家危亡之时可调动的兵源主要是同氏族之人,这一点与早期王权以统治本氏族成员体现王权的权力运作方式有诸多一致之处。

甲骨卜辞中,商王自称"余一人",《尚书·盘庚》中,商王也自称"予一人",《礼记·曲礼下》云:"君天下,曰'天子';朝诸侯,分职授政任功,曰'予一人'。"郑玄注云:"'余''予'古今字,则同音馀"。"余一人"的自称突出体现了商代王权的至高地位。殷商时期,王之诸亲子是王族的骨干,他们生活于王族之内,随同商王田猎、祭祀,成年后,未继承王位的亲子从王族中分化出去建立自己的族氏,称之为王子之族,这些"子族"不在王族之内,而王族是在位商王以其诸亲子为骨干而结合其他近亲组而成的族氏。① 从甲骨文中有关商代内外服制的记载看,商代的王权较夏代有所强化,商王对王畿之地内的农业族众直接施以统辖的情况更能说明这一点,不过,叛服无常的周边方国及与王族关系疏离的多子族,也在很大程度上削弱着商代的王权。

西周初,王室集团成员数量可能很有限,这与普遍分封同族有关。据朱凤瀚先生研究,西周有两个层次的王族,低层次的王族是指以时王与其亲子组成的家族,高层次的王族是以低层次王族为主干的宗族,西周金文所见"王家"并非单纯的亲属机构,而是以低层次王族为核心,含有百工、臣妾在内的政治、经济实体。② 周天子以封疆封民人的形式与诸侯建立上下、内外统治结构,并以盟誓、服制配合之,使权力划分拥有相对完备的制度保障,王权也以"共主"的地位与形象成为当时权力体系的核

---

① 朱凤瀚:《商周家族形态研究》,天津古籍出版社1990年版,第75页。

② 同上书,第355页。

心。西周前期，周天子在遵循盟誓、分封等制度方面往往能起到表率作用，认同逐级分权的统治模式，因此，当时王权与诸贵族之间的政治、经济关系相对和谐。

其次，各级贵族是构成"王权—贵族"权力体系的中坚力量。中国早期国家阶段贵族阶层的主要特征在于其军政权力的相对独立与累世继承，这一阶层是一个特殊的历史存在，因为能够有如此特权的贵族阶层只存续于早期国家阶段，后来逐步发展为"世卿世禄"之制，战国时代的诸国改革往往以消灭"世卿世禄"为其目标，秦汉以来，先后形成富有贵族性的豪族、士家、世家及门阀阶层，他们虽也有封爵、任子等特权，但与先秦贵族不可同日而语。换言之，中国只有一个贵族时代，那就是先秦时代。中国早期国家阶段的贵族及其合法性建构往往是相对独立的，其政治、经济方面的权力一方面来自本身悠久的氏族传统，另一方面也需经过时王确认，因而不具有完全的独立性。

三皇五帝时代，各个小政治共同体的首领应当是贵族集团的早期代表，他们的权力往往来自于氏族家长制传统，同时配合以军事征伐，因无相应的制度保障，贵族权力被取而代之的情况较为多见，也有以"杀父任子"的方式重新确立首领权力的历史记载。这一时期形成的一些氏族直到西周初年仍被视为血统高贵的古老部族，且成为被分封的对象。

夏时，与夏王存有盟誓关系的诸部族首领即是当时的贵族，他们在其领地范围内拥有很大的独立权，且以父子相继或兄终弟及的形式传递这一独立权。商时，从王族中分化出来的多子族，商代封国、方国首领构成贵族集团的核心，其中，甲骨卜辞中的"贞""贞人""我贞"等多与封国有关，晁福林先生认为，贞人是各部族首领，他们往往利用占卜权力左右军政，限制王权。①

西周时期的各级贵族往往聚族而居，成为以血缘为基础的利益集团，《诗·小雅·楚茨》云："礼仪既备，钟鼓既戒。孝孙徂位，工祝致告。神具醉止，皇尸载起。鼓钟送尸，神保聿归。诸宰君妇，废彻不迟。诸父兄弟，备言燕私。"借此诗可知，当时参加祭祀的家族成员包括宗子（家族长）、君妇、诸夫、兄弟，这是贵族家族的基本成员，其中，宗子即家

---

① 晁福林：《试论殷代的王权与神权》，《社会科学战线》1984 年第 4 期。

族长居于领袖地位,其他成员受家族长管理,家族内部一些子弟向宗子称臣,服从家族长的调遣。非本族成员也承担家臣之职,他们以家族形式依附于家主,父子相继,供职于一个贵族家庭,且具有固定职位,至西周中后期,形成仿王朝的家朝与廷礼制度,作为"君"的贵族家主与家臣之间的等级关系更加严密。这种典型的家臣制度是一种非血缘关系,但二者之间却产生类似于血缘亲属的亲密关系,其中,帮助宗子掌管宗族内部事务者主要有"室老""宗老",帮助卿大夫统治人民的家臣主要是"宰""司宫""饔人"等。①

从西周贵族的构成看,王畿之地内有异姓氏族及公族,周初,受封异姓大多颇有影响力,公族势力尚未兴盛,至西周后期,王畿之地内的公族势力颇为兴盛。② 诸侯是西周贵族集团的中坚,他们的封国有强弱、大小之别,但都属于外服中的"侯",地位高贵,可以比较自由地支配土地、民人。诸侯在其封国内为"大宗",其叔伯、兄弟为"小宗",这些人受诸侯分封成为卿、大夫,卿、大夫也进一步分封,至春秋时,大夫封邑有邑宰。③ 总之,西周时期的贵族集团是以分封制下层层分权而形成的等差关系十分明显的各级统治者,贵族相对独立的政治、军事、经济权力赋予这一阶层逐级服从的权力特性,诸侯服从于周天子,卿大夫服从于诸侯,诸侯家臣为其私属,多不与王朝发生关系,卿以下的权力运作亦遵循这一规则。

最后,"王权—贵族"权力体系之所以是早期国家阶段政治制度的内在上层结构,主要是因为这一权力体系左右着整个国家的权力运作,这一权力体系构成的上下、内外权力关系是分配土地、民人等国家主要财富的权力准则,也是划分政治、军事诸权力的核心原则。

如上所述,中国早期国家阶段氏族制发挥着重要的作用,但氏族内部诸规则并不是最高统治者赖以分配权力、财富的准则,相反,如何超越氏族构成的小共体利益,从更广大的层面构建王权是他们考量的主要问题,

---

① 杨宽:《西周史》,上海人民出版社 1999 年版,第 446—447 页。

② 童书业著,童教英校订:《春秋左传研究》(校订本),《童书业著作集》(第一卷),中华书局 2008 年版,第 459 页。

③ 同上书,第 454—470 页。

因之，超血缘、跨地域社会关系成为王权倚重的诸项政治制度的基础性内在结构。但是，超血缘、跨地域社会关系仅支撑着最高统治者广义上的权力运作，无法涵盖权力中枢的权力运作模式，因此，它不属于核心的、上层的权力运作范畴。相比而言，由"王权—贵族"权力体系构成的权力运作模式，是支配当时重要政治制度形成、运作的核心，也能体现出中国早期国家的基本社会形态。

在早期国家阶段，"王权—贵族"权力体系共同构成统治集团，他们利用国家机器实施国家管理与社会控制，形成自上而下、由内而外的统治格局，整个国家的权力运作由这一权力体系掌控，国家机器的运转也依赖于这一权力体系，因此，表达权力运作手段、过程的早期国家政治制度的内在上层结构为"王权—贵族"权力体系，显然是毋庸置疑的。"王权—贵族"权力体系也是早期国家阶段分配土地、民人的主导力量。早期王权阶段，主要通过盟誓活动确认各部族的势力范围，以及各部族对王权所尽义务的内容等。商周时期，盟誓活动与分封制配合起来，成为分封土地、民人的主要政治手段，同时，服制也是确认王权与贵族集团权利义务关系的重要方式。对于贵族集团而言，尽管他们领有的土地、民人可能来自悠久的氏族传统，但经过王权的确认后，具备了政治意义上的合法性；对于那些新授土地、民人的贵族而言，王权的分授是他们获取权益的前提。对于王权而言，无论是传说时代的早期王权，还是夏王、商王及周天子为代表的最高统治者，都应当有集权的意志，但是，受制于当时的社会条件，他们表达王权的政治、经济、军事等手段皆受到较大限制，因而无法真正做到集权，更谈不上专制。制约王权的社会条件很多，因社会发展程度问题，当时的生产力水平、自然地理条件、人口、国家治理能力等皆是重要因素。除此之外，权力体系内部的制约关系可能是更为关键的因素。当时，王权建构于贵族集团之上，贵族集团成就了王权的"共主"地位，同时又对王权形成很大的约束，层层分权的政治格局中，王权不是决定军政事务的唯一力量，当然也并非如雷海宗先生所言"只在理论上承认共主的元首"[①]，可对贵族集团施以实质性的影响，贵族并非完全独

---

① 雷海宗：《历史的形态与例证》，雷海宗、林同济：《文化形态史观》，台湾业强出版社1988 年版，第 13 页。

立于王权，二者形成的相互配合、相互制约的关系，是达成权力运作的根本途径。由此，王权的集权性格受到贵族集团的抑制，贵族集团完全独立于王权的权力流向也受到王权的制约，从而形成王权无法达成专制，贵族集团的军政权力也无法完全独立的政治格局。这一政治格局与统治者的权力运作手段是互为表里的关系，即当时主要的政治制度体现着这样的政治格局，由这一政治格局形成的"王权—贵族"权力体系也就顺理成章地成为这些政治制度的内在上层权力结构。"王权—贵族"权力体系也是早期国家阶段的国家形态，而这一国家形态决定着当时的社会性质，这一时期的社会也可称为"王权—贵族"社会，相关情况笔者拟在本书第六章总论中加以分析。

第三节　早期国家统治理念的基本内涵

早期国家阶段，最高统治者以何种理念统治国家，这种统治理念的形成机理是什么，其表现形态又是什么，诸如此类的问题，学界虽多有讨论，但未形成统一的意见。把血缘亲情为基础的伦理规范视为当时主要的统治理念的观点在学界占主流，比如，侯外庐先生认为"德""孝"是周代统治阶级的道德纲领，"德"以对天，"孝"以对祖，这是周代二元宗教神派生的道德律。① 晁福林先生认为上古氏族时代主要靠血缘亲情和原始道德而不是以刑罚来维系社会秩序，至西周，民俗仍是重要的社会管理方式，浸润着传统的道德精神与伦理规范的周礼支撑着周代社会的稳固。② 此外，从宗教神权或思维哲理角度解析这一问题的观点也颇多，如美国学者本杰明·史华兹强调西周分封的宗教基础，认为周代的建立者在亲属中"分配治权"（parcelled outsovereignty）的"封建主义"依赖于"祖先崇拜的亲缘纽带的深厚的宗教方面"。③《清华简》公布后，人们在《保训》一篇中发现早期国家的统治理念蕴含或体现着"中"的观念，有

---

① 侯外庐等：《中国思想通史》（第一卷），人民出版社 2011 年版，第 83—84 页。
② 晁福林：《"五刑不如一耻"——先秦时期刑法观念的一个特色》，《社会科学辑刊》2014 年第 3 期。
③ ［美］本杰明·史华兹著，程钢译：《古代中国的思想世界》，江苏人民出版社 2004 年版，第 44 页。

人甚至径直释其为"中和"。①

　　笔者认为，利用血缘亲情及与之相关的伦理规范统治国家的确是早期国家阶段统治理念的重要组成，但由此形成的诸如"孝"之类的道德范畴并不能够全面、有效地处理超血缘、跨地域的社会关系，也不能涵盖"王权—贵族"权力体系的方方面面；宗教包装下的神权因素是存在着的，且在一定时期发挥着重要作用，但是，处理人与人之间、不同政治集团之间的现实利益关系才是国家管理与社会控制的要点，在这个领域，不能高估宗教因素的地位与作用；至于上古时期是否有"中"的理念，出土文献中的"中"是否能解读为"中和"，都尚待进一步研究。笔者也认为基于当时氏族血缘亲情的伦理规只是构成早期国家统治理念的基础，血亲伦理的意义不仅仅表现在处理氏族集团内部事务上，随着国家管理与社会控制的日渐复杂化，它的观念价值逐步上升为处理超血缘、跨地域的权力关系方面。在早期国家阶段，不同层级的权力体系之间在处理各种关系过程中逐步形成的一些观念，也成为早期国家阶段的重要统治理念。

一　"孝"在早期国家统治理念中的真实作用

　　一般而言，国家的起源是一个漫长连续的历史过程，我国传说时代的一些部族所居之城初步具备国家管理与社会控制的一些功能，夏以来的国家是在此基础上扩充、强化的，前国家阶段的部族利用氏族社会内部的伦理观念管理人群的做法为后世继承、延展，成为国家统治理念的重要组成，其中，"孝"是最为典型的一个伦理范畴。通过考察"孝"在早期国家统治理念中的地位与作用，有助于厘清这一时期国家统治理念的基本内涵。

　　甲骨卜辞和商代金文中已有"孝"字，但仅作地名或人名，与今人所谓善事父母为"孝"的观念并不一致。至西周，"孝"字不仅见于《尚书》《诗经》，也见于青铜铭文，且与"享""追"等字连用，用于表达对死去父母、祖先追怀、纪念。《说文》云："享，献也。……《孝经》曰：'祭则鬼享之。'"意为把祭祀品献于鬼神，可见"孝"观念的起源与

---

　　①　魏晓立、钱宗范：《清华简〈保训〉"中"字再辨》，《古籍整理研究学刊》2015 年第 5 期。

鬼神信仰有关。《说文》亦云:"孝,善事父母者,从老省,从子,子承老也。"在现实生活中,"孝"源起于人类社会中父母与子女之间的情感世界,逐步成为规范、约束人们行为、形成某种秩序的观念。《尚书·尧典》记载,尧曾"克明俊德,以亲九族;九族既睦,平章百姓,百姓昭明,协和万邦;黎民于变时雍"。说明当时氏族内部的亲和友善是十分重要的,子孙孝顺父祖,进而构成上下有序的家庭内部等级关系,既符合血亲伦理的一般风俗,也符合当时社会权力结构的基本形态,由此,在部族社会,推行"孝"这一理念,且试图以"孝"来约束人们的行为,视孝顺为良风优俗似乎是顺理成章之事。进入国家阶段之后,利用氏族伦理习俗安排国家统治制度,且逐步形成以氏族伦理观念为导向的统治理念似乎也顺理成章。这一点有文献为据,如《诗·小雅·楚茨》云:"孝孙有庆,报以介福,万寿无疆。"《诗·大雅·既醉》亦云:"威仪孔时,君子有孝子。孝子不匮,永锡尔类。"

然而,在权力结构日趋复杂化的社会体系中,以"孝"为典型代表的氏族伦理观念所发挥的调节社会关系、维护宗法制度等的作用,并非一成不变,不同层级的社会群体对"孝"的理解或期许也并非完全一致。

首先,从各级贵族及依附于贵族的各类社会群体的角度讲,"孝"是"亲亲"伦理观的直接体现,这些群体认可的"孝"就是子孝顺于父。在各级贵族为首且以血亲家族为基本单元的社会结构中,"孝"的指涉对象是与受这一伦理规范约束的人们直接相关的兄长、父亲、祖父,大多数情况下,他们的身份与受其庇荫的贵族群体是相重合的。换言之,"孝"的对象很大程度上即是与其有直接权利义务关系的贵族群体。在这样的社会结构中,重视血缘关系且形成"孝"为核心的伦理观是自然而然的,无须加以观念上的形塑或强化。在时代发展变化过程中,以血亲家族为基本单元的社会结构相对稳定,也相对封闭,从而形成相对固化的伦理观,且这一伦理观是以"亲亲"为基本前提。

在氏族社会里,善事父母、兄长者被视为孝子,尊奉孝道者亦是血缘家族得以长期维系的中坚力量,"孝"的观念也是血缘家族的黏合剂,《尚书·尧典》称"克谐以孝",说的就是这个道理。经过漫长时代的孕育、发展,中原华夏逐步形成以孝道为思想内核的"亲亲"伦理观念,并对后世的儒家产生过重要影响,逐步衍生出"亲亲"胜于"尊尊"的伦理观念。《韩非子·五蠹》载："鲁人从君战，三战三北。仲尼问其故，对曰：'吾有老父，身死，莫之养也。'仲尼以为孝，举而上之。"可见孔子认同"亲亲"大于"尊尊"的伦理观。战国中期也有"为父绝君，不为君绝父"① 的观念，孟子主张"人人亲其亲，长其长，而天下平"②，亦继承了"亲亲"为大的观念。

细究上述有关"孝"的发展历程及先秦儒家的相关观念，笔者认为这种"孝"的观念显然不是最高统治者提倡或秉持的，而是国家之下各个小政治共同体所发扬或坚守的孝道观念。站在王权统治下的各个贵族角度看，他们往往直接控制着一个或数个血缘家族，这些血缘家族构成的小政治共同体内诸项事务实质上就是家族内部的事务，他们以"亲亲"为大的孝道，既维护了家族长在小政治共同体中的权威，又可以教化其子民以家族利益为重，使"孝"成为他们在相对封闭的氏族集团中寻求生存、发展的伦理依据，正唯如此，他们更注重"亲亲"，"为父绝君，不为君绝父"的理念是贵族保护自身权益的一种理念，而"亲亲"大于"尊尊"的观念，可视为贵族集团抵抗王权专制，保护其在血缘家族内诸项权利的观念基石。到后来，这种"孝"的观念发展出亲属间相互容隐的思想，并逐步衍化为人们对抗或制约国家权力的容隐制度。③ 显然，对于最高统治者而言，这种"孝"的观念对其统治权益甚或起着离心的作用，它应当不会是当时国家最高统治思想的组成部分。

其次，西周以来，"孝以对祖"的观念是国家统治理念的组成部分。在最高统治者提倡的"孝"观念中，"孝"是祖先崇拜之纲纪，其作用在于尊祖敬宗抑父，具体到国家管理，"孝"是形成"义"的一个重要前提。

从"孝"的起源看，它既与父母子女间供养、尊敬的朴素情感有关，也与对死去父母、祖先的追怀、祭祀有一定联系，特别是在西周铜器铭文

---

① 语出《郭店楚简·六德》，原文见荆门市博物馆《郭店楚墓竹简》，文物出版社 1998 年版，第 188 页，转引自李零《郭店楚简校读记》（增订本），中国人民大学出版社 2007 年版，第 171 页。

② 《孟子·离娄上》，（清）焦循撰，沈文倬点校：《孟子正义》，中华书局 1987 年版，第 508 页。

③ 魏道明：《中国古代容隐制度的价值与正当性问题》，《青海社会科学》2012 年第 1 期。

中，"孝"的使用对象大多为死去的先祖①，西周沬其鼎"用享考（孝）于皇祖考"②，追簋铭文"用享孝于前文人"③，都说明祭享先祖即为"孝"。西周铜器铭文往往是国家统治理念在礼器上的体现或表达，对于持有这些礼器者而言，它们是一种公开的宣誓，反映的是国家权力支配下的"孝"观念。《礼记·大传》云："自仁率亲，等而上之至于祖，名曰轻。自义率祖，顺而下之至于祢，名曰重。一轻一重，其义然也。"郑玄注："用恩则父母重而祖轻，用义则祖重而父母轻。"可见，"孝以对祖"是以"义"为据，其价值取向与后世儒家提倡的父重祖轻的孝父原则正好相反。④ 最高统治者强调以孝敬同一祖先为原则的伦理观念，目的在于建构"义"为核心的道德规范，因此，国家层面提倡的"孝"与小政治共同体层面的"孝"有很大不同，在最高统治者视域中，"尊尊"大于"亲亲"。当然，需要指出的是，国家层面上的"孝"观念也主张血缘家族内部的孝亲伦理，《尚书·康诰》云："元恶大憝，矧惟不孝不友，子弗祗服厥父事，大伤厥考心；于父不能字厥子，乃疾厥子。于弟弗念天显，乃弗克恭厥兄；兄亦不念鞠子哀，大不友于弟。"《尚书·酒诰》亦云："嗣尔股肱，纯其艺黍稷，奔走事厥考厥长；肇牵车牛远服贾，用孝养厥父母。厥父母庆，自洗腆致用酒。"侍奉在世父母，维系好氏族关系，也是最高统治者乐见的"孝"观念。总之，从王权角度看，"孝"有两层内涵，一方面是"孝以对祖"，这是最高统治者的重要统治观念；另一方面，王族内部须讲孝道，以凝聚族内力量，但超越"亲亲"、建构"尊尊"是国家层面孝道思想的核心。

综上，"孝"是早期国家阶段各阶层权益保护的一种手段。从国家层面看，以"义"为宗旨的孝道理念，建构的是"尊尊"大于"亲亲"的孝道观，其目的在于使国家权力拥有超越小政治共同体的观念基础；在国

---

① 骆扬：《原"孝"——从"孝"看西周的时代背景》，《中国社会科学院研究生院学报》2010 年第 1 期。

② 《沬其鼎》（02768、02769、02770），中国社会科学院考古研究所编：《殷周金文集成》（修订增补本）第二册，中华书局 2007 年版，第 1436、1437、1438 页。

③ 《追簋》（04219），中国社会科学院考古研究所编：《殷周金文集成》（修订增补本）第三册，中华书局 2007 年版，第 2424 页。

④ 查昌国：《论西周孝尊祖敬宗抑制父权——兼论古史研究中经史方法的运用》，《史学理论研究》2001 年第 2 期。

家权力与社会互动过程中，对于各级贵族而言，秉持血缘家族内部的伦理规范即是维护其权益的重要方式，后世儒家总结出的"为父绝君，不为君绝父"的"孝"观念是各个小政治共同体对国家权力的回应。由此可见，"孝"在"王权—贵族"社会中是一种非对称的思想观念，王权层面上的"孝"和各级贵族层面上的"孝"虽有一定的共性，但区别较大，由此表达出的利益诉求也有很多不同，就早期国家的最高统治理念而言，利用氏族内部的伦理观念达到超血缘、跨地域的统治目的，是这一时期形成统治理念的基本原理，"孝"的真实作用亦是通过这一原理得以表达或体现的。

二　"义"：早期国家阶段的核心统治理念

既然以"孝"为代表的伦理规范不能代表早期国家阶段统治理念的核心精神，那么有必要结合当时国家权力运作的制度框架，来探讨这一时期最高统治者与各级贵族共同认可、尊奉的统治理念。

在早期盟誓活动中，居于盟主地位的最高统治者与盟誓活动的其他参与者之间形成统治关系的前提与盟誓活动本身并无直接联系，而是之前可能早已有了胜负结果的军事征伐；随着人类理性精神的延展，盟誓活动中的祭祀礼仪或自我诅咒对于被统治者的约束力也是有限的；早期国家阶段不具备集权统治的诸种社会条件，最高统治者只能以松散的统治方式管理或控制各级贵族。因此，小政治共同体尊奉、顺从国家权力的缘由并非仅仅来自军事征伐的威慑和宗教神权的约束，或制度体系的管控。以服制为典型代表的剥削制度中，征服、威慑被统治者的手段也并非仅为军事活动或宗教神权，血缘氏族内部的分工现象也无法解答已将异姓氏族纳入服制的问题。此外，异姓氏族参与其中的分封活动本身无法仅从氏族传统角度去看待相应的权利义务关系。

那么，除军事征伐、宗教神权、氏族传统之外，是否应当有一种思想理念为"王权—贵族"权力体系中不同层级的政治共同体所共同认可、遵守的呢？如果结合上述政治制度的具体实施过程，这个答案是肯定的。比如，在盟誓活动中，盟主与其他会盟者之间虽然是征服者与被征服者、统治者与被统治者的关系，但他们之间之所以会结盟，是因为有共同的利益点。盟誓活动结束后，盟主在享受其他会盟者朝觐、进贡的同时，须对他们施以保护的义务;会盟者在各自的领地虽享有相对独立的诸项权利,也须服从盟主调遣,维护盟主权威。在国家管理与社会控制手段相对疏阔的时代,国家权力与地方各级贵族之间的权利义务关系更多地体现为一种出于道义的契约关系,周初实施分封过程中进行盟誓的行为恰好说明盟誓不光要呈现祭祀礼仪的统治效应,它也是展现王权与被分封贵族之间结成契约关系、表达道义精神的一个场合。总之,早期国家阶段,处理超血缘、跨地域的社会关系过程中,诸子时代普遍讨论的"义"这一思想范畴逐步形成,并对当时的统治理念产生重要影响。

传世文献中,"义"的语义颇为多元,并非皆指道义,如《尚书·高宗肜日》载:"惟天监下民,典厥义,降年有永有不永。非天夭民,民中绝命。民有不若德,不听罪。"此处的"义"指"道理"或"理之当然"①,《荀子·大略》云:"义,理也。"说明战国时期"义"可训为道理。《尚书·康诰》载:"汝陈时臬事,罚蔽殷彝,用其义刑义杀,勿庸以次汝封。乃汝尽逊,曰时叙,惟曰未有逊事。"此处的"义"指正当、合理、适宜②,《礼记·中庸》亦云:"义者宜也,尊贤为大。"从语源学角度看,"义"的语义与某种外在形象有关,《说文》云:"义,己之威仪也,从我、羊。"到后来,"义"主要指涉君臣关系,并与"利"形成相对应的语义关系,《孟子》一书中关于君臣之义及义利关系的阐释可以为据。晁福林先生认为,"义"是宗法制观念的延伸,其所产生的影响不仅是制度上的、政治上的,而且是社会观念文化上的。③ 这一观点忽略了当时存在超血缘、跨地域社会关系的事实,不能仅以氏族传统解释"义"这一观念的形成与发展。事实上,早期国家阶段的最高统治者更多地面对的是异姓氏族的统治、管理问题,还有如何处理血缘关系疏远的同姓氏族问题,以及跨区域统治的问题。由于自上而下一体化的统治格局远未形成,他们只能依靠盟誓、服制及分封等制度形成相对松散的统治格局,并与各级贵族之间形成类似于契约的统治关系,这一统治关系中,国家权力保障各级贵族的权益,以及各级贵族服从最高统治者的心理动因皆与这种

---

① 顾颉刚、刘起釪:《尚书校释译论》(第2册),中华书局2005年版,第1005页。

② 同上书(第3册),第1332页。

③ 晁福林等:《周代宗法制问题研究展望》,《历史教学问题》2007年第3期。

契约关系表达出的道义精神有关，且逐步延伸出"义"的观念，而这一观念成为当时处理超血缘、跨地域统治问题的重要思想范畴。

从国家统治理念层面看，"义"是"王权—贵族"社会中颇有对称特色的统治理念：王权高高在上，但其权力并非绝对化，也并非有一体化的政治制度为保障，直接与王权进行盟誓的贵族，或被纳入服制的贵族，以及接受了分封的贵族，虽然必须服从王权统治，但前提是王权须承认贵族在其封地内的相对独立的各项权利，因此，"王权—贵族"权力结构中，二者的关系既是上下等级分明的统治关系，也是一种相互依存的关系，而"义"这一思想范畴恰好能够十分恰当地体现这种权力关系。以西周为例，周天子与分封诸侯之间的权利义务关系首先不能仅用军事征伐来解释，因为所分封的绝大多数诸侯为同姓、姻亲或古老贵族，当然也不能仅用血亲关系来理解他们之间的统治关系，因为所分封的诸侯中有诸多异姓贵族，即便是被分封的同姓贵族，他们与周天子之间存在跨区域统治的问题，也存在血亲关系逐步疏远的问题，而周天子要达到统治目的，首先须承纳分封诸侯在地方上的自主权，并以封授这些自主权来换取诸侯的服从、忠信，从青铜铭文中的常见的"对扬王休""子子孙孙万年永宝用"等看，周王的保护、赏赐换来的是贵族集团的忠信，这是一种有条件的"尊尊"观念，与上述基于血缘关系的"亲亲"伦理观形成鲜明对比。深受西周伦理观念影响的先秦儒家曾对这种类似于契约关系的统治理念作过总结，如孔子曾说："君使臣以礼，臣事君以忠。"① 《郭店楚简·语丛一》载："［别君］父，有亲有尊；长弟，亲道也。友，君臣无亲也。"② 《郭店楚简·语丛三》载："父无恶。君犹父也，其弗恶也，犹三军之旌也正也。所以异于父，君臣不相戴也，则可已，不悦，可去也；不义而加己，弗受也。"③ 意谓父子关系属于"亲"，君臣关系属于"尊"，父子之道与君臣之道有区别，前者属于基于血亲关系的"孝"，是不能改变的，

---

① 《论语·八佾》，程树德撰，程俊英、蒋见元点校：《论语集释》，中华书局 2014 年第 2 版，第 254 页。

② 原文见荆门市博物馆《郭店楚墓竹简》，文物出版社 1998 年版，第 196—197 页，转引自李零《郭店楚简校读记》（增订本），中国人民大学出版社 2007 年版，第 209 页。

③ 原文见荆门市博物馆《郭店楚墓竹简》，文物出版社 1998 年版，第 209 页，转引自李零《郭店楚简校读记》（增订本），中国人民大学出版社 2007 年版，第 192 页。

后者则是可以改变的,如果君上不讲"义",臣下可以"弗受",可见"义"是衡量君臣关系的一大准则。孟子也说:"用下敬上,谓之贵贵;用上敬下,谓之尊贤:贵贵尊贤,其义一也。"① 在先秦儒家看来,"义"是一种相互对应的思想范畴,它既强调臣子对君主的忠诚,也主张君主对臣下的礼让、尊重,从中亦可看出作为早期国家统治核心理念的"义"体现出权力关系相对称的思想理念。

从早期国家阶段权力运作的制度框架及"王权—贵族"社会的内在结构看,"义"是居于核心地位的统治理念。除上述因制度疏阔未形成一体化的统治格局等诸因素外,"义"之所以为当时的统治者看重,与利用道德规范处理权力关系的传统思维有一定联系,即后世所谓"上古竞于道德"②。在君臣相依的权力关系中,"义"能全面、恰当地体现人们利用道德观念实施国家管理与社会控制的观念与做法,正如诸子所谓"义者,正也"③,"公义明而私事息矣"④,"义"是公正的体现,不能因一己之私违背"义"。"王权—贵族"社会统治阶级秉持的道义精神,不仅在早期国家阶段居于核心的统治理念,直到春秋时期,它仍是各级贵族的行为准则,所谓春秋"贵义而不贵惠"⑤,正是这种精神的体现。因此,后世诸子总结道"义者,天下之制也"⑥,"义也者,万事之纪也"⑦。

总之,"义"是早期国家阶段居于核心地位的统治理念,这一观念在当时起着调节国家权力与贵族阶层关系的重要作用,典型地体现了当时统

---

① 《孟子·万章下》,(清)焦循撰,沈文倬点校:《孟子正义》,中华书局1987年版,第695页。

② 《韩非子·五蠹》,(清)王先慎撰,钟哲点校:《韩非子集解》,中华书局2013年第2版,第487页。

③ 《墨子·天志下》,(清)孙诒让撰,孙启治点校:《墨子闲诂》,中华书局2001年版,第207页。

④ 《荀子·君道》,(清)王先谦撰,沈啸寰、王星贤点校:《荀子集解》,中华书局2013年第2版,第282页。

⑤ 《春秋穀梁传·隐公元年》,承载撰:《春秋穀梁传译注》,上海古籍出版社2004年版,第1页。

⑥ 《礼记·表记》,(汉)郑玄注,(唐)孔颖达正义,吕友仁整理:《礼记正义》,上海古籍出版社2008年版,第2057页。

⑦ 《吕氏春秋·论威》,许维遹撰,梁运华整理:《吕氏春秋集释》,中华书局2009年版,第179页。

治者利用道德观念处理超血缘、跨地域关系的统治理念。"义"作为一种传统精神，对春秋战国时代的诸子产生过重要影响，研究表明，"义"是子学的共同话域，是诸子共同的思想原点和学术宗旨，也是诸子建构自身学说的公共文化资源，集中体现出子学的某种共性和内在一致性。① 诸子时代之所以以"义"为争鸣中的共鸣，唯其为早期国家阶段的核心统治思想，是一种具有浓厚历史背景的传统精神，因此成为诸子必须直面的精神遗产。当然，也须注意到，"义"观念在后来也发生了大的变化，"王权—贵族"社会国家统治理念衍生出的"义"观念在君主专权理念已然成型的时代，逐步转化为抑制宗法伦理以强化君权的一个思想起点，《荀子·子道》云："从义不从父"，表达了一元化权力体系视尊君为"义"的观念。

三 无为："王权—贵族"权力体系派生出的统治理念

从"王权—贵族"权力体系的内在结构与运行过程中，亦可窥见当时统治者秉持或认可的相关统治理念。早期国家阶段，王与各级贵族共同构成的统治体系中，王被贵族集团奉为"共主"，其直接管辖的势力范围较为有限，一般只局限于王畿之地，各级各类贵族则拥有其封地范围内的政治、军事等诸事务的自决权。在这一统治体系中，权利与义务的划分往往先决于王对贵族领地及其政治独立权的认可，因此，在夏、商、西周时期的政治形态中，王权对于其他部族、方国及诸侯国而言，往往处于"无为"的政治状态。限于当时的国家制度及社会发展条件，王权无法直接管辖地方事务，而拥有地方管理权的各类贵族之所以奉王为"共主"，也是基于王权在地方上的"无为"。由此，王权以"无为"换取了贵族集团的尊奉，贵族集团借王权的"无为"获得政治、军事上"自为"，"王权—贵族"权力体系中的主要力量都认可"无为"。

需要指出的是，当时"无为"是政治实践的结果，是"王权—贵族"权力体系派生出的一种统治理念，因此，无法从实证的角度获得"无为"政治观源起的各项证据。学术界一般认为"无为"观念起源于老子或孔

① 桓占伟：《百家争鸣中的共鸣——以战国诸子"义"思想为中心的考察》，《史学月刊》2014年第6期。

子时代，也有学者认为"无为"思想可最早追溯到上古先民在原始文明下敬畏、依赖和顺从自然的心理及行为，随着政治文明的深入，又最容易在王朝没落或王朝更替之际滋生。① 实际上，"无为"政治观是贵族文化孕育的一种政治传统，具有广阔的社会历史基础，并非仅是王朝没落或王朝更替之际滋生出的政治观念，从后世诸子继承、发扬"无为"观念的角度，亦可看出这一政治观念的历史渊源。"无为"政治观是道家思想的核心内容之一，他们以往圣"无为"作为反观人类政治行为的一面镜子，主张"圣人无为，古（故）无败也"②，通过诸多道家的阐释、延展，形成了体系完备的"无为"政治观。孔子曾云："无为而治者其舜也与？夫何为哉？恭己正南面而已矣。"③ 战国时代的儒家主张"王中心无为也，以守至正"④。可见儒家也继承了"无为"政治观。此外，墨家、法家等也主张"无为"，相关情况，笔者拟专章讨论。

总之，"无为"是早期国家阶段"王权—贵族"权力体系及其内在结构所派生出的一种统治理念，它也是先秦贵族文化传统孕育出的具有深远影响的一种政治智慧。和"义"一样，"无为"也是百家争鸣时代的"共鸣"，是诸子形成政治观念的历史记忆和思想基石，这也从一个侧面说明它是早期国家阶段重要的统治理念。

---

① 李秀华：《先秦无为思想起源考论》，《海南大学学报》（人文社会科学版）2014 年第 6 期。

② 《郭店楚简·〈老子〉（丙）》，荆门市博物馆：《郭店楚墓竹简》，文物出版社 1998 年版，第 121 页。

③ 《论语·卫灵公》，程树德撰，程俊英、蒋见元点校：《论语集释》，中华书局 2014 年第 2 版，第 1368 页。

④ 《礼记·礼运》，（汉）郑玄注，（唐）孔颖达正义，吕友仁整理：《礼记正义》，上海古籍出版社 2008 年版，第 937 页。

第二章

西周中期以来国家统治理念的转型

西周中期以来，周礼逐步呈崩坏趋势。究其原因，学界认为外族的入侵和诸侯势力的坐大是主因。徐中舒先生认为下堂见诸侯、允许卫国独立为诸侯，都是周夷王的失礼行为，侧面反映出当时王室的衰弱。[①] 顾颉刚先生认为西周因外族入侵而灭国，东迁之后，周室不兴、异族内侵，致使霸主代替周天子号令诸侯。[②] 除此之外，从周礼实施者角度亦可窥见其崩解的原因。周天子对土地、民人的所有权很大程度上仅限于理念，在这一体制下，王权不可能随意支配贵族已占有的土地、民人，也不能随意干涉贵族在地方上的施政，尤其不能对王畿以外的邦君诸侯的土地、民人进行支配。[③] 由于土地、民人往往是有限的资源，周天子"恩惠换忠诚"的施政实际上是在执行自杀式的权力运作，它首先导致的是王权的财力匮竭，并使西周王朝处于深刻的财政危机中。[④] 周礼与周天子之间的制约关系，越到西周后期表现得越为明显，以至于懿、孝、夷时期出现了一场礼制革命[⑤]，王权与贵族间的权力斗争，往往以王权被进一步削弱收场。"共和行政"之后，贵族集团更加重视本族内部的宗法关系，尊奉周天子的宗

---

① 徐中舒：《先秦史论稿》，巴蜀书社1992年版，第171—172页。

② 顾颉刚：《"周公制礼"的传说和〈周官〉一书的出现》，《文史》（第6辑），中华书局1979年。

③ 沈长云：《先秦史》，人民出版社2006年版，第129页。

④ 李峰著，徐峰译：《西周的灭亡：中国早期国家的地理和政治危机》，上海古籍出版社2007年版，第162—163页。

⑤ 李峰著，吴敏娜等译：《西周的政体：中国早期的官僚制度和国家》，生活·读书·新知三联书店2010年版，第39—41页。

法观念逐步衰落①，加之西周后期有权势的贵族把王臣变成私臣，王权与贵族集团的关系也发生了诸多变化。②

上述研究成果多从周天子被动面对诸侯崛起、异族内侵，以及被动接受周礼约束等角度出发，去解释西周中期以来周礼崩坏、王权不兴的历史事实。如果换一个视角，从周天子施政行为及对待周礼的态度所反映出的统治意志看，突破周礼对王权的束缚，建构新的统治模式，是西周中期以来诸王的共同政治纲领，也是这一时期占主导地位的统治思想。西周以降，天子权威委顿，诸霸勃兴，卿大夫或秉持国政，或取诸侯而代之，最高统治者试图集权的统治意志在新旧交织的时代呈现出更多复杂多变的发展态势。

第一节　从周天子突破周礼看国家统治理念的转型

从理论上讲，周礼所包含的制度、礼仪、习俗等是维护周天子权威的依据，因此，周天子应当极力维护而非破坏或超越之。但是，从史实角度看，西周中期以来的诸王，往往试图超越周礼对其的限制，在更多领域或更多层面尝试新的统治方式。在"王权—贵族"社会的权力结构中，周天子试图突破礼乐制度、尝试建构新的统治方式的做法，并非完全是纸上谈兵，而是有一定的基础，比如，王室在地方上设置的一些军镇，为王权干预地方提供了保障；周道的通行，使宗周与地方之间有了便捷的交通条件③等。虽然周天子突破礼乐的行为最终导致了"礼乐废，诸侯恣行"④的后果，但从长时段的历史视角看，恰恰是他们试图突破礼乐制度的行为，为后世建构集权体制提供了历史基础。

---

①　晁福林：《"共和行政"与西周后期社会观念的变迁》，《北京师范大学学报》（社会科学版）1992 年第 3 期。

②　［日］伊藤道治著，江蓝生译：《中国古代王朝的形成——以出土资料为主的殷周史研究》，中华书局 2002 年版，第 126 页。

③　相对于前代，"周道"具有专业化、规范化、人性化的特点，夜禁、查禁等制度则体现着周王朝的统一大势。参见雷晋豪《周道：封建时代的官道》，社会科学文献出版社 2011 年版。

④　《史记》卷 28《封禅书》，中华书局 1959 年点校本，第 1358 页。

一 从昭王南征到夷王烹杀齐哀公

古本《竹书纪年》载，周昭王"十六年，伐楚荆，涉汉，遇大兕。周昭王十九年，雉、兔皆震，丧六师于汉"。《左传》僖公四年记载了管仲责备楚国"昭王南征不复"一事，"尔贡苞茅不入，王祭不共，无以缩酒，寡人是征。昭王南征而不复，寡人是问"。据学者研究，周昭王以随州地区的鄂、曾等国为基地，征伐尚未臣服于周的荆楚族群，意图恢复商代以盘龙城为据点控制长江中游地区的政治地理格局，与江南铜矿区建立直接联系，保障铜锡资源的稳定供给。周人因不明南方地理与气候特点，最终丧六师于汉江。[①]

荆楚与中原诸国之间早有接触，殷商时期，为开辟南方锡铜资源向北传输的道路，与荆楚发生过战争，《诗·商颂·殷武》记载了武丁伐荆楚之事，"挞彼殷武，奋伐荆楚。罙入其阻，裒荆之旅，有截其所，汤孙之绪。"西周中期以来，楚国逐渐兴起，成为荆楚中势力较大的一个族群，据《左传》昭公十二年，楚国先祖熊绎曾"辟在荆山，筚路蓝缕以处草莽，跋涉山林以事天子，唯是桃弧、棘矢以共御王事"。另据《国语·晋语八》，"昔成王盟诸侯于岐阳，楚为荆蛮，置茅蕝，设望表，与鲜牟守燎，故不与盟。"在周初的分封体系及盟誓中，楚国尚无一席之地，但须承担"置茅蕝，设望表"之义务。事实上，大致在今淮水流域、南阳盆地南部与汉淮间平原一带的"南国"，是周王朝重要经济资源与人力资源之所在，整个西周中晚期，周王朝为控制这块区域多次与淮夷发生战争，但终西周之世，周人并未能实现对该地常规化的、有效的行政管理。[②] 记载了昭王南征史实的一些铜器铭文亦可证实西周并未真正控制荆楚之地，中方鼎铭文载："王令中先省南或（国）贯行"[③]，唐兰先生解释为昭王命令中先去视察南方的经行路线[④]，表明昭王前去征伐之地未纳入周的分封体系，因此，昭王南征有开疆拓土的意味。周昭王南征荆楚，虽有

① 尹弘兵：《地理学与考古学视野下的昭王南征》，《历史研究》2015 年第 1 期。
② 朱凤瀚：《论西周时期的"南国"》，《历史研究》2013 年第 4 期。
③ 《中方鼎》（02751、02752），中国社会科学院考古研究所编：《殷周金文集成》（修订增补本）第二册，中华书局 2007 年版，第 1419、1420 页。
④ 唐兰：《西周青铜器铭文分代史征》，中华书局 1986 年版，第 283 页。

"汉阳诸姬"的军事实力为依凭①，但主力军应当来自宗周，可能是无法适应南方潮湿多雨的自然环境，或遇到了突如其来的洪水，不幸"卒于江上"②。令簋铭文载："唯王于伐楚白（伯），才炎。隹九月既死霸丁丑，作册矢令尊宜于王姜。"③ 这一年是昭王十九年，也是他最后一次征伐荆楚。

成、康时期，周天子南征北战，将戎夷蛮狄抵挡在华夏政治、文化圈之外，确保分封诸国势力范围的安全、稳定，因而得到诸侯的拥戴，西周也因此进入相对稳定繁荣的时期。因此，征伐蛮夷本身就是周天子证明王权合法性的重要举措，昭王南征荆楚可能也有保护"汉阳诸姬"，使其免受蛮族侵扰的战略考量。也正唯如此，从主观上讲，昭王南征是在维护周礼而非破坏之。不过，由于昭王南征不仅大败，"丧六师于汉"，他本人也"卒于江上"，尽管后世以"宏（宏）鲁邵（昭）王，广惩楚荆"④ 称颂之，讳言其"南征不复"，但从客观角度看，昭王南征无法与成、康时期的征伐相提并论，远征荆楚的行动虽有加强王权的意义，但征伐失利却在客观上造成了天子突破乃至破坏周礼的后果。南征失败首先暴露出周天子军事实力的有限，王朝军队仅靠王畿之地以为供养，兵力本来并不充足，加之南征丧其"六师"，与诸侯国军力之间的制衡关系因此发生大的变化。其次，王师败绩，为蛮夷叛乱提供了口实，昭王军队在汉江下游覆灭，朝野为之震动，荆楚族群愈加不服管束，周边部族群起效仿，使周天子的权威受到进一步挑战。总之，昭王南征虽称不上是周天子突破周礼的军事行动，但他"南征不复"的史实客观上造成了王权破坏周礼的效果，自此以后，周天子突破周礼的限制，试图建构新的统治模式的尝试成为一以贯之的实际行动。

穆王时期，"戎狄不贡，王乃西征犬戎，获其五王，又得四白鹿，四

---

① 杨东晨、杨建国：《"汉阳诸姬"国史述考》，《学术月刊》1997 年第 8 期。

② 《史记》卷 4《周本纪》，中华书局 1959 年点校本，第 134 页。

③ 马承源主编，陈佩芬等编撰：《商、西周青铜器铭文释文及注释》，《商周青铜器铭文选》（第三卷），文物出版社 1988 年版，第 66 页。

④ 《史墙盘》（10175），中国社会科学院考古研究所编：《殷周金文集成》（修订增补本）第七册，中华书局 2007 年版，第 5485 页。

白狼，王遂迁戎于太原"①。可见，后世文献把穆王西征的原因归结为"戎狄不贡"，事实上，按周代服制，属于荒服系统的戎狄并没有纳贡的义务，《国语·周语上》曰："穆王将征犬戎，祭公谋父谏曰：'不可。先王耀德不观兵。……夫先王之制：邦内甸服，邦外侯服。侯、卫宾服，蛮夷要服，戎狄荒服。甸服者祭，侯服者祀，宾服者享，要服者贡，荒服者王。……其无乃废先王之训，而王几顿乎！吾闻夫犬戎树，惇帅旧德，而守终纯固，其有以御我矣。'王不听，遂征之，得四白狼四白鹿以归。自是荒服者不至。""穆王西巡"除宣示王权外，可能有劫掠西戎财富，以解决周室财政危机的考量，但结果却是"荒服者不至"。"白狼""白鹿"应当是犬戎部落名称，穆王可能俘获了犬戎部落的首领②，从此与戎人结仇。穆王时期的伯唐父鼎铭文曰："王格乘辟舟……用射絭、鼇虎、虎、貉、白鹿、白狼于辟池。"③ 在辟池射牲礼上，穆王以"白鹿""白狼"为牺牲，以厌胜巫术方式以示对犬戎的惩罚④，说明穆王西征实以失败告终。

"穆王西巡"是昭王南征之后通过征伐边远民族强化王权的又一行动，他们的军事行动客观上破坏了内外服制的既定规则，试图把更多义务强加于处于"要服"体系的民族，或向不属于服制范围的民族强纳贡赋，这些突破周礼既定规则的做法，意在强化王权处理民族事务的能力，借征伐异族达到威慑诸侯、扩大疆域、增加财富的目标。

如果说昭王、穆王时以征伐异族来强化王权，并借此突破周礼对天子权力限制的话，那么，之后的周天子多把斗争的矛头对准分封体系内的贵族集团，通过干涉诸侯国内部事务、与贵族争利等方式，进一步突破周礼、强化王权。其中，周夷王烹杀齐哀公是最为典型的事例。

齐是东方大国，在周初的分封体制中占有重要地位，据说，周成王曾命姜太公望曰："东至海，西至河，南至穆陵，北至无棣，五侯九伯，实

---

① 《后汉书》卷87《西羌传》，中华书局1965年点校本，第2871页。

② 徐中舒：《西周史论述（下）》，《四川大学学报》（哲学社会科学版）1979年第4期。

③ 《伯唐父鼎》（356），刘雨、卢岩编著：《近出殷周金文集录》（第二册），中华书局2002年版，第220页。

④ 王海、张利军：《伯唐父鼎与周穆王治理荒服犬戎》，《东北师大学报》（哲学社会科学版）2014年第1期。

得征之。"① 齐国长期与淮夷及徐作战,为扩大、巩固周的东方疆域立过汗马功劳。齐也是异姓部族纳入分封体系的一个典型,长期与周王室保持着密切的合作关系。至周夷王时,齐国与周王室的关系变得紧张起来,古本《竹书纪年》载,周夷王"三年,王致诸侯,烹齐哀公于鼎"。《史记·齐太公世家》对此事有详细记载,齐哀公时,"纪侯谮之周,周烹哀公而立其弟静,是为胡公。胡公徙都薄姑,而当周夷王之时。哀公之同母少弟山怨胡公,乃与其党率营丘人袭攻杀胡公而自立,是为献公。献公元年,尽逐胡公子,因徙薄姑都,治临菑"。

这次周王室与诸侯的激烈冲突,并非偶然事件。一方面是双方矛盾长期积累的结果,昭穆以来,王室渐衰,至"懿王之时,王室遂衰,诗人作刺"②。在这种情形下,诸侯势力不断坐大,诸监也逐步向诸侯转化,如顷侯厚赂夷王,夷王立卫为侯,使王室权威削弱。另一方面,从诸侯国角度讲,西周中期以来的王室贪得无厌,对诸侯索取无数,《诗·小雅·大东》云:"小东大东,杼柚其空。"东方诸国的纺织品被周王室搜刮一空,这当然会引起诸侯不满,齐哀公被杀,大概是他不服从周王室,因而招致杀身之祸。

周夷王烹杀齐哀公后,"立其弟静,是为胡公"。胡公继位后就迁都至薄姑。据考古发现,薄姑即今高青陈庄遗址,是周王室设在东方的一处军事重镇③,城址位于临淄齐故城西北大约 50 公里处,西周中期后,曾作为王室派驻齐国的王臣驻地。④ 齐胡公为夷王所立,自然听命于王室,也需王室保护,故而徙都至王室驻军之地。胡公继位不久,齐哀公的同母少弟山率人袭杀胡公而自立,这就是齐献公。献公"尽逐胡公子,因徙薄姑都,治临菑"。从考古发现看,高青县陈庄西周城址应为西周早、中期的一个区域性中心,城墙至西周中期偏晚阶段被破坏,此后没有再修补⑤,恰好印证了献公迁都临淄的史实。进而言之,齐献公夺位意味着薄

---

① 《史记》卷 32《齐太公世家》,中华书局 1959 年点校本,第 1480—1481 页。

② 《史记》卷 4《周本纪》,中华书局 1959 年点校本,第 140 页。

③ 王树明:《山东省高青县陈庄西周城址周人设防薄姑说——也谈齐都营丘的地望与姜姓丰国》,《管子学刊》2010 年第 4 期。

④ 张学海等:《山东高青县陈庄西周遗址笔谈》,《考古》2011 年第 2 期。

⑤ 山东省文物考古研究所:《山东高青县陈庄西周遗址》,《考古》2010 年第 8 期。

姑城被废，周王室在齐的军事存在也可能因此瓦解。

周夷王以残忍手段对待诸侯之举引起贵族集团的极大不满，他干预齐国内政最终以失败告终，进一步动摇了王室权威，在他执政时，天子须下堂见诸侯，《礼记·郊特牲》载："觐礼，天子不下堂而见诸侯。下堂而见诸侯，天子之失礼也，由夷王以下。"杨宽先生认为，周夷王为诸侯所拥立，不敢自尊于诸侯。[①] 也有可能是夷王干预诸侯内政失败，以下堂见诸侯来缓和矛盾，加之他立卫为侯，开启了诸监立国之势，致使"王室微，诸侯或不朝，相伐"[②] 的局面。

从结果上看，周夷王试图突破周礼的行动往往换来的是王权的进一步弱化，因此，上述具有破坏既定秩序的行为往往被理解为不恰当的施政。实际上，周夷王借王室设在齐国的军镇势力，干预齐国内政，目的就是要突破周礼对王权的限制，把统治力量深入诸侯国内部，以建构新的统治模式，只是这一做法，既无雄厚的军政实力作保障，也无观念意义上的合法性。

二　从厉王革典到幽王覆亡

周天子试图突破周礼，建构新的统治模式的尝试，至周厉王时达到一个顶峰，由此引起的政治矛盾日趋白热化。为解决财政危机，扩大天子支配土地、民人的权力范围，周厉王下令把原来公有的川泽林地及贵族占有的一部分山林土田收为国有。贵族集团反对周厉王革西周旧典之举，《国语·周语上》载，芮良夫曾进言称："王室其将卑乎！夫荣夷公好专利而不知大难。夫利，百物之所生也，天地之所载也，而或专之。其害多矣。天地百物，皆将取焉，胡可专也。……今王学专利，其可乎？匹夫专利，犹谓之盗，王而行之，其归鲜矣。荣公若用，周必败！"厉王不听，任用荣夷公为卿士收回山林川泽之"专利"，引发"国人谤王"，厉王亦不听邵公"民不堪命"的劝阻，"使监谤者，以告，则杀之。国人莫敢言，道

① 杨宽：《西周史》，上海人民出版社1999年版，第840页。
② 《史记》卷40《楚世家》，中华书局1959年点校本，第1692页。

路以目"。① 《左传》昭公二十六年载:"王心戾虐,万民弗忍,居王于彘。诸侯释位,以间王政。"这就是历史上著名的"国人暴动"。"国人"具体指哪些人,学界看法不一,从《左传》等材料的记载看,是指一般平民,但从事件的前因后果看,当与贵族集团有关,有学者指出,"国人暴动"不是平民对贵族的造反,而是诸侯公卿士大夫对周天子的挑战。②的确,"国人暴动"实际上是王权与贵族集团矛盾的总爆发。

解析厉王革典引起的冲突,就会发现周礼对天子权力形成的强大约束力量。当时,从王室到诸侯国,从大贵族到小世族,它们内部政权机构设置是十分相近的,封国的建立、世族的诞生,犹如细胞分裂,与作为权力母体的周王室没有大的差异,而诸侯内部自成系统的政权机构,无疑赋予他们极大的自主权。③ 这种自主权在长时期的享有、执行过程中,自然会形成观念上的自主性与独立性,这反过来对周天子的权威形成较大的约束力。从厉王革典的内容看,王室试图收回对山川林地等的专有权,而在分封体制中,耕地以外之非耕地,包括草原、牧场、泽地、猎区、鱼池、山地、森林、矿场、盐池、盐场等,即古称"禁地",名义上归天子所有,但从法理而言,亦属封君贵族所有,"他们特设专员管理,不容许农民自由侵入。贵族们凭藉这些禁地,占有一切小规模的工商业"。④ 周初,王室拥有被征服土地的支配权,但天子颁赏土地给贵族亲戚的那一天起,不再从这些土地上获取收益,也就意味着丧失了所有权,加之西周后期已出现贵族间土地交换的行为,其合法性虽需上诉至王室⑤,但周王室并不禁土地交换。正唯如此,厉王打破既定的游戏规则,试图重新定义部分土地的所有权属性,因而引起了贵族集团的不满和反抗。

国人发动叛乱,厉王出奔,最终客死他乡。史籍一般把这次事件归咎于厉王,《国语》更是把厉王描绘成暴虐贪婪无道之徒,认为他变革周

---

① 《国语·周语上》,徐元诰撰,王树民、沈长云点校:《国语集解》,中华书局2002年版,第10—11页。

② 何凡:《"国人暴动"性质辨析》,《人文杂志》1983年第5期。

③ 张懋镕:《金文所见西周世族政治》,《人文杂志》1986年第6期。

④ 钱穆:《国史新论》,载钱穆《钱穆先生全集》(新校本),九州出版社2011年版,第6—7页。

⑤ 李朝远:《论西周土地交换的程序》,《江西社会科学》1990年第6期。

制，使天下大乱。如若重新审视厉王鼎革一事，虽以失败告终，但他放弃周礼旧制，任用、支持革典之臣，使突破旧制度的束缚成为可能。[1] 从构建新的统治模式角度看，周厉王变革周礼之举是建立君主专制体制的一种尝试。[2] 周厉王时期，东南的淮夷和西北的戎族对周的安全构成极大威胁，可能有鉴于前朝攻击边地民族失败的教训，加之国力不振，厉王没有把攻击异族来强化王权当作要务，而是将矛头对准贵族集团，从夺取贵族土地资源入手，强化王权干预地方事务的能力，隐含其中的统治理念当承续了昭王、穆王等的统治意志，即突破周礼以建构新的统治模式。

周宣王时期，王室试图集权的统治意志仍在延续，这表现在进一步强化私臣的权力，以夹辅王室，继续实行山川林泽"专利"制度等。根据宣王四十二年、四十三年所铸十二件逨鼎及部分器物铭文，可以看出逨氏家族受到天子频繁赏赐，并以其为主要力量，控制四方诸侯、管理山川林泽。

周宣王四十二年逨鼎铭文：

唯卅又二年五月既生霸乙卯，王在周康穆宫，旦，王格太室，即位，司工散佑吴逨入门立中廷，北向。尹氏授王釐书，王呼史减册釐逨。王若曰：逨，丕显文武，膺受大命，敷有四方，则繇唯乃先圣祖考，夹召先王，庸勤大命，奠周邦。[3]

周宣王四十三年逨鼎铭文：

唯卅又三年六月既生霸丁亥，王在周康宫穆宫，旦，王格周庙即位，司马寿右吴逨入门立中廷，北向。史减授王命书，王呼尹氏册命

---

① 李玉洁：《评周厉王革典》，《河南大学学报》（社会科学版）1986 年第 1 期。

② 李若晖：《厉始革典——中国专制君权之萌生》，《政治思想史》2011 年第 1 期。

③ 《卌二年逨鼎一》（328），刘雨、卢岩编著：《近出殷周金文集录》（第一册），中华书局 2002 年版，第 358 页。

逑。王若曰:逑,丕显文武膺受大命,敷有四方,则繇唯乃先圣祖
考,夹召先王,庸勤大命,奠周邦。①

频繁地向特定贵族施于赏赐,实际上违背了周代的册命之制,意在培育王
室可资依赖的私臣势力,命其"敷有四方",即安抚、稳定四方诸侯,以
加强王室对地方贵族的控制。"昔余既命汝疋荣兑,乱司四方虞林,用宫
御。"意思是说,逑氏曾经协助荣兑管理四方林业、农业,此处的"荣
兑"即厉王时期荣夷公同家族的成员。②说明周宣王时期并没有放弃厉王
革典之制,而是进一步强化了对山川林泽的控制。

　　周宣王突破周礼的行动还表现在对籍田制的改革方面。周代有籍田之
制,即籍民之力耕作田地。《诗·大雅·韩奕》曰:"王锡韩侯,其追其
貊,奄受北国,因以其伯。实墉实壑,实亩实籍。"《礼记·祭义》亦云:
"昔者天子为藉千亩,冕而朱纮,躬秉耒;诸侯为籍百亩,冕而青纮,躬
秉耒。以事天地、山川、社稷、先古。"为加强王权,周宣王"不籍千
亩"。《国语·周语上》载,"宣王即位,不籍千亩。虢文公谏曰:'不
可。……今天子欲修先王之绪,而弃其大功,匮神之祀而困民之财,将何
以求福用民?'王不听。三十九年,战于千亩,王师败绩于姜氏之戎"。
废止籍田,意味着在王畿之地废止贵族领地制,个体家庭成为国家直接剥
削的对象。紧接着,周宣王"料民太原",对平民进行户口清查,这是周
宣王越过各级领主,直接控制畿内的民众,以加强王权的又一重要
举措。③

　　周族受到姜氏之戎的保护才得以兴起,姬周与姜氏的联姻也由来已
久,周人建国、攻伐商人过程中,姜氏也立过汗马功劳,从某种意义上
讲,周族是在姜姓氏族的怀抱中长大的。④正唯如此,姜氏之戎通过两族
联姻既辅助着周室,也对周天子的权威形成有效的制约。据金文资料,武

---

　　① 《册三年逑鼎一》(330),刘雨、卢岩编著:《近出殷周金文集录》(第一册),中华书局
2002年版,第364页。

　　② 董珊:《略论西周单氏家族窖藏青铜器铭文》,《中国历史文物》2003年第4期。

　　③ 李伟山:《周宣王——中国古代变法改制的先行者》,《文史杂志》2000年第6期。

　　④ 朱君孝、朱思红:《炎帝后裔与周族兴衰》,《西北大学学报》(哲学社会科学版)1994
年第3期。

王至厉王每隔一代，就要娶一位姜姓女子为妻①，姬姜联姻不仅是西周重要的婚姻制度，也是姜姓氏族借王后势力干预王权的重要依凭。西周早期铜器令簋铭文曰："姜商（赏）令贝十朋、臣十家、鬲百人。公尹白丁父兄（贶）于戍，戍冀，司乞（讫）。"②周王南伐楚伯，在炎地，王姜赏赐"贝十朋、臣十家、鬲百人"，令公尹白丁父在戍所冀地完成了贶锡之命。③ 这说明王后可以指挥军事、赏赐军功，其势力之大可见一斑。西周中期以来，周王试图突破周礼对王权的限制，使其"共主"地位向君主集权转化，而过于强大的后族势力显然不利于王权的强化。西周后期，厉王、宣王、幽王三代都与姜氏联姻，这又在一定程度上激化了两族的矛盾。宣王之时，与姜氏之戎发生"千亩之战"，王室败绩，宣王中兴的势头因此受到大的扼制。《国语·晋语一》载："周幽王伐有褒，有褒人以褒姒女焉，褒姒有宠，生伯服，于是乎与虢石甫比，逐太子宜臼而立伯服。太子出奔申，申人、鄫人召西戎以伐周，周于是乎亡。"申为姜姓诸侯，幽王依循了姬姜联姻的旧制，但又不甘于姜氏之戎的牵制，又娶了褒姒，继而"逐太子宜臼而立伯服"，以此手段压制姜氏，强化王权，但最终还是失败了。

综上，在古史儒化现象深入人心的学术领域④，人们往往先在地认定周礼合法性的前提下，把周天子突破周礼、建构新的统治秩序的尝试理解为王权乱政，或把西周灭亡的罪责贯在褒姒这个"替罪羊"身上⑤，忽视了国家统治理念转换引起的社会动荡问题。实际上，西周中期以来，周天子试图突破周礼束缚、强化王权的过程中，或把矛头对准异族，或打击诸侯势力，或改革旧制，或破除姬姜联姻，虽以失败告终，但是，这一系列的行动的确动摇了"王权—贵族"社会的统治基石。周天子突破周礼的目的意在加强王权，但在贵族集团势力十分强大的时代，试图集权的行动

---

① 刘启益：《西周金文中所见的周王后妃》，《考古与文物》1980年第4期。

② 马承源主编，陈佩芬等编撰：《商、西周青铜器铭文释文及注释》，《商周青铜器铭文选》（第三卷），文物出版社1988年版，第66页。

③ 同上书，第66—67页。

④ 李健胜：《古史儒化现象探析——以井田制、禅让制为中心》，《史学理论研究》2012年第4期。

⑤ 李峰著，徐峰译：《西周的灭亡：中国早期国家的地理和政治危机》，上海古籍出版社2007年版，第232页。

无疑是飞蛾扑火，但他们试图建构新的统治模式的探索在春秋时期仍在持续，而继承他们遗志的诸侯们成为"王权—贵族"社会制度的掘墓人。

第二节　春秋以来国家统治理念的缓慢转型

《诗·小雅·节南山什》第四篇《雨无正》小序云："周宗既灭，靡所止戾。正大夫离居，莫知我勚。三事大夫，莫肯夙夜。邦君诸侯，莫肯朝夕。"又曰："如何昊天，辟言不信。如彼行迈，则靡所臻。凡百君子，各敬尔身。胡不相畏，不畏于天。"极言幽王乱政、宗周覆亡后朝政失却纲纪的衰败与混乱。两周之际，平王、携王并立①，戎祸不止，天下大乱，天子权威衰危。然而，在之后漫长的岁月里，周王室仍能保持部分尊严，它的衰退之路也走得格外漫长，这侧面印证了"王权—贵族"社会的内在稳定性及其强大生命力。春秋及战国前中期，以诸侯为代表的最高统治者继承了西周中期以来周王的统治意志，试图建构集权统治，但又受到制度、政治诸因素的制约，以及传统统治理念的影响，无法使集权统治在更短的时间、更广大的区域迅速开展，加之诸国社会历史情况各不相同，使这一时期的统治理念在缓慢转型过程中，呈现出复杂多样的特征。

笔者拟通过分析春秋及战国前中期国家统治理念缓慢转型的制度因素和政治因素，试图梳理出这一时期新旧交织的统治理念及其对当时社会的作用与影响。

一　缓慢转型的制度因素

学界先贤从制度层面探究了春秋以来的国家统治转型问题。徐复观先生认为周礼的崩坏始于王室与诸侯之间精神纽带的解纽②。许倬云先生认为商周的分封事实上是基层地方社群政治权力的延续，分封制在某种意义上具有很强的开放性，平王东迁后王室权威削弱，"这一个政治体系竟可由强大的诸侯接过去，依旧维持了对外竞争的团结"。③ 从统治者角度看，

① 程平山：《两周之际"二王并立"历史再解读》，《历史研究》2015 年第 6 期。
② 徐复观：《两汉思想史》（第一卷），华东师范大学出版社 2001 年版，第 39 页。
③ 许倬云：《西周史》，生活·读书·新知三联书店 1994 年版，第 145、316 页。

周礼本身存在的体制缺陷被认为是其崩解的内因，而周礼的崩坏势必为新的统治手段之产生提供了契机。由此，可以合理地解释集权体制形成的历史缘由。然而，"王权—贵族"社会的权力结构及其表达形态是不是如学者们理解得那样，在一个新旧交替的时代，逐步被社会诸因素瓦解，而新的统治模式因此诞生并占据主流地位了呢？笔者认为无论是观念意义上的统治思想，还是这一统治思想依赖的制度因素，并非仅仅是因为内在缺陷而被时代抛弃的；相反，以周礼为代表的早期国家的制度体系具有相当强大的生命力，由封土建邦衍化而来的各种制度体系及附着于此的思想观念，在我国历史上延续了很长一段时间，就制度层面看，春秋及战国前中期是一个新旧交织的时代，而并非一个新旧交替的阶段。

　　春秋时期，"王权—贵族"权力结构所依赖的制度体系并非完全崩解，它在一定程度上仍在发挥着作用，比如，天子赐命诸侯、方伯的礼制仍在延续。《左传》记有周天子昭赐诸侯的事实，如《左传》庄公二十七年，"王使召伯廖赐齐侯命"，《左传》僖公二十八年，"王命尹氏及王子虎、内史叔兴父策命晋侯为侯伯，赐之大辂之服、戎辂之服，彤弓一、彤矢百，玈弓矢千，秬鬯一卣，虎贲三百人，曰：'王谓叔父，"敬服王命，以绥四国，纠逖王慝。"'晋侯三辞，从命，曰：'重耳敢再拜稽首，奉扬天子之丕显休、命。'受策以出。出入三觐。"《左传》文公元年，"天王使毛伯来锡公命"。春秋时期，盟誓活动十分频繁，借盟誓调节各国关系乃至华夏与诸戎关系的做法，也上承了"王权—贵族"社会的制度体系，如《左传》隐公元年，"邾人、郑人盟于翼"，《左传》桓公二年，"公及戎盟于唐，修旧好也"。《左传》襄公三年，"公如晋，始朝也。夏，盟于长樗"。著名的葵丘会盟、践土之会及由宋人发起晋、楚为盟主的弭兵之会，皆是以盟誓之制体现统治意志或调节政治关系的实例。当然，天子册命之制及盟誓制度得以存续的社会历史背景已发生大的变化，诸侯对天子的尊奉远不及前，正如《左传》昭公九年所载："自文以来，世有衰德，而暴蔑宗周，以宣示其侈；诸侯之贰，不亦宜乎！"盟誓象征意义也大于实质性的权力分配，天子与盟而无盟主地位的现象也较多见。

　　不仅维护旧有统治意志的制度体系仍在发挥着一定的作用，更为关键的是，由周礼衍生而来的思想观念对贵族集团的统治意志，仍起着支配性作用。春秋以来，天子权威的丧失，使诸侯为代表的贵族势力达到一个顶峰,诸侯争霸实质上就是在追求类似于周天子一样的独尊地位,当他们中的一些人达到某种意义上的权力顶峰时,类似于"共主"的称号或威权成为最终的目标,而通过盟誓活动获得这一目标后,在诸侯国内,试图集权的意志往往为卿大夫所瓦解;在国际关系上,不仅不能以灭国为志向,相反,已争得霸主地位的诸侯往往以恢复旧国为荣。究其缘由,对内,诸侯集权须依赖的制度体系并不完善,对地方的控制与管理仍需借助诸卿;对外,灭国兼并的社会条件和观念意识还未成形。因此,正如周天子试图集权而大权旁落一样,诸侯争得霸权之后,往往落得个权威沦丧的下场。卿大夫篡权后,往往以其家臣为依凭来控制国政,其集权意志之所以不能达成,权力不具合法性也是一大因素,最终,一些国家出现"陪臣执国命"①的现象。这种自上而下,想要集权却无法集权的事实证明,在"王权—贵族"社会末期,以分封制为核心的周礼仍在起着重要作用,如果说分封制度有其负面效应的话,那么这种负面效应已从制度层面蔓延至观念层面,成为具有控制作用的统治意志,且在一定程度上成为乱世形成的观念因素。而从社会转型角度看,不同阶层的贵族、异姓贵族与公族的斗争,在当时并没有引发社会转型,只是一次次的权力之争,最终导致的是权力下移和原有制度体系的愈加紊乱。赵世超师在《论春秋时代的齐国贵族及"田氏代齐"的性质》②一文中认为,异姓贵族和公族长期并存,是春秋齐国贵族阶级构成的一个基本特征。齐国贵族间的斗争并未引起原有经济基础的破坏,而仅仅造成了权力、财富和劳动人手由上而下的转移,而贵族集团的内部斗争不能理解为社会转型的标志。事实上,当时并不具备社会转型的制度基础。

"王权—贵族"社会统治观念的延伸还体现在对"国"这一政治实体的期许与想象上。对国家的空间想象而言,"国"被认为是空间意义上最大的政治体,且与周天子权威之间形成对等关系,相对于诸侯之国及卿士之"家","国"在空间上具有先在优越地位,《左传》桓公二年记有晋

①《论语·季氏》,程树德撰,程俊英、蒋见元点校:《论语集释》,中华书局 2014 年第 2 版,第 1469 页。

② 赵世超:《论春秋时代的齐国贵族及"田氏代齐"的性质》,载《先秦史论文集(人文杂志专刊)》,1982 年 5 月。

师服的话，"吾闻国家之立也，本大而末小，是以能固。"所谓"本大而末小"说的就是"国"与"家"因空间上的差异而形成的不对等关系，且对当时"本既弱矣"的现象十分担忧。在这一观念的支配下，维持原有统治观念的制度体系才得以延续。西周以来的器用限定制度在春秋得以严格执行，这与当时的种族交融有关①，也与人们对"国"的期许有关，它的存续与原有统治观念的制度基础不无关系，使得周天子政治权威沦丧后，仍以文化上的某种权威象征得到诸侯尊奉。

从诸侯国层面看，当时的统治思想已然发生着变化，且这种变化也处于新旧交织的状态。由于周天子权威的沦丧，诸侯国成为实质意义上的独立国家，它们中的一些强大诸侯既是主导当时国家权力运作的主要力量，也是国家统治理念的主要缔造者。以楚国为例，有学者认为它是较早实现集权统治的国家，因为楚国在地方推行县制，使地方权力集中于中央，实施令尹制使中央机构内部权力得以集中，此外，楚王还把军权掌控在自己手中，使集权统治有了可靠的保障。② 然而，实际的情况并非完全如此，春秋时期楚及晋、秦三国的县具有国君直属的边地军事重镇性质，县尹仍由显要世族中人轮流充任，也有父子相传，其性质与战国时期的县完全不同。③ 楚国政治具有浓厚的"任人惟亲"的色彩④，凸显了传统政治中血缘力量与氏族伦理的作用，这又使得楚国的政治在制度层面显得较为传统，正如童书业先生所言："或谓春秋时楚国已行中央集权制，君权独盛。此说未为是。……盖春秋时楚之'封建'制尚不及中原诸国成熟，王为'大宗'之'宗法'制尚盛，故若楚之君权比较集中。"⑤

春秋时期，晋国制度体系的新旧交织现象也甚为浓厚，从晋国家臣制度看，它模拟并扬弃了公臣制度，无论是具有层级结构特征的职官体系，还是仕进制及管理制度，均自成一系，构成了列国家臣制度的集权类型，

---

① 李峰著，徐峰译：《西周的灭亡：中国早期国家的地理和政治危机》，上海古籍出版社2007年版，第333页。

② 杨范中、祝马鑫：《春秋时期楚国集权政治初探》，《江汉论坛》1981年第4期。

③ 杨宽：《春秋时代楚国县制的性质问题》，《中国史研究》1981年第4期。

④ 李玉洁：《论任人惟亲制度对楚国的负面影响》，《河南大学学报》（社会科学版）2003年第5期。

⑤ 童书业著，童教英校订：《春秋左传研究（校订本）》，《童书业著作集》（第一卷），中华书局2008年版，第375页。

很大程度上突破了贵族政治下世族世官世禄制度的范围①,成为晋国形成集权政治的制度基础。比家臣制度更为典型的是,晋国对公族实施无情打击,甚至以尽逐群公子,来摧毁公族干政的基础,《左传》昭公三年记有晋国叔向之语:"栾、郤、胥、原、狐、续、庆、伯降在皂隶,政在家门,民无所依。君日不悛,以乐慆忧。公室之卑,其何日之有?"可见晋国打击公族力度之甚。"国无公族"的制度使得异姓诸卿掌控了国政,《左传》文公七年载,"公族,公室之枝叶也;若去之,则本根无所庇荫矣"。失去了公族的支撑,晋国国公势力被架空,正如《史记·晋世家》所言:"晋之宗家祁傒孙,叔向子,相恶于君。六卿欲弱公室,乃遂以法尽灭其族,而分其邑为十县,各令其子为大夫。晋益弱,六卿皆大。"晋国最终被韩、赵、魏瓜分,也与"国无公族"之制有关。② 然而,是不是据此就可以说晋国具有了集权统治的制度体系呢?答案当然是否定的,上述以集权为目标的制度建设仍无法摆脱封土建邦的制度基础和传统理念,这些制度的推行不仅没能强化晋国国公权威,反而助长了大夫家族的专权;就大夫家族的权力建构而言,也并非完全朝着集权统治方向发展,曲沃代翼后晋国宗法分封制度并没有被削弱,相反,异姓世族亦是宗法血缘组织③,它们的基础性权力结构和上层权力体系仍依循着"王权—贵族"社会的权力构架和运作法则。

综上,春秋时期,周天子的权威一方面已逐步瓦解,另一方面,他的部分权威及其在文化上的象征地位仍在延续;诸侯国在实施意在集权的诸项制度的同时,深受原有政治制度及其统治理念的影响。这些因素都使得当时政治活动所依凭的制度体系也处于新旧交织的状态,也使当时的统治理念处于同样的状态之中。之所以出现新旧交织的状态,首先与"王权—贵族"社会制度体系强大的生命力有关,在悠久的盟誓、封建传统影响下,贵族集团对相对独立的统治权的依赖、坚守,使得逐级分权的政治观念深入人心,原来用于处理超血缘、跨地域关系的制度体系对图谋集权

---

① 谢乃和:《春秋时期晋国家臣制考述》,《史学月刊》2011 年第 10 期。

② 林宏跃:《论三家分晋形成的社会机制》,《山西师大学报》(社会科学版)1992 年第 1 期。

③ 彭邦本:《从曲沃代翼后的宗法组织看晋国社会的宗法分封性质》,《中国史研究》1989 年第 4 期。

的新制度具有强大的消解作用，即使在新的制度体系中，贵族集团既有的各种特权，使得这些制度的实施目标仍服从于封土建邦的游戏规则。其次，天子权威沦丧、诸侯日渐强大的政治格局，造成了诸侯争霸的局面，频繁的战争使得军功贵族逐步壮大，但基于军功兴起的贵族最终仍站位于维持旧制度队伍之中，血亲因素仍是划分社会权力、财富的主要指标，而这原本是"王权—贵族"社会制度建构的重要基础。

二　缓慢转型的政治因素

春秋及战国前中期，"王权—贵族"社会在乱世中的发展、变化，以及由此形成的政治因素，也是导致国家统治思想缓慢转型的重要因素。

西周末年以来，混乱的社会秩序不仅使天子权威沦丧，也使诸侯为代表的贵族集团及其权力体系发生大的变化，在"社稷无常奉，君臣无常位"① 的时代，一些诸侯被灭国，据《史记·太史公自序》，"《春秋》之中，弑君三十六，亡国五十二，诸侯奔走不得保其社稷者不可胜数。"一些诸侯则趁机坐大实力，成为当时的霸主。"王权—贵族"社会中的两大支配性力量：王室和诸侯为代表的贵族集团，在新的社会形势下，或试图以册命分封的旧制维护其权威，在权威失坠后仍以旧有传统中的共主地位自保；或进一步发展"诸侯私其土，私其人"② 的统治形态，至春秋中后期，在失去周天子管束的情形下，诸侯集团的势力进一步壮大。在这一进程中，不同政治力量的角力，使导致社会发展变迁的各种因素收摄于混乱时局中的权斗、博弈，典型地体现出这一时期社会诸层面新旧交织的时代特征。

春秋时期，王室衰微，迫使周天子把原来昭示权威的封赐、册命当作与诸侯进行权力博弈的工具。《左传》庄公二十一年载，郑伯、虢公平定王子颓之乱后，周惠王赐郑"武公之略，自虎牢以东"，又以酒泉之地赐虢。《左传》僖公二十五年，周襄王为表彰晋文公匡复之功，"与之阳樊、温、原、攒茅之田。晋于是始启南阳"。从表面上看，封赏土地以换取诸

---

① 《左传》昭公三十二年，杨伯峻：《春秋左传注》，中华书局 2009 年第 3 版，第 1519—1520 页。

② （清）王夫之：《读通鉴论》卷 20《唐高祖》，中华书局 1975 年版，第 583 页。

侯忠心的做法似乎与西周并无二致，但是，东周诸王册命、封赏的政治行为多为天子与诸侯角力的一个工具，有时会引发大的政治动乱。如郑伯东迁有功，由畿内诸侯发展成春秋初期的强国，后周平王宠信虢公，"夏，虢公忌父始作卿士于周"。① 试图以虢公分化郑庄公之权，郑庄公因此怨恨周王，为澄清误会，周王不得已以王子狐入郑为质，郑国也派世子忽入周为质，史称"周郑交质"。之后，"王夺郑伯政……王以诸侯伐郑……战于繻葛……王卒大败。祝聃射王中肩，王亦能军"。② 郑国还派军强割王畿内温地之麦，又于当年秋天再次率军强割成周之禾，周郑关系恶化，周天子威信扫地，而郑国因此更加强大。

朝觐天子本为西周旧制，春秋时期，周天子厚赂来朝者，借机宣示王权。如《左传》襄公二十四年，"穆叔如周聘，且贺城。王嘉其有礼也，赐之大路。"《左传》宣公九年，"春，王使来征聘。夏，孟献子聘于周。王以为有礼，厚贿之。"这些行动使人回想起宣王时期以厚赂私臣、强化王权之举，他们都是突破周礼对王权的限制，以宠信某一政治集团来打压异己力量，由此获得的政治效果似乎也有类似之处，宣王时期扶持私臣打击诸侯，其结果却使王权弱化，春秋时期天子厚财诸侯，宣告了王权的削弱。

到后来，天子举行祭祀、丧葬等基本费用无法自给，只好向诸侯求援。《左传》隐公三年，"武氏子来求赙，王未葬也"。《左传》桓公十五年，"天王使家父来求车"。《左传》文公九年，"毛伯卫来求金"。《左传》昭公二十四年，晋范献子问郑游吉如何对待王室的内乱，游吉说："诗曰：'瓶之罄矣，惟罍之耻。'王室之不宁，晋之耻也。"杨伯峻云："瓶、罍皆古代盛酒器，瓶亦作瓶，器小；罍，器大，盛酒多。瓶中酒空，表示罍中酒不注入于瓶，故曰耻。"③ 诸侯不尽其财政义务，天子只好向诸侯乞求财物，虽不合西周礼法，但也是无奈之举，说明当时周天子的财政权威也完全化为乌有。

从上述诸情形看，春秋以来的政治活动中，周天子的统治意志因其政

① 《左传》隐公八年，杨伯峻：《春秋左传注》，中华书局 2009 年第 3 版，第 58 页。

② 《左传》桓公五年，杨伯峻：《春秋左传注》，中华书局 2009 年第 3 版，第 104—106 页。

③ 《左传》昭公二十四年，杨伯峻：《春秋左传注》，中华书局 2009 年第 3 版，第 1452 页。

治及财政地位的沦丧而逐步萎缩，他不仅不能维护周礼旧制，也不能延续西周中期以来突破周礼强化王权的统治意志，甚至基本生存问题有时也难以为继。但是，由此是否可以说周天子层面上的统治思想已走向终结了呢？实际上，并不尽然。从相关史料看，作为周礼的代表或象征，周天子仍是能对诸侯形成某种约束的政治力量。

《国语·齐语》载：

> 葵丘之会，天子使宰孔致胙于桓公，曰："余一人有事于文、武，使孔致胙。"且有后命曰："以尔自卑劳，实谓尔伯舅，无下拜。"桓公召管子而谋，管子对曰："为君不君，为臣不臣，乱之本也。"桓公惧，出见客，曰："天威不违颜咫尺，小白余敢承天子之命曰'尔无下拜'？恐陨越于下，以为天子羞。"遂下拜，升受命。

《左传》僖公二十八年载：

> 王命尹氏及王子虎、内史叔兴父策命晋侯为侯伯。……曰："王谓叔父，'敬服王命，以绥四国，纠逖王慝。'"晋侯三辞，从命。曰："重耳敢再拜稽首，奉扬天子之丕显休、命。"受策以出。出入三觐。

葵丘之盟与践土之会是齐、晋称霸的标志性事件，周天子皆派人与盟，承认齐桓公和晋文公的霸主地位，且言辞极尽谦卑。作为盟主，齐桓公、晋文公或行"下拜"之礼，或"受策以出。出入三觐"，以示对天子敬礼、尊奉。他们的上述行为虽可从"尊王攘夷"等争霸宣言窥探其用意，但也不能否认即使是春秋霸主也须对周天子礼敬三分，从一个侧面证实周天子为代表的周礼仍对当时的政治活动有约束、调节等功能。

春秋后期以来，周天子的国家已然沦为一个毫无共主地位的小国，且与众多小国一样成为强国兼并的对象，在诸侯称王的时期，"尊王"的意识已然退出历史舞台，而如何成为西周天子那样控全天下国土、民人的共主，则成为战国诸雄的政治目标。这一时期，"王权—贵族"社会的权力体系中，王权已经多元化，原来由诸侯为代表的贵族集团中的一部分力量上升为王权,战国诸雄都有自身独立的王权,卿大夫为主体的贵族集团则与各个王权之间结成统治集团,尽管他们以血亲关系为准则进行权力、财富分配的原有法则成为王权打击的对象,但世卿世禄的贵族集团仍是支撑王权的主要政治力量。

总之,从周天子角度看,当时的政治活动中,周天子可资发挥、动员、调遣的政治及军事力量十分有限,越到后来,天子的号召力越加萎缩。因此,周天子们无法以继承西周以来通过突破周礼束缚来强化王权的统治意志,但是他们主动或被动地成为周礼的化身,利用旧有传统的影响力、号召力,来达到维护自身利益的目标。春秋后期以来,王权多元化,在"王权—贵族"社会的权力结构中,王权始终是一股重要的政治力量,处于这一权力结构的顶层,由他们主导的政治活动,仍遵循着"王权—贵族"社会层层分权的统治模式。

春秋中期以来,各大诸侯兼并小国,扩大领地,土地和人口都迅猛增加,诸侯像过去的周天子对待王朝子弟及卿大夫那样,把新征服来的土地和人口分赐给家族成员及立有功勋的其他贵族,这些封地可以世袭,称为"世禄",大夫子弟世代做官,且官职亦可世袭,谓之"世官",拥有"世官世禄"特权的大夫之家与王权卿士无异,反映出传统权力、财富分配机制的强大影响。大夫在诸国政治活动中扮演的角色也更加重要,他们往往通过分化、瓦解公族,使大夫之"家"的政治实力凌驾于诸侯国之上,从而达到专权的目的。在"王权—贵族"社会的权力结构中,大夫逐步成为贵族集团的代言者,与获取王权的诸侯之间结成政治上的合作关系,且在逐级分权的统治模式中获得前所未有的政治利益,至春秋末期,一些大夫甚至取诸侯而代之,成为王权的拥有者,而他们的家臣则上升为贵族集权的代言人,如此,在不同政治阶层试图集权的统治意志的支配下,层层分权的传统统治模式呈现出繁复多变的态势。

大夫专权以鲁国"三桓"、晋国赵氏、韩氏、魏氏、智氏、范氏、中行氏等"六卿"为代表,他们一旦专权,往往以其亲族、家臣等为中坚力量,仍以宗法血亲关系为准则,分享获取的权力、财富。换言之,这些得势的大夫家族有意专权,但其依凭的专权形式却与西周中期的制度基础并无大的区别,特别是对家臣的依赖,使得一些卿大夫家族权力被家臣蚕食。

如前所述，大夫往往把家臣也纳入宗法血亲关系当中，且以盟誓等形式与之形成固定的依存关系，而长期依附于大夫的家臣往往视其主子为父兄，形成忠贞不贰的伦理观念。《左传》僖公二十三年云："策名、委质，贰乃辟也。"《国语·晋语八》亦云："事君以死，事主以勤，君之明令也。"正是这种主子对家臣的宗法权威、家臣对主子的攀附依存，使得二者之间形成共进退的政治结盟关系。《左传》襄公二十五年，齐崔杼欲弑庄公，设计把齐庄公骗到其家，派家臣刺杀庄公。庄公哀求崔杼家臣放了自己，家臣回答道："君之臣杼疾病，不能听命。近于公宫，陪臣干掫有淫者，不知二命。"《左传》昭公十二年，季氏家臣南蒯谋归季氏之室于公，使己为公臣，"其乡人或知之，过之而叹，且言曰：'恤恤乎，湫乎攸乎！深思而浅谋，迩身而远志，家臣而君图，有人矣哉！'"昭公十四年，南蒯奔齐，侍饮酒于齐景公，"公曰：'叛夫！'对曰：'臣欲张公室也。'子韩皙曰：'家臣而欲张公室，罪莫大焉。'"可见，当时的社会舆论对家臣背叛大夫而谋公室之事持谴责态度。

至春秋中后期，约束家臣的宗法关系成为他们"争取更高的政治地位与更多的经济利益之障碍，成为束缚他们的绳索。于是他们极力要从中挣脱出来，为实现自己的愿望而与旧的宗族势力展开搏斗"①。《左传》昭公十三年云："谚曰：'臣一主二。'"家臣累世依附而形成的伦理观念已然松动，一些家臣不再唯主子之命是从，《左传》定公十四年载，卫大子蒯聩让其家臣戏阳速杀卫灵公夫人南子，戏阳速不从，迫使大子奔宋，"大子告人曰：'戏阳速祸余。'戏阳速告人曰：'大子则祸余。大子无道，使余杀其母。余不许，将戕于余；若杀夫人，将以余说。余是故许而弗为，以纾余死。谚曰"民保于信"，吾以信义也。'"一些家臣因不能接受大夫政治行为而带领其族离开的现象较为多见，如《左传》襄公二十三年载，季武子欲废公弥，访于家臣申丰，"申丰趋退，归，尽室将行。他日，又访焉。对曰：'其然，将具敝车而行。'"《左传》襄公二十九年载，公冶激被家主季武子蒙蔽，"致其邑于季氏，而终不入焉"。他们因家主行为不合礼法，遂决定弃主离开，反映了主从依附关系的松动，也反映出当时的社会已为这些出走家臣提供了一定的政治空间。不过，需要指出的

① 朱凤瀚：《商周家族形态研究》，天津古籍出版社1990年版，第530页。

是，这些背叛大夫之家出走的家臣们，一旦谋得新职或获得庇荫，又会被纳入到一个新的宗法关系之中，"王权—贵族"社会中权力结构的二元体制仍是决定他们命运的主要因素。此外，在基层社会，春秋战国时期的乡里基层政权虽然是在具有宗法血缘关系的家族公社和农村公社瓦解的基础上建立的，但它不可避免地还要在形式上依赖于乡里社会流传久远的自然社会秩序。①

综上，正如顾炎武所言，"封建之失，其专在下"②，西周中期以来，试图突破周礼强化王权的统治意志几经变迁，主导这一统治意志的主体从周天子变为诸侯王及一些卿大夫，但是，受"王权—贵族"社会权力结构中层层分权的传统因素影响，他们试图集权的意志往往被权力不断下行的社会政治现实所消解。因此，须谨慎看待春秋战国时期政治权力体系的所谓"巨大变化"③，也须对当时中国从封建分权的王国时代进入了专制集权的帝国时代④的观点进行剖析、反思，因为当时看似发生巨变的社会，仍受到传统社会的深刻影响。从西周中期至战国前中期，在周天子无法延续突破周礼来强化王权的统治意志而诸侯及部分卿大夫获取王权的时代背景下，由周礼衍生的统治理念对之后的政治活动具有控制性的影响力，贵族阶层突破原有社会秩序的努力也往往被传统宗法关系所代替，宗法血亲关系准则虽然逐步让位于以军功划分权力、财富的分配方式，但以军功显赫者的权势继承方式仍落入旧窠之中，这些因素使得宗法血亲关系仍是划分权力、财富的重要准则。"王权—贵族"社会中权力划分的二元化法则一直保持着稳固的架构，无论社会如何变迁，王权的拥有者总须面对一个强大的贵族集团，他们既是统治集团内部的合作者，也是权力博弈过程中的对手。这都使得春秋至战国前中期的统治理念处于新旧交织的状态，并未发生新旧交替的革命性变化，也没有发生真正意义上巨变。至战国后期，各国实施变法，几乎都有废除旧贵族特权、奖励军功的改革措

---

① 卜宪群:《春秋战国乡里社会的变化与国家基层权力的建立》,《清华大学学报》(哲学社会科学版) 2007 年第 2 期。
② (清) 顾炎武著，刘永翔校点:《郡县论》,《顾炎武全集》第 21 册《亭林诗文集》, 上海古籍出版社 2011 年版，第 57 页。
③ 辛田:《春秋战国时期社会转型研究》, 陕西人民出版社 2006 年版，第 30 页。
④ 叶文宪:《论春秋战国时期中国社会的转型》,《史学月刊》2001 年第 3 期。

施，"封建体制之下原本由各级贵族独占的实际利益、符号、礼仪和价值，在各国封君和贵族为应付封国内外的压力、拉拢平民相助的大形势下，逐渐开放给了下层的吏和平民。这不能不说是一种封建贵族制的向下扩大和延伸"。① 以秦国实施的军爵制为例，"广封众建"的制度实践服从于等级分明的奖赏封爵之制，从而"制造"出更多的可堪于君权对抗的社会力量，也使制度创新的社会机制总体上处于新旧交织的时代背景之下。

得出这一判断的前提与当时社会的统治基础，即基层社会民众的生存状态密切相关，春秋战国乃至秦汉社会，最底层的农村聚落在定居式农业、族人聚居、聚葬和职业世代相袭的基本生活形态上都表现出顽强的延续性。② 从统治者角度看，战国后期的变法有两大趋势：一是掌权的人想尽办法将过去由一层层封建贵族掌握的土地、民人，收归自己直接控制，成为一个中央集权的国家；二是为了对抗旧的贵族，寻找新的支持，掌权者有意无意地将一些过去只有贵族享有的特权，分赏给了原来身份较低的吏民。这种新变化乍一看似乎导致封建的崩溃，实际是封建制在新的形式下，得以扩大、延伸。比如，原来只有封建贵族拥有土地，经过赏田、授田等方式，变成平民普遍拥有土地，而"广封众建"的权力、财富分配模式最终造就的是豪强、世族、门阀等新兴势力的兴起，他们代替了世卿世禄的贵族集团，成为与皇权共同构建国家权力体系的中坚力量。进而言之，由"王权—贵族"社会延续而来的权力二元化结构，一直是传统中国固有的权力化分方式，这在很大程度上抑制了专制威权的社会影响力，而普遍认为是集权统治的制度基础，即郡县制的推行实际上并未触及顶层权力设计，它的出现、推行也不能视为社会性质发生巨变的历史信号。由此可以得出这样一个结论：西周中期以来周天子试图突破周礼束缚、强化王权的意图，在之后的很长一段时间内都是最高统治者的统治意志，时代变了，最高统治者的身份变了，权力运作的具体方式变了，但他们面对的问题并没有发生大的变化，而这可能就是中国历史独具特色的一面。

---

① 邢义田：《天下一家：皇帝、官僚与社会·序》，中华书局2011年版，第8页。
② 同上书，第1页。

第 三 章

诸子的权力设计

诸子的权力设计属于"典籍思想史"的范畴，既有总结、归纳早期国家阶段国家治理理念的内涵，也有开创新理念的思想动向。笔者把诸子的权力设计分为国家权力的顶层设计和国家权力运行方式的设想两个部分，试图从不同层面考察诸子权力设计的具体内容及其思想动因。此外，从诸子不同的主张中梳理出某种共同的东西，以考察权力设计与现实政治之间的互动关系，也是本章的一个主旨。

第一节　国家权力的顶层设计

诸子关于国家权力的顶层设计一部分是吸取历史经验而形成的设计方案，也有一部分是朝向未来社会的制度设计，既有遵从"王权—贵族"社会二元化权力结构的内涵，也有试图打破这一结构的意图。从历史影响的角度看，这些主张或多或少都对之后传统中国乃至近代中国的国家权力顶层设计形成影响。

一　"礼乐征伐自天子出"：恢复周礼

《论语·季氏》云：

> 孔子曰："天下有道，则礼乐征伐自天子出；天下无道，则礼乐征伐自诸侯出。自诸侯出，盖十世希不失矣；自大夫出，五世希不失矣；陪臣执国命，三世希不失矣。天下有道，则政不在大夫。天下有道，则庶人不议。"

生活在"无道"之世的孔子，曾悲叹道："呜呼哀哉！我观周道，幽、厉伤之，吾舍鲁何适矣？"① 也曾说："周监于二代，郁郁乎文哉！吾从周。"② 还说："周之德，其可谓至德也已矣？"③ 孔子思想视域中的"周道"和他的"从周"情结，皆与其主张"礼乐征伐自天子出"的政治观念有关。孔子批判"礼乐征伐自诸侯出""陪臣执国命"的失序状态，是因为国家权力的不断下行，破坏了"王权—贵族"社会稳定有序的权力结构；孔子向往的"天下有道"，是"政不在大夫""庶人不议"的社会，这都道出了孔子对国家权力顶层设计的具体主张：恢复周礼。

孟子谓孔子为"集大成"④ 者。孔子集先秦"王权—贵族"社会文化传统于一身，既是氏族时代孕育而成的伦理观念的继承者、发扬者，也是"王权—贵族"政治传统的拥护者。具体而言，孔子主张二元化的权力结构，既拥护王权，也主张贵族集团诸权益的相对独立，因而主张"君君，臣臣，父父，子子"⑤。君臣、父子同构的政治观、伦理观，反映在国家权力顶层设计层面，就是指周天子与诸侯之间基于周礼形成的同构关系。

在这个问题上，首先要了解的是孔子是否真的主张君臣同构。《论语》是孔子教学的产物，所记语录多为孔子与弟子们的对谈，是孔子理想型思想的文本载体。《论语》所记孔子言行时间跨度长，语录体的记载方式给人以孔子思想多元且有时存在前后矛盾的印象，加之《论语》定本甚晚，不能完全排除张禹等根据某种需要修改孔子言论的可能。⑥ 正唯

---

① 《礼记·礼运》，（汉）郑玄注，（唐）孔颖达正义，吕友仁整理：《礼记正义》，上海古籍出版社 2008 年版，第 901 页。

② 《论语·八佾》，程树德撰，程俊英、蒋见元点校：《论语集释》，中华书局 2014 年版，第 235 页。

③ 《论语·泰伯》，程树德撰，程俊英、蒋见元点校：《论语集释》，中华书局 2014 年版，第 721 页。

④ 《孟子·万章下》，（清）焦循撰，沈文倬点校：《孟子正义》，中华书局 1987 年版，第 672 页。

⑤ 《论语·颜渊》，程树德撰，程俊英、蒋见元点校：《论语集释》，中华书局 2014 年第 2 版，第 1104 页。

⑥ 朱维铮：《〈论语〉结集脞说》，《孔子研究》1986 年第 1 期。

如此，后世学者纠结于孔子思想的主要方面及其思想倾向，或认为"礼"是孔子思想的核心，或视"仁"为孔子的最高主张，或把易学看作孔子思想的主要方面，或把上述孔子思想安排在不同的阶段中①，以调和争论。郭店简和上博简的出土、公布，为厘清这一问题提供了难得的证据。郭店简、上博简《缁衣》与今本《缁衣》关于君民关系主张有所不同：

> 民以君为心，君以民为体，心好则体安之，君好则民忿（欲）之。②
>
> 民□（以）君为心，君□（以）民为僼（体），□□□□□，君盰（好）则民佥之。③
>
> 心庄则体舒，心肃则容敬。心好之，身必安之。君好之，民必欲之。④

上述材料反映了同一文本中君民同构观念向民对君的必然服从观念的流变⑤，说明孔子的政治主张曾为后世所修正，这又反过来可以证明孔子的确主张君臣同构。

在国家权力的顶层设计层面上，君臣同构的权力结构本来就是"王权—贵族"社会的基本权力架构。在这一架构中，王权的至高地位与贵族集团的中坚作用被放置在二元化的权力结构之中，贵族集团对王权的尊奉、王权对贵族权益的承纳都是相辅相成、两两对应的。这种权力结构得以维系的前提也是二元化的：王室集团握有最高权力，贵族集团则拥有相对独立的军政权力。因此，早期国家的权力顶层并非仅涉及王权，它也关

---

① 张岂之主编：《中国思想学说史》（先秦卷上），广西师范大学出版社 2007 年版，第236—262 页。

② 《郭店楚简·缁衣》，荆门市博物馆：《郭店楚墓竹简》，文物出版社 1998 年版，第129页。

③ 马承源主编：《上海博物馆藏战国楚竹书（一）》，上海古籍出版社 2001 年版，第179页。

④ 《礼记·缁衣》，（汉）郑玄注，（唐）孔颖达正义，吕友仁整理：《礼记正义》，上海古籍出版社 2008 年版，第 2121 页。

⑤ 晁福林：《"君民同构"：孔子政治哲学的一个重要命题——上博简和郭店简〈缁衣〉篇的启示》，《哲学研究》2012 年第 10 期。

系到诸侯一级贵族的权益问题。孔子"君君，臣臣"的主张，实际上就是对中国早期国家阶段国家权力顶层设计的高度概括。

孔子之所以主张二元化的最高权力构成模式，与早期儒家试图从历史中寻找应对变局资源的思维模式有关，笔者曾把这一思维模式总结为历史化的批判模式，即借既往的或杜撰的历史信息，表达解决当下社会政治问题的主张或态度。① 早期儒家相信过往政治制度具有切实的可参照性，因为它们是活生生地存在过的，尽管人类存续的时空变了，但正如"君君，臣臣，父父，子子"蕴含着的普遍真理一样，周礼具有跨时空的普适性，而这就是儒家认为的王道，它完全可以适应新的时代，并对新时期社会秩序建构产生良好作用。孔子主张恢复周礼，政治观上具有保守的一面，扩而言之，早期儒学的思想特质之一即是继承并拥护传统。刘泽华先生认为，孔子的政治倾向是保守的、落后的。② 说孔子的政治主张"保守"，这个判断大致不谬，但保守与落后并不一定同质，在国家权力的顶层设计方面，孔子主张的二元化权力结构，一直到隋唐时期仍是我国传统社会国家权力的基本结构，与皇权共同构成最高权力结构的豪强、士族、世族、门阀等，都是决定秦汉至隋唐国家权力运作的主导力量，而二元化权力结构的长时期存续也进一步证明了早期国家阶段以来的政治制度具有深厚的影响力，实施这一权力结构的政治主体及发扬与之有关的传统文化的主体皆不能简单地视为"落后"，因为它是传统中国的一种历史现实，不是某个人的臆造。

孔子主张的顶层权力模式中，周天子居于核心地位，恢复周礼即要先在地承认并确定周天子的合法性权威③，使之稳定地居于"王权—贵族"权力结构的顶层，以天下共主的形象居于权力的顶端。孔子相信人的政治地位决定了他的贡献范围④，他崇拜尧舜，不吝赞美之辞，认为他们的贡献无比巨大，"大哉尧之为君也！巍巍乎！唯天为大，唯尧则之。荡荡

① 李健胜：《先秦文化批判思想研究》，兰州大学出版社 2006 年版，第 32—37 页。

② 刘泽华：《中国政治思想史集》（第一卷），人民出版社 2008 年版，第 223 页。

③ ［美］本杰明·史华兹著，程钢译：《古代中国的思想世界》，江苏人民出版社 2004 年版，第 103 页。

④ ［美］郝大维、安乐哲著，蒋弋为、李志林译：《孔子哲学思微》，江苏人民出版社 1996 年版，第 124 页。

乎!民无能名焉。巍巍乎其有成功也,焕乎其有文章!"① 孔子认为后世诸王应当以尧舜为典范,也认为周礼是王道政治的一个典范,而既然周天子拥有最高权力,那么他也应当起到道德楷模的作用,因为,在孔子的思想视域中,理想的最高统治者即是道德上的楷模或典范。②

孔子的时代,象征国家最高权力的权威已然崩溃,他也充分注意到权威颠覆造成的危害③,所以他会感慨:"八佾舞于庭,是可忍也,孰不可忍也?"④ 当然,孔子也注意到集权化的政治权威的弊端,因此主张统治者提高道德修为,认为"修己以安百姓,尧、舜其犹病诸?"⑤ 孔子也继承了周礼盛行时期已然为统治者接受的民本主张,要求最高统治者对民众施以同情、爱护,只有这样才能换得民众的支持,正如美国学者狄百瑞所言:"民众与上层人物的关系基础是人类基本的同情心,而情感的相互性或者互助互惠不言自明又是所有这类信用关系(fiduciary relations)的基础(虽然'恕'在《论语》中只出现了两次)。"⑥ 孔子是精英思想家,在他的政治思想视域中,国家统治问题是最为核心的话题,尽管对民众持同情态度,但正如张分田先生所揭示的那样,民本思想具有统治思想的属性⑦,孔子对国家最高权力的顶层设计并不是站在民众立场上的。

恢复诸侯的正当地位,并让"君子"辅助诸侯夺回被卿士霸占的权力,使之有能力维护周天子权威,也是孔子顶层权力设计思想中的核心内容。孔子"堕三都"⑧,是他试图恢复鲁公正当地位的政治实验。然而,孔子未能在鲁国真正建立功名,有生之年也没发现与之有关的差事符合其

---

① 《论语·泰伯》,程树德撰,程俊英、蒋见元点校《论语集释》,中华书局 2014 年第 2 版,第 708—710 页。

② [美]赫伯特·芬格莱特著,彭国翔、张华译:《孔子:即凡而圣》,江苏人民出版社 2002 年版,第 144—147 页。

③ [美]本杰明·史华兹著,程钢译,刘东校:《古代中国的思想世界》,江苏人民出版社 2004 年版,第 69 页。

④ 《论语·八佾》,程树德撰,程俊英、蒋见元点校:《论语集释》,中华书局 2014 年第 2 版,第 175 页。

⑤ 《论语·宪问》,程树德撰,程俊英、蒋见元点校:《论语集释》,中华书局 2014 年第 2 版,第 1342 页。

⑥ [美]狄百瑞著,黄水婴译:《儒家的困境》,北京大学出版社 2009 年版,第 29—30 页。

⑦ 张分田:《中国古代统治思想研究》,人民出版社 2013 年版,第 52 页。

⑧ 《史记》卷 47《孔子世家》,中华书局 1959 年点校本,第 1916 页。

在权力运用方面设立的标准。① 离开鲁国后，孔子周游他国，不得不参与"无道"政治，为获得参政机会也不得不做出妥协，然而，这并不意味着"个体性的仁政要高于普遍性的周礼"②，而是孔子视此为唯一可能恢复周礼的途径。

除短暂、零星的政治实践外，孔子着力培养君子，主张君子参政，其意图主要在于强化贵族集团执政的理性化、合理化，并以此巩固二元化的权力结构。孔子有关君子的言论，主要集中在《论语》中，而《论语》作为一个表达孔子思想的整体性文本，具备自身的焦点——君子。③ 孟子称孔子为"圣之时者也"④，意谓孔子并非食古不化，而是有与时俱进的观念，而这一点集中体现在孔子对君子——这一新兴社会群体的塑造方面。孔子所谓的"君子"，是指因道德高尚、具备学识且愿意参政议政者，他说："先进于礼乐，野人也；后进于礼乐，君子也。如用之，则吾从先进。"⑤ 孔子的时代依靠血缘关系分配权力、财富的准则已然松动，孔子不仅主张以德才为准则来划分权力、财富，他还开创了向平民讲礼的时代，认为道德教育可以和政治权威分离开来，但最终仍能转化为改造社会的力量。⑥ 孔子时代"鬼神非人实亲，唯德是依"⑦ 的观念也逐步深入人心，道德与才能的作用被进一步得以强调。在这种时代氛围下，孔子认为："君子之于天下也，无适也，无莫也，义之与比。"⑧"君子义以为质，礼以行之，孙以出之，信以成之。"⑨ 君子参政议政，以政治为宗教，这

---

① ［美］狄百瑞著，黄水婴译：《儒家的困境》，北京大学出版社 2009 年版，第 26 页。

② 罗新慧：《周礼·仁政·入仕——孔子无法释然的情结》，《齐鲁学刊》1998 年第 1 期。

③ ［美］狄百瑞著，黄水婴译：《儒家的困境》，北京大学出版社 2009 年版，第 28 页。

④ 《孟子·万章下》，（清）焦循撰，沈文倬点校：《孟子正义》，中华书局 1987 年版，第 672 页。

⑤ 《论语·先进》，程树德撰，程俊英、蒋见元点校：《论语集释》，中华书局 2014 年第 2 版，第 949 页。

⑥ ［美］本杰明·史华兹著，程钢译：《古代中国的思想世界》，江苏人民出版社 2004 年版，第 77 页。

⑦ 《左传》僖公五年，杨伯峻：《春秋左传注》，中华书局 2009 年第 3 版，第 309 页。

⑧ 《论语·里仁》，程树德撰，程俊英、蒋见元点校：《论语集释》，中华书局 2014 年第 2 版，第 320 页。

⑨ 《论语·卫灵公》，程树德撰，程俊英、蒋见元点校：《论语集释》，中华书局 2014 年第 2 版，第 1417 页。

是君子的本然责任,这是贵族政治文化传统中独立精神的体现。君子应当担当起民众的道德楷模,"君子之德风,小人之德草,草上之风,必偃。"① 君子应当以恢复周礼为志向,而不应当向"无道"政治低头,主张"君子谋道不谋食"。②

在孔子看来,君子是先秦贵族文化的继承者,他培养的君子,实际上就是新时代的贵族,他希望君子具有高超的道德修养,并能以德治国。孔子对君子道德人格的强调与其国家权力顶层设计方面所持观念是相对应的,孔子主张君臣同构,不主张单方面地服从君主,或树立集权君主,这与具有自尊自爱精神气质的君子不可能片面地对威权服从的主张,在逻辑上是相一致的。在君子的辅佐下,诸侯恢复其正当地位,并与周天子共同构成稳定有序的最高权力体系,从而恢复周礼,则是孔子借培养君子试图达成的主要政治目标。总之,就孔子对君子的定义及对这一群体的期许看,孔子的思想具有一定的创新性。美国学者顾立雅认为,孔子是位激进的改革家,"孔子确实希望对于实际政治进行很彻底的变革,他的这种激进主张与封建秩序几乎没有什么相似性可言"。③ 这一判断显然有失偏颇,孔子利用君子的道德才能去拯救周礼,是对业已改变了的时代的回应,其在国家统治思想方面的主张总体上仍是保守的,且意在恢复所谓"封建秩序"。

从历史的表面信息看,孔子的上述主张犹如空中楼阁,不切实际。秦政以来讲求服从意识的君主专权,与孔子主张君臣同构的最高权力设计是背道而驰的;从儒学思想体系角度看,孔子的主张也鲜有人继承,战国时期的儒学思想已不再承纳单纯恢复周礼的主张。但是,从历史的深层与思想的内在性看,孔子的上述主张并非完全是空想的,孔子关于国家顶层权力的设计,继承了早期国家阶段以来最高权力二元化的结构特征,他一方面主张恢复周天子权威,另一方面更加强调诸侯的正当性地位,且试图让德才兼具的君子辅佐诸侯,以加强贵族集团稳定有序的政治地位。这种二

---

① 《论语·颜渊》,程树德撰,程俊英、蒋见元点校:《论语集释》,中华书局 2014 年第 2 版,第 1117 页。

② 《论语·卫灵公》,程树德撰,程俊英、蒋见元点校:《论语集释》,中华书局 2014 年第 2 版,第 1441 页。

③ [美] 顾立雅著,高专诚译:《孔子与中国之道》,大象出版社 2000 年版,第 178 页。

元化的权力构想对秦汉魏晋时期的国家最高权力分配产生重大影响，由贵族集团衍化而来的诸种势力及其在政治观念上的独立性，也是先秦贵族文化传统的遗存。从学术层面看，孔子对君子的培养、塑造是春秋以来贤人政治观的具体体现，使用贤人而非仅取决于血缘的观念为孔子之后的儒家普遍接受，加之贵族文化传统赋予君子自尊自爱的禀赋，都是构成儒家自由主义传统的精神来源，这集中反映出孔子的上述主张具有深远影响力。

二 "唐虞之道，禅而不传"：禅让王权

春秋中后期以来，禅让王权的主张成为诸子关于国家权力顶层设计方面的主要观点之一。这一主张以尧舜禅让的历史传说为依据，结合当时社会举贤让能的时代潮流，整合为一股对世袭王权具有很强冲击力的社会思潮。

诸子中，儒家、墨家及庄子后学曾主张禅让。儒家的禅让学说滥觞于春秋中后期，《论语·颜渊》云："舜有天下，选于众，举皋陶，不仁者远矣。"《论语·尧曰》亦云："尧曰：'咨！尔舜！天之历数在尔躬，允执其中。四海困穷，天禄永终。'舜亦以命禹。"上述言论虽未直接明言禅让，但"选于众""舜亦以命禹"等语，显然包含有禅让之意，主要是从虞舜贤德角度阐发唐尧禅让王权的缘由，暗含着"王权—贵族"社会权力结构中，贵族集团中的贤人可以取代王权的政治逻辑。因缺乏史料依据，原先并不知道战国前期的儒家也主张禅让。新出战国楚竹书《唐虞之道》《子羔》《容成氏》皆言及禅让学说，学术界对这些竹书的学派属性多有争议[1]，但一般都认为《唐虞之道》当为儒家作品。这篇出土文献明确将禅让与"利天下"的观念联系起来，以禅让之制反对世袭王权，篇首云："唐虞之道，禅而不传。尧舜之王，利天下而弗利也。禅而不传，圣之盛也。利天下而弗利也，仁之至也。故昔贤仁圣者如此。身穷不贪，没而弗利，穷仁矣。必正其身，然后正世，圣道备矣。故唐虞之［道，禅］也。"[2] 战国前期儒家把孔子的仁学主张与禅让学说结合起来，

---

① 彭裕商：《禅让说源流及学派兴衰——以竹书〈唐虞之道〉、〈子羔〉、〈容成氏〉为中心》，《历史研究》2009 年第 3 期。

② 原文见《郭店楚简·唐虞之道》，荆门市博物馆：《郭店楚墓竹简》，文物出版社1998 年版，第 157 页。此处引文采用李零先生的校读版本，详见李零《郭店楚简校读记（增订本）》，中国人民大学出版社 2007 年版，第 123 页。

突出贤德是禅让的前提外，还从实际的政治效果角度，系统阐发了这一时期儒家从"王权—贵族"社会二元化权力结构的角度主张禅让的缘由，即禅让王权给贵族集团中的贤人，这有利于天下安治。与春秋中后期的禅让观相比，战国楚竹书反映出的禅让观念更加体系化，已具有完备的理论体系，且以实际的政治效果为依据，说服力也较强。战国中后期，儒家对禅让学说的态度发生变化，赞成者有之，反对者亦有之。孟子进一步发挥儒家禅让学说，并将其形而上化，认为尧舜禅让是"天"的旨意。

《孟子·万章上》云：

> 万章曰："尧以天下与舜，有诸？"孟子曰："否。天子不能以天下与人。""然则舜有天下也，孰与之？"曰："天与之。""天与之者，谆谆然命之乎？"曰："否。天不言，以行与事示之而已矣。"曰："以行与事示之者，如之何？"曰："天子能荐人于天，不能使天与之天下；诸侯能荐人于天子，不能使天子与之诸侯；大夫能荐人于诸侯，不能使诸侯与之大夫。昔者尧荐舜于天而天受之，暴之于民而民受之，故曰天不言，以行与事示之而已矣。"曰："敢问荐之于天而天受之，暴之于民而民受之，如何？"曰："使之主祭而百神享之，是天受之。使之主事而事治，百姓安之，是民受之也。天与之，人与之，故曰天子不能以天下与人。舜相尧二十有八载，非人之所能为也，天也。尧崩，三年之丧毕，舜避尧之子于南河之南，天下诸侯朝觐者不之尧之子而之舜，讼狱者不之尧之子而之舜，讴歌者不讴歌尧之子而讴歌舜，故曰天也。夫然后之中国，践天子位焉。而居尧之宫，逼尧之子，是篡也，非天与也。《泰誓》曰：'天视自我民视，天听自我民听。'此之谓也。"

孟子强调"天"和"民"的决定性因素[1]，意在强调统治者在此问题上并不具有先在的决定能力，无论是世袭还是禅让，都取决于"天"，也取决于"民"的力量，这就等于消解了统治者在国家权力更替问题上的话

---

[1]　[美] 艾兰著，孙心菲、周言译：《世袭与禅让——古代中国的王朝更替传说》，北京大学出版社 2002 年版，第 22 页。

语权。孟子的禅让观显然已超越了前代基于贤德的禅代观念，把国家权力的顶层设计问题与天命、民力等因素结合起来，试图利用天命、民力阐明其主张，干预王权更替。

墨家也主张禅让王权。《墨子·尚贤中》云："古者舜耕历山，陶河濒，渔雷泽，尧得之服泽之阳，举以为天子，与接天下之政，治天下之民。"《墨子·尚贤下》亦云："昔者尧有舜，舜有禹，禹有皋陶。"墨家从选贤与能的角度力倡禅让，主张把天下交给贤人打理，顾颉刚先生据此认为禅让学说起于墨家，而尧舜禅让"是墨家为了宣传他们的主义而造出来的"。① 庄子之道反对建构一切政治秩序，因而既反对君主集权，也不认可二元化的权力结构。至庄子后学，无君论思想发生了一定变化，除包容儒家的其他主张外，庄子后学也承纳了战国时期的禅让观念。反映庄学承纳禅让思想的主要文献依据为《庄子·让王》篇，其文以尧舜"让王"一事，阐发"重生""无为"的道家思想。晁福林先生认为，《让王》杂纂于公元前 318 年燕国因禅让发生内乱之前，其思想背景有二：一是儒、道两家思想的融会；二是禅让思潮的盛行。②

荀子明确反对禅让，《荀子·正论》云："世俗之为说者曰：'尧、舜禅让。'是不然。……是虚言也，是浅者之传、陋者之说也，不知逆顺之理，小大、至不至之变者也，未可与及天下之大理者也。"《韩非子·忠孝》批判了儒、墨心目中的圣君贤臣，认为"尧、舜、汤、武或反君臣之义，乱后世之教者也。尧为人君而君其臣，舜为人臣而臣其君，汤、武为人臣而弑其主、刑其尸，而天下誉之，此天下所以至今不治者也"。《韩非子·说疑》亦云："舜逼尧，禹逼舜，汤放桀，武王伐纣，此四王者，人臣弑其君者也，而天下誉之。"此外，古本《竹书纪年》云："昔尧德衰，为舜所囚也"，"复偃塞丹朱，使不与父相见也"。可见不仅儒学内部对禅让王权持不同意见，法家等其他诸子也反对这一观念。总之，无论赞同、反对，"'禅让说'在战国时期的盛行则是一个确然的思想事

---

① 顾颉刚：《禅让传说起于墨家考》，载顾颉刚《顾颉刚古史论文集》（卷一），中华书局 2011 年版，第 425 页。

② 晁福林：《〈庄子·让王〉篇性质探论》，《学习与探索》2002 年第 2 期。

实"。①

尧舜禅让是先秦史上的大问题,近代以来大多数学者认为禅让制是真实存在过的。比如,范文澜先生认为,"'禅让'帝位的故事,在传子制度实行已久的周朝,不容有人无端发此奇想,其为远古遗留下来的史实,大致可信。"② 王玉哲先生认为,战国诸子皆有尧、舜禅让的记述,"可见尧、舜的禅让制度,是晚周人一致的传说,必有部分史实根据,而不会完全出于向壁虚造。"③ 王先生还认为,先秦诸子有关尧、舜、禹"禅让"与"篡夺"两种传说并存的现象,是"部落酋长由'传贤'制转变为'传子'制过渡阶段真实的反映"。④ 也有学者认为儒墨的举贤禅让思想本已有《尚书·尧典》等所记共同传说资源⑤。

笔者认为,春秋战国争霸、兼并战争中,一些出身卑微、战功显赫者日益受到统治者青睐,诸子也趁势提出"贤人"政治观,并结合古史传说,发明禅让学说,以迎合时代形势。禅让学说可能有一定的历史传说基础,但《尧典》晚出,应该不是受其启发而有了举贤禅让之思想,而是《尧典》的作者受当时禅让学说影响而杜撰了完整的禅让之制。禅让制应当是在春秋战国时期的禅让学说基础上衍生而成的,包含有浓厚的儒化古史的成分,也是古史儒化现象的一个典型。⑥

儒墨两家禅让王权的国家权力顶层设计理念对战国时期的社会政治产生过一定影响。如《吕氏春秋·不屈》载,魏惠王曾欲传国于惠施,《战国策·魏策二》载,魏将公孙衍曾鼓动史举游说魏襄王禅位于张仪。最著名禅让事件当属公元前 316 年燕王哙的"让国",据《战国策·燕策一》和《史记·燕召公世家》记载,燕王哙将王位禅让给子之,引起

　　① 李振宏:《"禅让说"思潮何以在战国时代勃兴——兼及中国原始民主思想之盛衰》,《学术月刊》2009 年 12 期。

　　② 范文澜:《中国通史简编(修订本)》(第一编),人民出版社 1955 年第 3 版,第 95 页。

　　③ 王玉哲:《中华远古史》,上海人民出版社 2003 年版,第 138 页。

　　④ 王玉哲:《尧、舜、禹"禅让"与"篡夺"两种传说并存的新理解》,《历史教学》1986 年第 1 期。

　　⑤ 彭邦本:《儒墨举贤禅让观平议——读〈郭店楚墓竹简〉》,《四川大学学报》(哲学社会科学版)2000 年第 5 期。

　　⑥ 李健胜:《古史儒化现象探析——以井田制、禅让制为中心》,《史学理论研究》2012 年第 4 期。

内乱、外患，燕国将军市被和太子平攻击子之，中山、齐国趁机进兵攻打燕国。1974—1978年发现的河北平山中山王墓铜器铭文云："□（适）□（遭）郾（燕）君子□（哙），不□（顾）大宜（义）不□者（诸）侯，而臣宗易立，□（以）内□，（绝）邵（召）公之□（业），乏其先王之祭祀；外之则□（将）□（使）□（上）勤（觐）于天子之庙（庙），而□（退）与者（诸）侯齿□（长）于□（会）同，则□（上）逆于天，下不□（顺）于人族。□（寡）人非之。"① 这说明当时各国对燕王哙的禅让之举甚为反感。最终，子之为齐国所擒，赵国送燕国公子职入燕为王。鼓吹禅让的孟子听说燕王哙把王位禅让给子之后，声称"子哙不得与人燕，子之不得受燕于子哙"②，又反对起禅让来。由此可见，当儒墨两家关于禅让王权的学说遭遇复杂的政治斗争之时，蕴含其中的政治哲学不得不让位于实际的权力博弈，正如吕思勉先生所言："先秦诸子之文，言尧、舜禅让，有类于后世争夺相杀之事者甚多。然皆为寓言。"③

尽管如此，战国儒家还是在禅让学说的基础上进一步衍生出所谓的禅让制，战国儒家后学把"瞽子，父顽，母嚚，象傲；克谐以孝，烝烝义。不格奸"，"厘降二女于妫汭，嫔于虞"④ 等的禅让故事以文本的形式固定下来，使之成为上古历史的重要组成部分，也使禅让制成为一种众人公认的实际存在过的制度。先秦儒、墨诸子并不胶执于王权世袭的陋见，以禅让王权安排最高权力的更替问题，既有以其思想主张干预现实政治的意味，也有借此学说张扬贤人政治观的意图。

儒墨两家基于禅让王权的国家权力顶层设计方面的思考，对当时世袭王权的合法性显然已构成一定的消解功能，使得世袭王权万世不移的观念失去了主流学派的支持，尽管当时在国家权力、财富分配问题上，血亲因素仍起着支配作用，但禅让王权观念的产生、流布无疑是当时国家统治理

---

① 考古报告中该器铭文以手写体录入，笔者以缺字符"□"处理模糊难辨之字，不影响整体文意，参见河北省文物管理处《河北省平山县战国时期中山国墓葬发掘简报》，《文物》1979年第1期。

② 《孟子·公孙丑下》，（清）焦循撰，沈文倬点校《孟子正义》，中华书局1987年版，第285页。

③ 吕思勉：《先秦史》，上海古籍出版社2005年版，第76页。

④ 《尚书·尧典》，顾颉刚、刘起釪《尚书校释译论》，中华书局2005年版，第86页。

念中的新现象,且对之后的中国历史产生过一定影响。从观念史角度看,尧舜禅让学说的确立,一方面对既有国家权力合法性形成意识形态意义上的消解力量,另一方面,要求统治者顺天应人实施王道政治的观念也由此形成,且对"家天下"的世袭王朝形成很大冲击。从具体历史过程看,王莽代汉的思想动因,与昭、宣以后流行的禅让传贤以及汉家气数已尽的说法有一定联系。[1] 汉魏易代时,儒家辅佐曹丕、曹爽通过礼遇汉室、笼络耆宿、纳献帝之女、打造"魏家舜后说"等,以禅让之礼完成汉魏鼎革[2],魏晋时期的王朝更替也多从汉魏禅让模式,"前朝功臣"多采用"禅让后起元"的国史书写模式,至南北朝时,"创业之主"采用"禅让前起元"的形式来彰显皇权的合法性,禅让王权的政治影响力也因此有所下降[3],不过,禅让在当时仍是国家权力顶层设计的主要模式。这一时期,禅让制被认为是实现权力平稳交接、降低杀戮的低成本的皇权更迭方式,体现了儒家的仁政精神和礼治原则。由此可见,儒、墨的禅让王权论并非一种虚妄的思想观念,它对当时及以后的中国历史产生过一定影响,并对"家天下"的君主专权形成一定消解作用,也曾起过冲破君权至上观念的作用,使得"王权—贵族"社会二元化的权力结构及其内在政治逻辑得以存续、发展。

三 "汤、武革命,顺乎天而应乎人":革命王权

《易传·革卦》云:"天地革而四时成,汤武革命,顺乎天而应乎人。革之时义大矣哉!"这是战国以来儒家有关国家权力顶层设计的另一方案,即革命王权。

革命王权观念的起源,恐怕与落后的姬周小族取代大邑商而引起的观念巨变有一定关系。商族控制中原数百年,对周边部族形成相对牢固的统治,商族高高在上的统治权威也历受诸多部族的挑战而岿然不倒。然而,当地处边鄙的周族较轻易地灭掉商后,既引起当时各部族的大震动,也引

---

① 邢义田:《天下一家:皇帝、官僚与社会》,中华书局 2011 年版,第 174—175 页。

② 朱子彦、王光乾:《曹魏代汉后的正统化运作——兼论汉魏禅代对蜀汉立国和三分归晋的影响》,《中国史研究》2011 年第 1 期。

③ 徐冲:《"禅让"与"起元":魏晋南北朝的王朝更替与国史书写》,《历史研究》2010年第 3 期。

发了周族上层的思考，他们发现直到商末，商族首领仍相信他们才是天命所归，声称"我生不有命在天"①。然而，天命最终还是转移至周族，而周族之所以能够灭掉商，现实原因是商纣失德，引发众部族叛乱。周人的思考最终形成"天命靡常""唯德是辅"的观念，《诗·大雅·文王》云："上帝既命，侯于周服。侯服于周，天命靡常。殷士肤敏，裸将于京。厥作裸将，常服黼冔。王之荩臣，无念尔祖！无念尔祖，聿修厥德。"所谓"天命靡常"即言上天无常予，也无常夺，关键要看统治者的德行。这种观念成为周初统治者谨遵天命、励精图治的思想根源，也对历代统治者产生重要影响。细究"天命靡常"的观念，其生成的直接背景虽是商周易命，但其深层逻辑即一旦出现暴君、暴政，天命便会转移至更适合统领天下的家族身上，上天选择天之子的法则对任何家族都是平等的，商周可以易命，那么，周族中如若出现暴君，天命亦可转移至他族。换言之，"天命靡常"的观念使汤武革命合法化，也使得取暴君而代之的行动具有了坚实的思想根源。

春秋战国以来，有关天命的思考更加具有了现实政治的参照，人们对天命转移进行了基于不同方向的解释。一方面，天地间四时的变化被认为是一种"革"的现象，是天命转移的表现，遵从自然法则的观念意味着自然界四时革命的规律亦可运用于人类社会；另一方面，通过挖掘"汤放桀""武王伐纣"等历史事件中的道义精神，美化汤武革命，从而在道义层面建构天命转移的现实基础。其中，最典型的莫过于有关《革卦》的释义就有对汤武革命自然的和道义的两种解释方向。②

对汤武革命进行道义层面上的阐释并据此形成革命王权的国家权力设计方案，是孟子政治思想的核心内容。和孔子一样，孟子对民众充满同情之心，他主张统治者当以"不忍"③之心爱民，主张行仁义、施仁政。然

---

① 《尚书·西伯戡黎》，顾颉刚、刘起釪：《尚书校释译论》（第2册），中华书局2005年版，第1052页。

② 刘小枫：《儒家革命精神源流考》，上海三联书店2000年版，第38页。

③ 《孟子·梁惠王上》，（清）焦循撰，沈文倬点校：《孟子正义》，中华书局1987年版，第82页。

而，自处乱世的孟子，时时面对"今夫天下之人牧，未有不嗜杀人者也"① 的社会现实，在暴君频出的时代，百姓挣扎于水深火热的危境，孟子因此发出"民之憔悴于虐政，未有甚于此时者也"② 的感叹，力倡以"革命"手段来改变暴政横行的现状。

在孟子看来，那些拥有天命却视之为土芥，奢淫无度、横征暴敛的王权拥有者，虽"庖有肥肉，厩有肥马"，却使"民有饥色，野有饿莩"，这是"率兽而食人"③ 的暴行，这种残贼之人即为"一夫"④，对待这些暴君就得"杀之"⑤"弃之""已之"⑥。孟子从道义层面肯定汤武革命的合理性、合法性，主张以"革命"方式对待暴君，这一观念无疑对君主专权具有先在合理性的观念起到很大的解构作用。

孟子革命思想的操作方式可分为三个层次。孟子首先主张族内革命，即王族内部的革命，"贵戚之卿"在对待君主的问题上拥有革命的主动权，认为："君有大过则谏，反覆之而不听则易位。"异姓之卿在这一问题上，则可以持灵活态度，主张"君有过则谏，反覆之而不听则去"。⑦异姓之卿还可以用"逐君摄位"之法实施王权革命，《孟子·万章上》载，"伊尹放之于桐。三年，大甲悔过，自怨自艾，于桐处仁迁义，三年以听伊尹之训己也，复归于亳。"异姓之卿可放逐暴君，以观后效，如改之则可复位。

其次，民众揭竿而起，推翻"一夫""民贼"。《孟子·梁惠王下》记载了一段孟子与齐宣王的对话：

---

① 《孟子·梁惠王上》，（清）焦循撰，沈文倬点校：《孟子正义》，中华书局1987年版，第73页。

② 《孟子·公孙丑上》，（清）焦循撰，沈文倬点校：《孟子正义》，中华书局1987年版，第185页。

③ 《孟子·梁惠王上》，（清）焦循撰，沈文倬点校：《孟子正义》，中华书局1987年版，第62页。

④ 《孟子·梁惠王下》，（清）焦循撰，沈文倬点校：《孟子正义》，中华书局1987年版，第145页。

⑤ 同上书，第144页。

⑥ 同上书，第141页。

⑦ 《孟子·万章下》，（清）焦循撰，沈文倬点校：《孟子正义》，中华书局1987年版，第728页。

　　齐宣王问曰：“汤放桀，武王伐纣，有诸？”孟子对曰：“于传有之。”曰：“臣弑其君，可乎？”曰：“贼仁者谓之贼，贼义者谓之残，残贼之人，谓之一夫。闻诛一夫纣矣，未闻弑君也。”

　　这就是孟子著名的“汤武放伐”论，集中反映了孟子所主张的普遍意义上的革命论。对于那些因残暴无能使“四境之内不治”① 的昏君，不能施之以同情，相反应当运用暴力手段革其天命，进而选择“恭俭礼下，取于民有制”② 的贤人作王。孟子不主张世袭王权的先在合法性，以君主行为是否符合“仁”来判别王权的存续，即“天子不仁，不保四海；诸侯不仁，不保社稷”③。他认为“惟仁者宜在高位；不仁而在高位，是播其恶于众也”④，而诛杀“一夫”，乃是“为匹夫匹妇复仇”“救民于水火之中”⑤ 的正义之举。

　　最后，后世了解、阐释孟子革命思想的另一个向度，与其劝齐、魏诸王行“王道”而不要其尊奉周王的具体行为有关。和孔子一样，孟子也曾周游各国，游说统治者实施他的治国方案，他曾至齐国，齐宣王问他：“王政可得闻与？”⑥ 孟子以实施“王道”政治的具体措施回应之，而齐宣王问“齐桓晋文之事”，孟子回应道：“仲尼之徒，无道桓文之事者，是以后世无传焉。臣未之闻也。”⑦ 说明孟子不主张尊王图霸。在魏国，他对魏惠王说：“地方百里而可以王。”⑧ 在孟子看来，能施仁政者即可为

---

① 《孟子·梁惠王下》，（清）焦循撰，沈文倬点校：《孟子正义》，中华书局 1987 年版，第 141 页。

② 《孟子·滕文公上》，（清）焦循撰，沈文倬点校：《孟子正义》，中华书局 1987 年版，第 333 页。

③ 《孟子·离娄上》，（清）焦循撰，沈文倬点校：《孟子正义》，中华书局 1987 年版，第 492 页。

④ 同上书，第 486 页。

⑤ 《孟子·滕文公下》，（清）焦循撰，沈文倬点校：《孟子正义》，中华书局 1987 年版，第 434—435 页。

⑥ 《孟子·梁惠王下》，（清）焦循撰，沈文倬点校：《孟子正义》，中华书局 1987 年版，第 133 页。

⑦ 《孟子·梁惠王上》，（清）焦循撰，沈文倬点校：《孟子正义》，中华书局 1987 年版，第 74、77 页。

⑧ 同上书，第 66 页。

王,而他们没有尊奉某个共主的义务,其中暗含着易姓革命的思想内涵。

当然,也须看到,孟子并不主张普遍意义上的革命论,孟子革命思想的一个重要前提是反对革掉"亲亲而仁民,仁民而爱物"[①] 的王者之命,他认为这些人的王位是"天与之"[②] 的,既不随意禅让他人,也不能以"革天命"的法则对待他们。

除孟子外,荀子也主张以革命方式改易暴君天命。《荀子·正论》云:

> 圣王没,有执籍者罢不足以县天下,天下无君,诸侯有能德明威积,海内之民莫不愿得以为君师,然而暴国独侈,安能诛之,必不伤害无罪之民,诛暴国之君若诛独夫,若是,则可谓能用天下矣。能用天下之谓王。汤、武非取天下也,修其道,行其义,兴天下之同利,除天下之同害,而天下归之也。桀、纣非去天下也,反禹、汤之德,乱礼义之分,禽兽之行,积其凶,全其恶,而天下去之也。天下归之之谓王,天下去之之谓亡。故桀、纣无天下而汤、武不弑君,由此效之也。汤、武者,民之父母也;桀、纣者,民之怨贼也。今世俗之为说者,以桀、纣为君而以汤、武为弑,然则是诛民之父母而师民之怨贼也,不祥莫大焉。

从上文"诛暴国之君若诛独夫","修其道,行其义"等言论看,荀子也是从道义层面阐释革命王权论的。从"桀、纣者民之怨贼也"等言论看,基于民众视角,以民本思想为革命王权立论,也是荀子革命论的一个思想支点。

从国家权力顶层设计的适用角度看,革命王权论是一种有限的最高权力更替方式,先秦儒家并不主张普遍意义上的革命王权,仅是对暴君、暴政进行纠偏的产物。[③] 具体来说,秉持革命王权观念的诸子原则上坚持

---

① 《孟子·尽心上》,(清)焦循撰,沈文倬点校:《孟子正义》,中华书局1987年版,第949页。

② 《孟子·万章上》,(清)焦循撰,沈文倬点校:《孟子正义》,中华书局1987年版,第643页。

③ 万光军:《儒学革命观的逻辑解读》,《中华文化论坛》2007年第1期。

"家天下"的王权更替方式，他们也都维护王权的神圣性，试图从理论上构建君臣关系的等级性，并要求民众服从王权统治。受"天命靡常"观念影响，加之受暴政刺激，在对待暴君问题上，孟荀等人以汤武革命的历史资源为依据，主张革"一夫"之命，以确保天下安治。在国家权力的顶层设计中，如何使王权安稳过渡是最为核心的问题之一，暴君的出现破坏了王权稳定过渡的既有秩序，因此，从理论上讲，革掉这些暴君之命，既具有理论上的合理性，也具有现实政治层面上的合法性，加之受民本思想影响，借民众之力达到最高权力的转移，也是解决王权过渡的一种方式。在如何判断今上为暴君、时下为暴政的问题上，孟荀也以道义、民本思想为立据，从而避免了王权革命的普遍化。从"王权—贵族"社会二元化的权力结构看，"汤放桀""武王伐纣"皆为贵族集团中的佼佼者革了王权之命，孟荀期许的革命者也是暴政时代的政治精英，希望他们能够替天行义。从历史资源角度看，孟荀革命论是二元化权力结构在观念上的一种反映，而从现实意义上讲，孟荀革命论也是统治集团内部进行权力博弈的一种手段。

在统治思想领域，革命王权的观念尤其是孟子的革命论，对后世产生重要的影响。孟荀基于道义、民本思想的革命王权论及《革卦》中基于天地间四时"革"而引发人事革命的思想，皆为汉儒所继承。汉代有《齐诗》"五际"革命说、《京房易传》"四时"革命说及道义革命说。其中，基于道义的革命论对当时社会形成巨大影响。汉儒云："夫桀纣荒乱，天下之心皆归汤武，汤武因天下之心而诛桀纣，桀纣之民弗为使而归汤武，汤武不得已而立，非受命〔为〕何？"[1]聚拢人心以强化皇权一直是汉代统治者吸取秦速亡之教训，力图强化皇权的思想支撑。除此而外，汉代公羊家的孔子"素王"革命论在儒家思想史上具有重大意义：汤武革命只是受天命行道，孔子革命则是受天命立法，这就根本上突破了天时自然法理的思想结构，它取代汤武革命成为后世革命家的精神之源。[2]

孟子的革命论为以下犯上的所谓"乱臣贼子"提供了造反的口实，因而为统治者所不喜，秦汉至隋唐，孟子的地位一直隐而不显，他的地位

---

① 《汉书》卷 88《儒林传》，中华书局 1962 年点校本，第 3612 页。

② 刘小枫：《儒家革命精神源流考》，上海三联书店 2000 年版，第 48—50 页。

甚至不及颜回,至多与荀子比肩。然而到了宋代,一场声势浩大的孟子升格运动确定了孟子在中国思想史上的地位。究其缘由,有学者认为孟子为宋代儒学走出困境、完成儒学的转型,不仅提供了思想资源,而且提供了方法的支持。① 笔者认为宋代新儒家所主张的内圣外王之道,实际上就是孟子革命精神的核心内容,其中,"平天下"实际上就是"汤放桀""武王伐纣"的另一语义表达形式。孟子的革命论以其深刻的政治批判性解救了汉唐时期被阉割的儒家批判精神,释放了先秦儒学中的自由主义传统及其思想张力,成为新儒学思想的重要来源,也成为心学成圣理论的内在依据。直到近代,诸多政治家的革命思想也与孟子革命论有一定的内在关联。②

与历代具有独立精神的儒家及革命者深得孟子革命论滋养相对应的是,统治者对孟子革命论可谓深恶痛绝。《明史·钱唐传》记载,明太祖"尝览《孟子》,至'草芥''寇仇'语,谓非臣子所宜言,议罢其配享,诏有谏者以大不敬论。唐抗疏入谏曰:'臣为孟轲死,死有余荣。'时廷臣无不为唐危。帝鉴其诚恳,不之罪。孟子配享亦旋复。然卒命儒臣修《孟子节文》云"。和《孟子》全文共计 7 篇 260 条相比,《孟子节文》少了 85 条,所删内容皆与孟子的革命论及民本思想有关。孟子的革命思想在日本也受到冷遇,据学者研究,《论语》在日本当作人生指南、经世济民的帝王之学、企业领袖的基本教养、上班族的工作指南、儿童教科书、心理治疗的经典等,广泛传播、阅读。然而,同样为儒家经典的《孟子》,却在日本遭遇尴尬,究其原因,是因为《孟子》中的革命思想与日本国家权力顶层设计中天皇万世不移的观念形成很大的冲突。③

总之,在国家权力的顶层设计问题上,持革命王权论者一般都秉持有限革命论,他们主张以易代革命的方式取消暴君执政的合法性,且把革命行为视为替天行道,因而使"革天命"成为合理合法的王权更替方式。孟荀等人基于道义的革命思想,虽基于统治思想而发端,但其影响完全超越统治思想领域,成为后儒以内圣外王之道延续其独立精神的重要思想支

---

① 周淑萍:《宋代孟子升格运动与宋代儒学转型》,《史学月刊》2007 年第 8 期。

② 刘小枫:《儒家革命精神源流考》,上海三联书店 2000 年版,第 77—87 页。

③ 董灏智:《〈孟子〉的尴尬》,《读书》2016 年第 2 期。

撑，也成为历代革命家揭竿而起的思想根源。

四　"权制独断于君则威"：君主专权

诸子有关国家权力顶层设计的诸多方案中，主张打破二元化的权力结构，实施君主专权的观点，在战国及之后的时代形成很大影响。这一观念与西周中期以来周天子突破周礼、强化王权的历史背景有一定关联，也与春秋战国时期诸国的政治实践有关。

春秋以降，二元化权力结构的原初体系发生裂变，诸侯成为王权的实际拥有者，而诸卿成为贵族集团的主导力量，在国家权力不断下移的过程中，王权的衰微在新旧交织的时代呈现出复杂多元的生存样态，周天子权威衰落而诸侯因此强盛，诸侯权力旁落而诸卿秉持国命，到后来，一些家臣不仅公开叛主，甚至可以操持国运。在混乱无序的权力斗争过程中，如何通过强化王权解决社会政治危机，成为诸子思考的重要问题之一。前述孔子以恢复周礼解决社会转型中遇到的权力体系紊乱问题时，虽也有加强周天子专权的思想倾向，但他毕竟是把周天子置于"王权—贵族"二元化权力体系中去考量或设计周天子权威及其作用的。禅让或革命王权的国家权力顶层设计方案也有强化君权的思想意味，但禅让或革命本身是弱化王权的一种手段，亦是基于二元化权力结构体系的统治理念，总体上不能算作是君主专权思想。

诸子中，明确要求以君主专权实施顶层权力设计者，当属法家。早期法家皆为实际政治活动的参与者，他们认为王权衰落引起的社会动荡，对当时的统治集团造成了破坏性影响，也希望通过强化王权来解决政治失序的现状，管仲、子产等早期法家还亲自参与了强化王权的政治活动，也曾发挥过重要作用。后世假托管仲之口，提出："明主之治天下也，威势独在于主，而不与臣共；法政独制于主，而不从臣出。故明法曰：威不两错，政不二门。"[1] 子产也曾云："畏君之威，听其政，尊其贵，事其长，养其亲，五者所以为国也。"[2] 早期法家不再遵从二元化权力结构及其制

---

[1]　《管子·明法解》，黎翔凤撰、梁运华整理：《管子校注》，中华书局 2004 年版，第 1212 页。

[2]　《左传》昭公元年，杨伯峻：《春秋左传注》，中华书局 2009 年第 3 版，第 1212 页。

度体系衍生出的固有传统,"威不两错,政不二门"的言论已然具有了主张君主专权的意味。前期法家还主张君主应采用各种手段,控制一切谋生渠道,垄断社会财富,人要发展生存,就必然仰仗君主的恩赐,而君主也可以牢牢地控制住臣民。《管子·国蓄》云:"利出于一孔者,其国无敌。出二孔者,其兵不诎。出三孔者,不可以举兵。出四孔者,其国必亡。先王知其然,故塞民之养,隘其利途。故予之在君,夺之在君,贫之在君,富之在君。故民之戴上如日月,亲君若父母。""利出一孔"的主张应当是法家君主专权理念的总原则。

战国时期的法家进一步扩充了早期法家的观点,主张打破二元化权力结构以实现君主专权,认为国家权力唯一合法的秉持者应当是君主,其他人应当臣服于君主,供其调遣而不能与君主分治天下,即所谓"权者,君之所独制也……权制独断于君则威"①。在法家看来,树立君主权威即建构一元化的权力体系,"人主者,天下一力以共载之,故安;众同心以共立之,故尊"②,这种集权化的权力结构有利于加强君主权威。战国法家认为君主专权有证明其合理性的历史基础,儒、墨诸家用来论证禅让学说的黄金时代,在法家观念里则是尧舜诸族争斗史及以下犯上的混乱时代,"古者未有君臣上下之时,民乱而不治"。③换言之,治世的前提是君主当拥有至高的权威,而非君臣相依乃至君臣相让。

战国法家有关国家权力顶层设计的思想观念中,最成体系者当属韩非子。在受悠久分封传统影响的时代,韩非子试图打破这种传统对国家权力顶层设计的控制性影响,赋序君权至高无上的权威,使其权力具有唯一性。韩非子认为"事在四方,要在中央",尽管国家权力存在着中央至地方的分权因素,"王权—贵族"社会曾因势利导,承认并容纳"事在四方"的权力格局,但国家权力建构的重点是"中央",即君主权威的建构,只有君主权威得以建构,才能真正控制地方权力,从而形成一体化的

---

① 《商君书·修权》,蒋礼鸿撰:《商君书锥指》,中华书局2014年第2版,第82页。
② 《韩非子·功名》,(清)王先慎撰,钟哲点校:《韩非子集解》,中华书局2013年版,第224页。
③ 《商君书·君臣》,蒋礼鸿撰:《商君书锥指》,中华书局2014年版,第130页。

君主专权体制。即所谓"圣人执要，四方来效"。① 由此可见，韩非子主张建构明确的君臣上下权力关系，排斥内外有别的权力结构。

在君主专权合法性的建构中，法家认可"家天下"，即君主在其血统内部传续最高权位，而废除世卿世禄、建构军事集权、强化郡县制、废止聚族耕作的传统、加强对民众的控制等，都是强化君权的具体措施。具体到国家权力层面，以厚赏严罚之举，确立君主专制，是最为重要的政治活动，韩非子曾说："圣王之立法也，其赏足以劝善，其威足以胜暴，其备足以必完。法治世之臣功多者位尊，力极者赏厚，情尽者名立。善之生如春，恶之死如秋。故民劝极力而乐尽情，此之谓上下相得。"② "善之生如春，恶之死如秋"即指君主操持生杀予夺之大权，臣下不仅要臣服于君，受其调遣，对其中"力极者赏厚"，不得力者给予重罚。总之，在君主专权的顶层权力设计中，臣下不再拥有军政权力的相对独立性，要完全听命于君主。

在韩非子建构的君主专制的一元化权力结构中，群臣是君主用于实施专权的工具，君主可以要求他们"效功于国以履位，见能于官以受职，尽力于权衡以任事"。③ 但是，不能给臣下过分高贵的地位，时刻维持君臣上下有序的等级关系。《韩非子·爱臣》云："爱臣太亲，必危其身；人臣太贵，必易主位；主妾无等，必危嫡子；兄弟不服，必危社稷。臣闻：千乘之君无备，必有百乘之臣在其侧，以徙其民而倾其国；万乘之君无备，必有千乘之家在其侧，以徙其威而倾其国。是以奸臣蕃息，主道衰亡。是故诸侯之博大，天子之害也；群臣之太富，君主之败也。"上述言论可进一步证实韩非子是反对"王权—贵族"的二元化权力结构的，在他看来，"诸侯之博大，天子之害也；群臣之太富，君主之败也"，因此，限制臣下的权势，使其时时依附于君主，削夺他们的军政独立权，才能建构真正意义上的君主专权。韩非子还认为，君主自己做到"去好去恶，

① 《韩非子·扬权》，（清）王先慎撰，钟哲点校：《韩非子集解》，中华书局 2013 年第 2 版，第 47 页。

② 《韩非子·守道》，（清）王先慎撰，钟哲点校：《韩非子集解》，中华书局 2013 年第 2 版，第 216 页。

③ 《韩非子·用人》，（清）王先慎撰，钟哲点校：《韩非子集解》，中华书局 2013 年第 2 版，第 219 页。

群臣见素。群臣见素,则大君不蔽矣"。① 君主一定要"去好去恶",以维护君主专制的法则治国,不能偏离法制的轨道,"人主释法用私,则上下不别矣"。②

打破二元化的权力结构,建构君主专权的关键在于如何驾驭群臣,这方面,韩非子为历代君主提供了一些具体的手段、方法。

第一,在群臣构成的权力集团中,想要打破二元化的权力结构,就须避免以私害公,具体的办法有"将相之管主而隆国家,此君人者所外也",即一定要打击侯王将相借君主之势振兴私家,做到"人臣处国无私朝,居军无私交,其府库不得私贷于家"。③

第二,不能任用贤人,也不能"妄举"。韩非子认为君主不应当任用贤人,否则有些人借君主佞幸而分化君权,他认为"人主有二患:任贤,则臣将乘于贤以劫其君;妄举,则事沮不胜。故人主好贤,则群臣饰行以要君欲,则是群臣之情不效;群臣之情不效,则人主无以异其臣矣"。④如若君主"好贤",则"群臣饰行以要君欲",从而蒙蔽君主的判断力,使这些臣下有机会打着贤臣旗号营造私利、分化君主。应当说韩非子洞察到了儒墨诸家贤人观的偏颇之处,贤人应当是道德高尚的精英,世俗之人能称贤人者不多,但为了在君主面前扮演贤人,一些人不惜弄虚作假,蒙骗君上,以贤人之名分化、瓦解乃至窃取君权,后世历史也证实韩非子所谓"二患"并非虚言。韩非子还以许由、续牙、晋阳伯、伯夷、叔齐等十二位贤人为例,认为他们虽然"皆上见利不喜,下临难不恐,或与之天下而不取",但他们都是"不令之民也",他们"或伏死于窟穴,或槁死于草木,或饥饿于山谷,或沈溺于水泉",连"先古圣王皆不能臣",

---

① 《韩非子·二柄》,(清)王先慎撰,钟哲点校:《韩非子集解》,中华书局 2013 年第 2 版,第 46 页。

② 《韩非子·有度》,(清)王先慎撰,钟哲点校:《韩非子集解》,中华书局 2013 年第 2 版,第 41 页。

③ 《韩非子·爱臣》,(清)王先慎撰,钟哲点校:《韩非子集解》,中华书局 2013 年第 2 版,第 26—27 页。

④ 《韩非子·二柄》,(清)王先慎撰,钟哲点校:《韩非子集解》,中华书局 2013 年第 2 版,第 44 页。

何况"当今之世，将安用之"？① 韩非子把上古十二贤人的结局描绘得十分凄惨，实际上，这些贤人不能为圣王任用，也与他们对王权构成事实上的分化作用有一定关联。

第三，驾驭群臣，得抓住人性的本质。在韩非子看来，人性的本质在于一个"利"字，君主与臣下无道义可言，不过是交易关系。君主要抓住臣下"好利"的本质，做到赏罚分明，"明主之所导制其臣者，二柄而已矣。二柄者，刑、德也。何谓刑德？曰：杀戮之谓刑，庆赏之谓德。为人臣者畏诛罚而利庆赏，故人主自用其刑德，则群臣畏其威而归其利矣。"② 靠"杀戮"之刑震慑群臣，靠"庆赏"之德诱导臣下，此"二柄"即是操纵群臣以强化君权的不二法宝。韩非子还强调赏罚的公平性，提出"刑过不避大臣，赏善不遗匹夫"③，只有普遍实施公平的赏罚才能让人心悦臣服。

第四，驾奴群臣还须借助具体的"术"。《韩非子·八说》云："有道之主不求清洁之吏，而务必知之术也。"君主不必强求臣下"清洁"，重点是要掌握御臣之术，所谓"术者，因任而授官，循名而责实，操杀生之柄，课群臣之能者也，此人主之所执也"。④ "术者，藏之于胸中，以偶众端，而潜御群臣者也。故法莫如显，而术不欲见"⑤。"潜御群臣"的具体的手段包括，"疑诏诡使"，即颁布虚假诏命，使臣下难以把握君主的真实意图；"挟知而问"，明知故问，以设圈套；"倒言反事"⑥，故意说反话，以窥知臣下的真实意图等。

总之，只要驾驭好臣下，君主就可以做到"独制四海之内，聪智不

---

① 《韩非子·说疑》，（清）王先慎撰，钟哲点校：《韩非子集解》，中华书局 2013 年第 2 版，第 438—439 页。

② 《韩非子·二柄》，（清）王先慎撰，钟哲点校：《韩非子集解》，中华书局 2013 年第 2 版，第 42 页。

③ 《韩非子·有度》，（清）王先慎撰，钟哲点校：《韩非子集解》，中华书局 2013 年第 2 版，第 41 页。

④ 《韩非子·定法》，（清）王先慎撰，钟哲点校：《韩非子集解》，中华书局 2013 年第 2 版，第 433 页。

⑤ 《韩非子·难三》，（清）王先慎撰，钟哲点校：《韩非子集解》，中华书局 2013 年第 2 版，第 415 页。

⑥ 《韩非子·内储说上》，（清）王先慎撰，钟哲点校：《韩非子集解》，中华书局 2013 年第 2 版，第 227 页。

得用其诈，险躁不得关其佞，奸邪无所依。远在千里外，不敢易其辞；势在郎中，不敢蔽善饰非。朝廷群下直凑单微，不敢相逾越"①。所谓"远在千里外，不敢易其辞"，即取消臣下在地方上的军政权力，使之听命于君上，建立中央到地方的一体化行政制度，从而确保君主专权。

法家关于国家权力的顶层设计对秦汉以来的中国社会产生了不可磨灭的影响，君主专权也可视为后世统治者最终选定的权力设计方案。不过，需要指出的是，君主专权的最高权力设计方案不具唯一性。如前所述，在东汉魏晋南北朝的历史发展过程中，禅让王权的观念曾对当时的权力更替产生过重大影响，而革命王权的思想也对传统中国乃至近代中国产生过重要影响。还需指出的是，法家的君主专权理论有一个巨大的理论缺陷，那就是尽管他们设计出了看似完备有效的驾驭臣下的诸种方案，但无法完全超越分封制的历史影响，拥有悠久封建传统的战国时代，不可能在很短时间完全消化旧有的传统而建构全新的制度体系。具体而言，法家思想的主要实践国家秦国虽然加入分封体系较晚，但也具有较悠久的封建传统，法家所谓的"庆赏"的政治活动，往往以封赏土地、民人的方案得以落实，吕不韦、李斯、赵高等人封地广袤、富可敌国的事实就证明了这一点。得到厚赏的臣下，还可将财富、权位传续至下一代，从而使得军功之人的社会身份向世袭贵族过渡，使看似革新的时代因素最终落入旧制度的框架之中，从而使当时的国家权力运作仍然遵循"王权—贵族"二元化权力结构的制度设计。法家的国家权力设计方案不能有效地消解旧制度的影响力，还以君臣之间赤裸裸的利益关系设计，使得臣下对君上缺乏基于道义层面的拥护、尊戴之责，这反而有可能加速君权的瓦解，而这或许是秦速亡的制度因素。

除上述内容外，其他诸子也曾言及国家权力的顶层设计问题。比如，农家主张"贤者与民并耕而食"，《孟子·滕文公上》云："陈相见孟子，道许行之言曰：'滕君则诚贤君也。虽然，未闻道也。贤者与民并耕而食，饔飧而治。今也滕有仓廪府库，则是厉民而以自养也，恶得贤？'"按照许行的说法，君主应当与百姓一起共耕，如若真如此，那么当君主则成了"副业"。

---

① 《韩非子·有度》，（清）王先慎撰，钟哲点校：《韩非子集解》，中华书局 2013 年第 2 版，第 39 页。

总之，就上述几种方案而言，皆与"王权—贵族"社会二元化的权力结构有关，无论遵从或者反对二元化权力结构，这些设计方案都是当时政治精英诸"行为"在典籍思想上的反映，同时也是精英思想家关于国家权力的制度设计，细究这些方案，使笔者更加确信春秋战国是一个新旧交织的时代，认为这一时期为新旧交替的观点基本上是不成立的。

第二节　国家权力运作方式的设想

诸子在国家权力运作方式方面，也提出了诸多具体的实施方案。和国家权力的顶层设计方案一样，其中一些方案以某些历史资源为依据，一些方案则是诸子的创新。这些方案是"典籍思想史"的产物，但对当时及之后的历史还是产生过影响。

一　无为而治

"无为"是道家的一个核心思想范畴，关涉道家的宇宙观、社会观、人性观及政治观，在由道家思想主导下的哲学、审美等领域，"无为"被视为一种至高境界，对中国人的精神世界产生过深刻影响。就国家统治理念层面看，"无为"是一种具体的统治手段，它生成于"王权—贵族"社会，总体上适用于二元化的权力结构，但与君主专权理念并不完全背离。笔者将这种统治技术简称为"无为而治"。

前贤已注意到"无为"观与国家统治理念的关系。就"无为"观的历史变迁而言，晁福林先生认为，老子道论中的"无为"观念曾导致"无以为"的结论，但随着老子学派思想的发展，清静无为的思想逐渐转变为"无为而无不为"的积极进取的观念。"无以为"和"无不为"的说法并存于《老子》书中恰是它存在着不同发展阶段的一个说明。在战国秦汉之际社会大变动的形势下，道家"无为"理论的重大变化，适应了社会形势发展的需要，这一个变化从一个方面反映了道家理论活力之所在。① 张分田先生认为，"虚静无为"是法、道、儒三家的共同话题，"无为而治"是中

华帝制统治思想的重要组成部分，不能简单地将"无为"归于道家，从而人为地放大秦汉之际统治思想的变化曲线。① 二位先生的研究，对厘清先秦至秦汉时期"无为"观念的变迁发展轨迹及在统治思想史领域的作用，无疑都具有较大启发作用。笔者拟在此基础上，重点探讨作为国家权力运作方式的"无为"观。

首先，笔者拟通过梳理"无为"在观念史上的起源与发展、变迁过程，来分析这一观念对国家权力具体运作方式产生作用的思想机理。

"无为"观的起源与先秦时期人们以自然比之于人世的思维观念有关。郭店楚简《太一生水》篇较完整地展示了当时人们对宇宙自然生成的认知，其文云："大一生水，水反辅大一，是以成天。天反辅大一，是以成地。"宇宙天地生成于"大一"，它"藏于水，行于时，周而又〔始，以己为〕万物母"，"大一"是天地万物之根本，而"湿燥者，寒热之所生也。寒热者，【四时之所生也】。四时者，阴阳之所生【也】。阴阳者，神明之所生也。神明者，天地之所生也。天地者，大一之所生也。"② 即天地造就了神明、阴阳、四时、寒热、湿燥，自然也造就了人类世界。因此，正如天地遵循于"太一"的宇宙法则一样，人类世界也必然要遵循天地自然的法则。那么天地自然的法则是什么？在当时人看来，自然规律首先是不以人的意志为转移的，故曰："天何言哉？四时行焉，百物生焉，天何言哉？"③ 只有把握了自然运行之"道"，方能将自然之道比之于人世，进而指导人类行为。

那么，这个"道"又是什么呢？郭店楚简《老子》甲本云："道恒无为也"④，天地对自身没有施于影响之下发生着自然而然的变化，因此，

① 张分田：《秦汉之际法、道、儒三种"无为"的互动与共性——兼论"无为而治"是中国古代的一种统治思想》，《政治学研究》2006 年第 2 期。

② 《郭店楚简·太一生水》，原文见荆门市博物馆：《郭店楚墓竹简》，文物出版社 1998 年版，第 125 页，此处引用李零《郭店楚简校读记》（增订本），中国人民大学出版社 2007 年版，第 41—42 页。

③ 《论语·阳货》，程树德撰，程俊英、蒋见元点校：《论语集释》，中华书局 2014 年第 2 版，第 1580 页。

④ 《郭店楚简·〈老子〉（甲）》，原文见荆门市博物馆：《郭店楚墓竹简》，文物出版社 1998 年版，第 112 页，此处引用李零《郭店楚简校读记》（增订本），中国人民大学出版社 2007 年版，第 6 页。

天地自然的变化法则即是"无为",所谓"无为而物成,是天道也"。①
这一观念上升到宇宙论的层面,即是"易",而"易","无思也,无为
也,寂然不动,感而遂通天下之故。非天下之至神,其孰能与于此"。②
这一观念还与人类社会行为的终极依据"诚"这一观念相联结,得出
"至诚无息""无为而成"③的结论。显然,"无为"观念源于当时人们对
自然及其运行规律的认知,以自然之道反观人类社会,即得出以"无为"
应对人世的观念,也得出宇宙及人类社会的终极依据皆归于"无为"的
思想观念。基于由自然而比之于人世的"无为"观,衍生出清静无为的
哲学思想,认为"知【足】以静,万物将自定"④,并在此基础上发展出
无所作为就能"无不为"的理念,因而主张"【为】学者日益,为道者日
损。损之又损,以至无为也。无为而无不为"。⑤

以自然万物运行的规律比之于人事,既是一种思维方式,也是一种判
别社会政治运行规律的法则。反观历史,夏桀、商纣亡国、周昭王南征不
复、周厉王导致的国人暴动,皆为王权不行"无为"之道,干预、威胁
贵族集团利益所导致的恶果,而舜之所以成为贤君圣主,是因为他们秉持
了"无为"之道,正所谓"无为而治者,其舜也与?夫何为哉?恭己正
南面而已矣"。⑥孔子认为理想的统治者是无为的,避免任何强制行动。⑦

① 《礼记·哀公问》,(汉)郑玄注,(唐)孔颖达正义,吕友仁整理:《礼记正义》,上海
古籍出版社 2008 年版,第 1922 页。

② 《周易·系辞上》,周振甫:《周易译注》,中华书局 1991 年版,第 245 页。

③ 《礼记·中庸》,(汉)郑玄注,(唐)孔颖达正义,吕友仁整理:《礼记正义》,上海古
籍出版社 2008 年版,第 2028—2029 页。

④ 《郭店楚简·〈老子〉(甲)》,原文见荆门市博物馆:《郭店楚墓竹简》,文物出版社
1998 年版,第 112 页。此处引文用李零《郭店楚简校读记(增订本)》,中国人民大学出版社
2007 年版,第 6 页。

⑤ 《郭店楚简·〈老子〉(乙)》,原文见荆门市博物馆《郭店楚墓竹简》,文物出版社
1998 年版,第 118 页。此处引文用李零《郭店楚简校读记(增订本)》,中国人民大学出版社
2007 年版,第 27 页。

⑥ 《论语·卫灵公》,程树德撰,程俊英、蒋见元点校:《论语集释》,中华书局 2014 年第
2 版,第 1368 页。

⑦ [美]郝大维、安乐哲著,蒋弋为、李志林译:《孔子哲学思微》,江苏人民出版社 1996
年版,第 126 页。

战国道家提出"圣人无为，故无败也；无执，故［无失也。］"① 他们主张君上知人善任、清静无为，认为"王中心无为也，以守至正"。② 由此可知，在现实社会层面，"无为观"的起源与先秦时期的政治格局及后世对贵族政治的历史记忆有密切关联，这是士人群体以往世圣人作为反观人类政治行为的一个结论，也是"无为"观念作用于现实政治的一个起点。而在春秋战国时期，礼崩乐坏的表现之一即是拥有国家权力的统治者频繁干预贵族集团内部事务，这被认为是导致社会政治混乱无序的主因。

其次，基于以上的理论及现实层面的思考，战国诸子试图通过夯实"无为"观的理论基础，法家及庄子后学将其引入国家权力运作领域，逐步形成"无为而治"的权力运作理念。

战国中后期，诸子"以道观之""以人观之"③，进而夯实"无为观"的自然、社会依据之主张仍在延展。《荀子·宥坐》云："孔子观于东流之水，子贡问于孔子曰：'君子之所以见大水必观焉者是何？'孔子曰：'夫水，大遍与诸生而无为也，似德。其流也埤下，裾拘必循其理，似义。其洸洸乎不淈尽，似道。若有决行之，其应佚若声响，其赴百仞之谷不惧，似勇。主量必平，似法。盈不求概，似正。淖约微达，似察。以出以入，以就鲜絜，似善化。其万折也必东，似志。是故君子见大水必观焉。'"其中，"大遍与诸生而无为"的思想即是以"以道观之"的一个实例。《庄子·知北游》亦云："无思无虑始知道，无处无服始安道，无从无道始得道"，进一步阐释"道恒无为"的观念。《庄子·知北游》云："天地有大美而不言，四时有明法而不议，万物有成理而不说。圣人者，原天地之美而达万物之理，是故至人无为，大圣不作，观于天地之谓也。"这些言论也进一步地深化了"无为"观形成的自然、天道基础。

在"以人观之"方面，《荀子·解蔽》云："仁者之行道也，无为也；

① 《郭店楚简·〈老子〉（丙组）》，原文见荆门市博物馆：《郭店楚墓竹简》，文物出版社1998年版，第121页，此处转引自李零《郭店楚简校读记（增订本）》，中国人民大学出版社2007年版，第34页。

② 《礼记·礼运》，（汉）郑玄注，（唐）孔颖达正义，吕友仁整理：《礼记正义》，上海古籍出版社2008年版，第937页。

③ 杨国荣：《以人观之、以道观之与以类观之——以先秦为中心看中国文化的认知取向》，《中国社会科学》2014年第3期。

圣人之行道也，无强也。仁者之思也恭，圣人之思也乐。此治心之道也。"将儒家的仁学思想与"无为"观结合起来，并将圣人行"仁"之道总结为"无为"，这显然是"以人观之"的思维方式，试图借此来论证仁爱思想的历史合理性。《庄子·刻意》云："夫恬惔寂漠虚无无为，此天地之本而道德之质也。"庄子一系的道家以人的内在自由为基点，来延展"无为"观的人性基础，这亦是"以人观之"的结果。

诸子对"无为"的解释方度并非都是朝"无为而治"的方向发展的，战国时期，"无以为"的观念在庄子一系的道家阐释与深化下，成为一种避世哲学。在他们看来，"夫虚静恬淡寂寞无为者，天地之本，而道德之至，故帝王圣人休焉。休则虚，虚则实，实者备矣。虚则静，静则动，动则得矣。静则无为，无为也则任事者责矣。无为则俞俞，俞俞者忧患不能处，年寿长矣。夫虚静恬淡寂寞无为者，万物之本也。"① 显然，庄子一系的道家发展且深化了对"无为"的认识，在他们看来，"无为"可理解为"虚静""恬淡""寂寞"，它既是"万物之本"，也是"道德之至"。庄子一系的道家还基于人的内在自由而阐释"无为"，在他们看来，"虚静推于天地，通于万物，此之谓天乐"②，只有"无以为"，才能"达生"，"达生之情者，不务生之所无以为；达命之情者，不务命之所无奈何"。③ 在这一系的道家眼里，外在的社会秩序、人类有目的的社会活动，都是违背天地之道和人之本性的，只有"无以为"，即什么都不做，什么都不想，才能体会到"道"，也才能让人获得真正的自由。从思想的传播与流布角度看，《庄子》一书表达出的"无以为"思想也产生了苟且于世、不辨是非、游戏人生的犬儒思想，从而使价值理性与批判精神消匿于"不谴是非，以与世俗处"④ 的虚无之境中⑤。

具体到有关国家权力运作的思想领域，法家的相关思考也值得关注。在法家的国家权力运作方式的理论设计中，处于核心地位的当然是律法、

---

① 《庄子·天道》，陈鼓应：《庄子今注今译》，中华书局2009年第2版，第364页。
② 同上书，第368页。
③ 《庄子·达生》，陈鼓应：《庄子今注今译》，中华书局2009年第2版，第500页。
④ 《庄子·天下》，陈鼓应：《庄子今注今译》，中华书局2009年第2版，第939页。
⑤ 秦晖：《西儒会融，解构"法道互补"——典籍与行为中的文化史悖论及中国现代化之路》，《传统十论》，东方出版社2014年版，第154—157页。

权谋和威权,即所谓的"法""术""势",但战国时期的法家也不排斥"无为",相反,他们认为"无为"恰恰能体现君主驾驭臣下、宣示权威的统治意志,他们主张:"寂乎其无位而处,漻乎莫得其所。明君无为于上,群臣竦惧乎下。"① 法家试图建构其思想体系中"无为"与法治的联结点,他们从"夫物者有所宜,材者有所施,各处其宜,故上下无为"的宇宙论出发,认为如若君上能"使鸡司夜,令狸执鼠,皆用其能",即可做到"上乃无事",相反,"上有所长,事乃不方。矜而好能,下之所欺"。② 为什么君主"无为"可以做到"无事",君主"好能",会"下之所欺"? 原因在于"无为"蕴含着高妙的帝王驭臣之术,是更高一级的治术,表面上帝王要"贵无",因为"贵无为无思为虚者,谓其意无所制也。夫无术者,故以无为无思为虚也。夫故以无为无思为虚者,其意常不忘虚,是制于为虚也。虚者,谓其意所无制也"。如果帝王运用"无为"治术,极好地控制自己的欲望、情绪,使自己常处于"虚",以法为据、赏罚分明,就可以达到理想的统治效果,因为:"今制于为虚,是不虚也。虚者之无为也,不以无为为有常,不以无为为有常则虚,虚则德盛,德盛之谓上德,故曰:'上德无为而无不为也。'"③

将"无为"理解为"无为而无不为"的观念也在这一时期进一步延展。庄子后学认为,"无为小人,反殉而天;无为君子,从天之理。若枉若直,相而天极;面观四方,与时消息。若是若非,执而圆机;独成而意,与道徘徊。无转而行,无成而义,将失而所为。"④ 在他们看来,"无为"与"有为"是相对的,"四时殊气,天不赐,故岁成;五官殊职,君不私,故国治;文武殊能,大人不赐,故德备;万物殊理,道不私,故无名。无名故无为,无为而无不为。"⑤ 在庄子后学的改造下,庄子一系道家秉持的"无以为"的观念,不再是他们思考的重点,而"无为而无不

---

① 《韩非子·主道》,(清) 王先慎撰,钟哲点校:《韩非子集解》,中华书局 2013 年第 2 版,第 29 页。

② 《韩非子·扬权》,(清) 王先慎撰,钟哲点校:《韩非子集解》,中华书局 2013 年第 2 版,第 47—48 页。

③ 《韩非子·解老》,(清) 王先慎撰,钟哲点校:《韩非子集解》,中华书局 2013 年第 2 版,第 139 页。

④ 《庄子·盗跖》,陈鼓应:《庄子今注今译》,中华书局 2009 年第 2 版,第 841 页。

⑤ 《庄子·则阳》,陈鼓应:《庄子今注今译》,中华书局 2009 年第 2 版,第 737 页。

为"的观念则反映出庄子后学不再偏执于"出世"哲学的思想旨趣。

总之，春秋战国时期是"无为"观的理论建构期，诸子有关"无为而治"的观念也多为理论层面的思考。具体来看，儒、道诸子的思考多与二元化的权力结构相适应，体现了他们借助传统资源解决当下社会问题的思考方式。在他们的思想视域中，"无为而治"是由"王权—贵族"社会发端并流传下来的一种统治技术，可以作为新时期君主管理国家的具体手段。法家把"无为而治"视为维护君主专权的方式之一，是君主以"无为"姿态为臣下打造尽显其能的政治空间的一种手段。进而言之，既然"无为而治"的统治技术可在不同政治格局中发挥作用，那么，这种理念应当不属于顶层权力设计的范畴，而是一种切实的国家管理手段。此外，需要指出的是，在这一时期，尽管稷下先生等士人群体已将"无为而治"引入当时的国家权力运作领域，但实际发挥的作用并不大，作为一种统治技术，"无为而治"的黄金期当在西汉，这与诸子思想在西汉得以整合并引入政治领域的学术、政治运向不无关系，至于老子之学被层累地批为阴谋诡诈之术①，则是更晚时期的事情。

二　以仁理政

和"无为"观在道家思想体系中的地位一样，"仁"也在儒家思想体系中居于中心地位，并被认为是孔子哲学思想的核心，而在政治思想领域，"仁"的作用也与"无为"有相似之处，它是先秦儒家的一个治国方案，可简称为以仁理政。

以仁治国的思想与上古时期利用氏族伦理规范安排国家秩序的传统有一定的关联。春秋时期，"仁"被认为是与人的德行、施政的方式等有关的一个思想范畴，《左传》隐公六年载："亲仁、善邻，国之宝也。"《左传》僖公三十三年载："出门如宾，承事如祭，仁之则也。"《左传》成公九年载："不背本，仁也；不忘旧，信也；无私，忠也；尊君，敏也。仁以接事，信以守之，忠以成之，敏以行之。"诸如此类的记载都说明孔子的仁学思想应当具有一定的历史与人文基础。

如前所述，《论语》是孔子与其弟子对谈的记录，是孔子教学活动的

---

① 邓联合：《"阴谋家"：老子何以被诬?》，《中国哲学史》2016 年第 1 期。

产物，往往反映的是孔子理想型思想。在这个文本中，"仁"是出现次数最多的一个思想范畴，且被孔子视为一种高级的甚难达到的精神境界，因此，后世往往从人文精神的角度阐发孔子的仁爱思想。从《论语》所载孔子语录的受教对象看，他们接受孔子教化的目标即是成为一个学识、道德、人格等皆很完备的君子，而仁爱精神则是君子整合了诸多伦理范畴而获得高洁人格的象征或体现。总之，在孔子看来，君子是行"义"的人，是"礼"的具体体现，是个人和社会—政治秩序的榜样，他们既是传统的连续性的保持者，又是传统的创造性的基础。[①]

如若仅从《论语》所载观之，孔子的仁爱思想为其人文理想，是一种深沉的人文关怀精神，孔子虽主张以德治国，但还未形成以仁理政的具体设想。但是，如果结合新近发现的出土简牍，上述主张便会站不住脚。上博简《季庚子问于孔子》一文，记有孔子"仁之以德"的言论，其文云："仁之以悳（德），此君子之大孜（务）也。"[②] 他还对以仁理政作了进一步说明，"（君子）才（在）民之上，埶（执）民之中，□（纠）啚（诐）于百眚（姓），而民不备（服）安（焉），氏（是）掌＝（君子）之耻也。氏（是）古（故），掌＝（君子）玉亓（其）言而盥（慎）亓（其）行，敬城（成）亓（其）悳（德）□（以）临民＝（民，民）瞿（望）亓（其）道而备（服）安（焉），此之胃（谓）悬（仁）之□（以）悳（德）。"[③] 仅从上引简牍文字看，孔子早就主张以仁理政，且把君子视为实施以仁理政的主体。上述出土文献在时间上介于孔子与孟子之间，应当是与孔子后学有关的儒家文献，从所记孔子言行多从君子角度出发阐释仁爱思想，与《论语》的文本形成模式大体一致，因此具有较高的史料价值。但是，先秦儒家文献往往有被后学重新编辑或改写、添缀的现象，《上博简》所记孔子言论是否都出自孔子之口甚难确定，从前引晁福林先生根据不同版本《缁衣》所作儒家思想流变的分析看，即使是孔子言论也有可能被其后学改写，以表达他们的主张，而从这一角度

① ［美］郝大维、安乐哲著，蒋弋为、李志林译：《孔子哲学思微》，江苏人民出版社1996年版，第146页。

② 《上博简·季庚子问于孔子》，马承源主编：《上海博物馆藏战国楚竹书》（五），上海古籍出版社2005年版，第202页。

③ 同上书，第202—206页。

看，《上博简·季庚子问于孔子》所见以仁理政思想应当是孔子后学的主张。

《上博简》所见孔子后学的仁学主张多以历史资源为其思想背景的，他们认为："昔者尧䍩（舜）□（禹）汤，慇（仁）义圣智，天下灜之。此□（以）贵为天子。"① 既然尧舜圣王以仁施政，借古鉴今，即可治理好天下，"（仁心）者朂（盟），能行职（圣）人之道。"② 他们进一步提出"四宖（荒）之内，是帝之□。临民□慇（仁），民莫弗信"③ 的主张，使以仁理政既具有了深厚的历史合理性，也有了基于民本思想的合法性。至于具体实施仁政的措施，《上博简》所记不多，这有可能与出土文献不能全面反映当时的思想世界有关，也有可能是当时还没有提出与"仁"有关的具体的施政方案。

笔者曾认为孔子、子思、孟子构成先秦仁学的谱系，且认为孟子将孔子的仁爱精神引入政治领域，形成仁政思想。④ 但是，如若结合《上博简》相关言论，把孔子之后的仁学思想皆归于思孟学派的看法显然是成问题的，且以仁理政思想的形成是在孟子之前就已形成。不过，从文献角度看，孟子建构了以仁理政的人性论基础，也提出了具体的施政方案。

首先，孟子为以仁理政找到了基于人性论的合法性基础。笔者认为这种基于人性论的合法性基础，并不是人们耳熟能详的孟子性善论，而是孟子对宇宙世界普遍存在的不平等现象的认知及由此形成的人类社会等级现象的肯定，以及基于这种肯定形成的人文关怀理念。孟子认为"夫物之不齐，物之情也"⑤。在他看来，宇宙万物是"不齐"的，这是"物之情"。此处的"物"当泛指宇宙、自然、社会中的一切事物、现象等。在人类世界，人的不平等表现在人的出身、能力及作为等诸方面，人类世界

---

① 《上博简·鬼神之明》，马承源主编：《上海博物馆藏战国楚竹书》（五），上海古籍出版社，2005年版，第310页。

② 《上博简·孔子见季桓子》，马承源主编：《上海博物馆藏战国楚竹书》（六），上海古籍出版社2007年版，第202页。

③ 《上博简·三德》，马承源主编：《上海博物馆藏战国楚竹书》（五），上海古籍出版社，2005年版，第303页。

④ 李健胜：《子思研究》，陕西师范大学出版社2009年版，第108—129页。

⑤ 《孟子·滕文公上》，（清）焦循撰，沈文倬点校：《孟子正义》，中华书局1987年版，第399页。

中"物之不齐"既是人与人之间形成社会关系的一个起点，也是人与人之间互相施以影响的动力源泉。基于"物之情"的不平等使得一些人借助血缘、能力、权力、财富等方面的优势地位居于高位，一些人也因在上述诸方面处于劣势而位卑势弱，由此就形成了人与人之间的等级差序。在世俗社会中，一些居于高位者或在某方面占有优势的人群利用这种等差，盘剥、压制处于弱势地位的人群，也有人认为这种等差本身不合理，进而产生"兼爱"等理念。孟子政治理念的可贵之处在于，他从人性论的基础上，承认这种等差的客观性，同时又试图用仁政理念规范位高权重者，进而用以仁理政的方式，将"仁者""爱人"① 的理念渗入统治思想中，在"物之不齐"的世界里寻找某种平衡，从而使人类社会能够良性地运行。孟子上述人性论的主张与"王权—贵族"社会的二元化权力结构无不关联，在二元化的权力结构中，上下等差关系是人类社会等级秩序的固定模式，而如何调节这种上下等差的关系，使"物之不齐"的权力结构更够良好地运转起来，既是统治者必须要面对的问题，也是哲人关心的重大问题，而利用仁爱精神弥合人与人之间客观存在的鸿沟，使之在政治领域发挥事功作用，是先秦儒家政治思想的一个重要方面。

其次，孟子提出了一整套实施仁政的具体措施。

孟子主张"保民而王"②，而"保民"的具体措施即是实施仁政。孟子利用齐宣王声称"寡人有疾""寡人好货"③ "寡人好色"④ 的寓言故事，提出"与百姓同之"⑤ 的仁政总纲领。他认为，仁政即是"与百姓同之"，主张君主与"百姓"共享社会财富，基于社会等差秩序，发挥君主在国家管理与社会财富分配中的支配地位，利用各种手段来干预社会财富的分配、人伦秩序的建构，进而达到以仁理政的目标。具体来说，仁政首

---

① 《论语·颜渊》，程树德撰，程俊英、蒋见元点校:《论语集释》，中华书局 2014 年第 2版，第 1126 页。

② 《孟子·梁惠王上》，(清) 焦循撰，沈文倬点校:《孟子正义》，中华书局 1987 年版，第 79 页。

③ 《孟子·梁惠王下》，(清) 焦循撰，沈文倬点校:《孟子正义》，中华书局 1987 年版，第 137 页。

④ 同上书，第 139 页。

⑤ 同上。

先界定官与民、公与私，以及私产之间的界限，认为"夫仁政必自经界始"①。孟子认为国家权力作用于社会各领域时，首先要做到公私分明，即划清国家权力实施的界限，只有这样才能保证国家权力不会无端地伸入私人领域。"经界"也应当包括人与人之间在田宅等财富上的界限，且以政府权力保证这种界限的有效性。

孟子认为施仁政就要做到"不违农时"。孟子认为："百亩之田，勿夺其时，数口之家可以无饥矣。"② 分授田地的老百姓，只要你不违背农时，即在播种、收割等重要的农忙时节，不要轻易地征调民力修建工程、戍边等，让他们有足够的时间自由地在田地上劳作，即做到"不违农时"，就会有"谷不可胜食也"③ 的效果。施仁政就得轻徭薄赋，这是"与百姓同之"的重要手段之一。如果君主在财富分配上能做到"与民之使"使"居者有积仓，行者有裹囊也"④，那就等于在实践往圣的王道政治。还有，孟子认为施仁政是统治者自上而下"推恩"的一个过程。孟子认为"老吾老，以及人之老；幼吾幼，以及人之幼：天下可运于掌"⑤。"推恩"是仁政得以实施的一个重要手段，也是统治者必须要实施的统治法则，只有懂得"推恩"，才能获得民心，进而达到长治久安的效果，即"推恩足以保四海，不推恩无以保妻子"⑥。当然，施仁政就得尊重人伦，因为"养生丧死无憾，王道之始也"⑦。只有"人伦明于上"，才会有

① 《孟子·滕文公上》，（清）焦循撰，沈文倬点校：《孟子正义》，中华书局1987年版，第348页。

② 《孟子·梁惠王上》，（清）焦循撰，沈文倬点校：《孟子正义》，中华书局1987年版，第58页。

③ 同上书，第54页。

④ 《孟子·梁惠王下》，（清）焦循撰，沈文倬点校：《孟子正义》，中华书局1987年版，第137页。

⑤ 《孟子·梁惠王上》，（清）焦循撰，沈文倬点校：《孟子正义》，中华书局1987年版，第86页。

⑥ 《孟子·梁惠王下》，（清）焦循撰，沈文倬点校：《孟子正义》，中华书局1987年版，第87页。

⑦ 《孟子·梁惠王上》，（清）焦循撰，沈文倬点校：《孟子正义》，中华书局1987年版，第55页。

"小民亲于下"① 的统治效果。此外,"设为庠序学校以教之"② 也是仁政的重要实施手段。

孟子云:"三代之得天下也以仁,其失天下也以不仁。国之所以废兴存亡者亦然。"③ 他从施政效果角度提出"以德行仁者王"④,"以德服人者,中心悦而诚服也"⑤。以仁理政会"使天下仕者皆欲立于王之朝,耕者皆欲耕于王之野,商贾皆欲藏于王之市,行旅皆欲出于王之涂,天下之欲疾其君者,皆欲赴愬于王,其若是,孰能御之?"⑥ 最终达到"四海之内,皆举首而望之"⑦ 的统治效果。孟子用这样的政治愿景向统治者展示施行仁政的意义,试图让统治者懂得以仁理政就能达到修齐治平的统治效果的道理。

总之,正如张分田先生所言,"《孟子》的宗旨性命题是'以仁治国'"⑧。由孟子阐发的儒家以仁理政的主张,本质上是一种统治思想,他要求统治者自上而下实施"与百姓同之"的诸种措施,是先秦儒家关于国家权力具体运作方式的思索。

以仁理政的主张虽发端于先秦儒家,但并非为儒家专有,其他诸子受儒家影响,或多或少承纳了这一政治观念,《张家山汉简·盖庐》是一篇兵阴阳家色彩浓厚的文献,其中就有"暴而无亲,贪而不仁者,攻之"⑨ 的言论。从统治思想的发展历程看,以仁理政观念虽受二元化权力结构及其社会背景的影响,但并非一种仅适用于"王权—贵族"社会的治国之

---

① 《孟子·滕文公上》,(清)焦循撰,沈文倬点校:《孟子正义》,中华书局1987年版,第347页。

② 同上书,第343页。

③ 《孟子离娄上》,(清)焦循撰,沈文倬点校:《孟子正义》,中华书局1987年版,第492页。

④ 《孟子·公孙丑上》,(清)焦循撰,沈文倬点校:《孟子正义》,中华书局1987年版,第221页。

⑤ 同上书,第221页。

⑥ 《孟子·梁惠王上》,(清)焦循撰,沈文倬点校:《孟子正义》,中华书局1987年版,第92页。

⑦ 《孟子·滕文公下》,(清)焦循撰,沈文倬点校:《孟子正义》,中华书局1987年版,第437页。

⑧ 张分田:《中国古代统治思想研究》,人民出版社2013年版,第231页。

⑨ 《张家山汉简·盖庐》,张家山二四七号汉墓竹简整理小组:《张家山汉墓竹简(二四七号墓)》,文物出版社2001年版,第280页。

术。综观秦汉以来的中国政治史，但凡政治清明之世，如为历代称道的文景之治、贞观之治等，多为统治者主动采取"与民同之"之策，实施轻徭薄赋、不违农时等以仁理政策略。这说明，在帝王专权意志普遍强化的时代，以仁理政的国家权力运作方式也可发挥作用。晚清时，一些儒生漂洋过海到欧美诸国，发现西方国家政府"仁爱兼至"，其施政模式与中国上古三代之治不谋而合，由此形成"引西救儒"的观念。① 可见，某种意义上，以仁理政的治国之术具有跨时空的意义、价值。

三 以法治国

早期国家阶段，统治者以礼俗治国，亦用刑罚规范臣下行为，总体上，礼俗是更为重要的国家管理与社会控制手段。到后来，形成"议事以制，不为刑辟"② 的传统，而以法治国的国家权力运行法则是春秋以来才形成的一种观念，且这种观念往往局限于法家。儒家对刑罚并不陌生，孔子本人以掌刑狱而知名，但他主张以德去刑，曾说："听讼，吾犹人也。必也使无讼乎！"③ 孟子也主张省刑慎罚，认为刑罚是否得当，得看是否符合"仁"的标准，提出"杀一无罪，非仁也"④，他还说："无罪而杀士，则大夫可以去；无罪而戮民，则士可以徙。"⑤ 荀子主张"隆礼"，但也主张"重法"，认为"君法明，论有常，表仪既设民知方。进退有律，莫得贵贱孰私王？"⑥ 他还主张："治之经，礼与刑，君子以修百姓宁。明德慎罚，国家既治四海平。"⑦ 可见，"明德慎罚"是荀子"重法"的一个大前提。

---

① 秦晖：《晚清儒者的"引西救儒"》，《南方周末》2010 年 6 月 17 日第 D22 版。

② 《左传》昭公六年，杨伯峻：《春秋左传注》，中华书局 2009 年第 3 版，第 1274 页。

③ 《论语·颜渊》，程树德撰，程俊英、蒋见元点校：《论语集释》，中华书局 2014 年第 2 版，第 1111 页。

④ 《孟子·尽心上》，（清）焦循撰，沈文倬点校：《孟子正义》，中华书局 1987 年版，第 927 页。

⑤ 《孟子·离娄下》，（清）焦循撰，沈文倬点校：《孟子正义》，中华书局 1987 年版，第 549 页。

⑥ 《荀子·成相》，（清）王先谦撰，沈啸寰、王星贤点校：《荀子集解》，中华书局 2013 年第 2 版，第 554 页。

⑦ 同上书，第 545 页。

　　儒家对法制作用的理解，基本都是置放于"王权—贵族"社会的二元化权力结构中加以理解、阐释的，在他们看来，调节二元化权力结构中不同社会集团之间的关系，重在一个"德"字，且应当以"理"服人，因为这一权力结构中，不同社会集团之间是相互依存的关系，以刑罚治人只能激化矛盾，且有可能助长某一集团的势力，从根本上破坏二元化权力结构的内在稳定性。从具体的国家权力运行角度，儒家认为刑罚为本的治国之术，使人们缺乏基于道德的内在自觉，也会忽视亲亲原则，任凭利益驱使，这只能使君权坐大而其他社会集团完全沦为君主的附庸。

　　春秋时期，面对王权不断更移，社会秩序日趋混乱的现实，人们试图找到系统、有效地治理国家的新理念，通过可通达全国的法理依据来划分权力、财富，从而实现国家权力的平稳运行。由此，在当时的社会转型时期，出现了一种新的秩序观，即以法治国，历代法家把这些共识或贯注于法典，或形成体系化的法家理论，共同向君主推行以法治国的国家权力运行法则。

　　历代法家首先通过理论建构，强化以法治国的思想基础。《管子·任法》云："法者，天下之至道也，圣君之实用也。"《管子·七臣七主》云："法律政令者，吏民规矩绳墨也。"早期法家认为法治是"至道"，是一种"实用"的治国之术，是吏民必须遵守的"规矩绳墨"，这种令当时人耳目一新的观念，与日渐衰败的礼治形成鲜明对比，预示着统治模式的多元化。法家还认为，"法者，君臣之所共操也"①，"君臣上下贵贱皆从法，此谓为大治"②。以法治国的早期形态是君臣"共操"的，这与后期"王言为法"的制度设计有一定的区别，他们还主张："明主之治天下也，缘法而治，按功而赏。"③ 所谓"缘法而治"就是以法治国，它与"按功而赏"并立，意味着法制化的统治模式与按军功奖赏的去血缘化理念是相辅相成的。战国时期，以法治国理念进一步延展，形成以成文法典治理国家的法制理念，韩非子总结道："法者，宪令著于官府，刑罚必于民

---

① 《商君书·修权》，蒋礼鸿撰：《商君书锥指》，中华书局 2014 年版，第 82 页。
② 《管子·任法》，黎翔凤撰，梁运华整理：《管子校注》，中华书局 2004 年版，第 906 页。
③ 《商君书·君臣》，蒋礼鸿撰：《商君书锥指》，中华书局 2014 年版，第 131 页。

心，赏存乎慎法，而罚加乎奸令者也。"① 他还说："法者，编著之图籍，设之于官府，而布之于百姓者也。"②

法家强调法治的理论前提是打破二元化的权力结构，建构君主专权的一元化权力体系。在法家看来，二元化的权力结构使国家权力分散于不同的利益集团，无法构建受一元化权力体系支撑的强大国家，因此，以法治国的目的就是要形成一元化的君主专权体制，并建构实力强大的集权国家。法家主张"明主忠臣产于今世而散领其国者，不可以须臾忘于法。破胜党任，节去言谈，任法而治矣。……臣故曰：法任而国治矣"③。以法治国是"明主忠臣"治理国家的不二法宝，因此，"不可以须臾忘于法"。在法家看来，法治是判断国家盛衰与否的一大原则，"国无常强，无常弱。奉法者强则国强，奉法者弱则国弱"。④ 总之，法家推崇法治的直接目标是建构一元化的君主专权，以法治强化君权的目的则是为了建构强大的国家力量。应当说，法家的这一主张在诸霸纷争的时代对统治者具有很大的诱惑力，这或许是法家能主导战国时期的改革且能以其法制理念进信于诸国君主的原因之一。

一元化的权力结构造就君主高高在上的同时，把卿相、将军乃至大夫庶人置放到一个平等的位置上，即王权之下人人平等，这是法家等级差序理念的核心，且与儒家的等级差序理念具有很大的区别。儒家的亲亲、尊尊理念造就的是一个金字塔式的等级差序，王权之下诸卿、大夫乃至庶人皆有等差，而国家权力在这样的等差秩序中得以分化。从理论上讲，法家王权之下人人平等的理念有利于王权的巩固与强化，这得益于王权之下无论卿相还是庶人，其法律地位是平等的，皆是君主臣民，受君主调遣，《商君书·赏刑》云："所谓壹刑者，刑无等级，自卿相、将军以至大夫、庶人，有不从王令，犯国禁，乱上制者，罪死不赦。"法家强调法律面前

---

① 《韩非子·定法》，（清）王先慎撰，钟哲点校：《韩非子集解》，中华书局2013年版，第433页。

② 《韩非子·难三》，（清）王先慎撰，钟哲点校：《韩非子集解》，中华书局2013年版，第415页。

③ 《商君书·慎法》，蒋礼鸿撰：《商君书锥指》，中华书局2014年版，第138—139页。

④ 《韩非子·有度》，（清）王先慎撰，钟哲点校：《韩非子集解》，中华书局2013年版，第33页。

一律平等,即所谓"法不阿贵,绳不挠曲"①。在法律面前不别贵贱、亲疏,意在打破二元化的权力结构,使原来对君主权力形成分化或消解作用的社会集团在"法不阿贵"的制度设计中,失去支撑其势力的合法性基础,从而用以法治国之术强化君权,扩充国家实力。总之,法家追求"不别亲疏,不殊贵贱,一断于法"②的治国模式。

为塑造"一断于法"的国家权力运行模式,战国法家还反对以礼治国、以德辐刑,推崇重刑主义。《商君书》主张轻罪重罚,认为"王者刑九而赏一,削国赏九而刑一。夫过有厚薄,则刑有轻重;善有大小,则赏有多少。此二者世之常用也。刑加于罪所终,则奸不去;赏施于民所义,则过不止。刑不能去奸而赏不能止过者,必乱。故王者刑用于将过,则大邪不生;赏施于告奸,则细过不失"③。不仅要把犯罪的苗头扼杀于萌芽之时,还要"以刑去刑,虽重刑可也",因为"刑重者,民不敢犯,故无刑也。而民莫敢为非,是一国皆善也"。④ 韩非子也说:"夫严刑重罚者,民之所恶也,而国之所以治也;哀怜百姓,轻刑罚者,民之所喜,而国之所以危也。"⑤ 在他看来,明德慎罚的理念只能助长臣民的势力,分化、消解君权,只有"正明法,陈严刑",才可以"治国",因为重刑可以打击对君主专权形成威胁的各种力量,从而保障君权的至高地位,从而"使强不陵弱,众不暴寡,耆老得遂,幼孤得长,边境不侵,君臣相亲,父子相保,而无死亡系虏之患,此亦功之至厚者也"。⑥ 由此可见,以法治国的国家权力运行方式意在瓦解二元化权力结构中对君权形成消解作用的各种力量,为达到这个目的,君主应当不惜使用重刑,惩罚那些试图分化君权者,只有这样,才能建构强大的君权。

法家以法治国理念暗含着一个重大的逻辑漏洞,那就是"法自君主"

---

① 《韩非子·有度》,(清)王先慎撰,钟哲点校:《韩非子集解》,中华书局 2013 年第 2 版,第 41 页。

② 《史记》卷 130《太史公自序》,中华书局 1959 年点校本,第 3291 页。

③ 《商君书·开塞》,蒋礼鸿撰:《商君书锥指》,中华书局 2014 年第 2 版,第 57 页。

④ 《商君书·画策》,蒋礼鸿撰:《商君书锥指》,中华书局 2014 年第 2 版,第 108—110 页。

⑤ 《韩非子·奸劫弑臣》,(清)王先慎撰,钟哲点校:《韩非子集解》,中华书局 2013 年第 2 版,第 110 页。

⑥ 同上书,第 109—110 页。

"王言为法"与"法不阿贵"之间形成一对矛盾关系，即君权与法治的对立。简单来说，法与权之间的矛盾问题是以法治国理念的最大问题。为解决这个问题，法家试图确定法制化的君权，认为"是故有法度之制者，不可巧以诈伪。有权衡之称者，不可欺以轻重。有寻丈之术者，不可差以长短。今主释法以誉进能，则臣离上而下比周矣。以党举官，则民务交而不求用矣。……使法择人，不自举也；使法量功，不自度也"①。然而，他们也承认存在"法之不明者，君长乱也"②的现实，法家对法律的预期与现实政治之间的确有很大距离。

　　具体来说，法家构建的以法治国理念中，君主始终掌握着国家的最高立法权，国家的法典、法规应当以君主的名义颁布、实施。然而，君主的行为是否应当受到法律的制约？理论上讲，法家认为君主也应当遵守法治，但是，在一元化的权力结构中，君主的权位高于法律，其合法性的来源也并非仅出自法制，因此，法家面对的事实是：君主可以突破法的限制，其政治行为有时成为以法治国的对立面。在这样的情形下，如何维护法治的权威性成为一个大问题。此外，和君主专权的国家最高权力的顶层设计面对的问题一样，以法治国也面临这样一个问题，那就是法制层面设置的卿相乃至庶人皆平等的理念与现实的政治操作之间也形成矛盾关系。君主在具体的施政过程中，必定要重用一些臣下，并以"按功而赏"的原则给予这些人优厚待遇，而得到奖赏者其权力、财富存在着再分配的问题，其权力、财富本身也能建构其不同于一般人的特权本质。虽然法家也注意到封赏可能会导致"国地削而私家富，主上卑而大臣重"③，提出"欲为其地，必适其赐""有道之臣，不贵其家；有道之君，不贵其臣"④等抑制功臣权势的主张，但在具体政治实践中，功臣坐大的现象屡屡出现，从而使法律意义上王权之下人人平等与国家权力运行过程中形成的等

---

① 《管子·明法》，黎翔凤撰，梁运华整理：《管子校注》，中华书局2004年版，第916—917页。

② 《商君书·壹言》，蒋礼鸿撰：《商君书锥指》，中华书局2014年版，第61页。

③ 《韩非子·孤愤》，（清）王先慎撰，钟哲点校：《韩非子集解》，中华书局2013年版，第90页。

④ 《韩非子·扬权》，（清）王先慎撰，钟哲点校：《韩非子集解》，中华书局2013年版，第54页。

级差序之间形成不可调和的矛盾。当军功贵族的军政权力得以固化,并需要某种机制进行延展、释放时,就会形成破坏法制的政治力量。

总之,从礼治到法治,国家权力在不同的治理模式中得以延展、流动,但这是不是就意味着权力的性质发生了根本性的变化了呢?笔者认为,以法治国的国家权力运行模式的确是一种新的统治理念,从理论上讲有利于王权的强化,避免国家权力不断分化、下行导致的社会动荡。不过,王权之下人人平等的理念建构与王权的专权性格及军政权力的集约化之间存在一定矛盾关系,君主一旦失去守法的耐性,或者臣下一旦掌握了部分军政权力,以法治国统治方式的政治基础就会瓦解,这反而有可能助长消解、分化君权的社会势力的力量,因此,法家秉持的以法治国理念不能根本上解决二元化权力结构中君主得以分化的问题。不过,法家秉持的这一理念,在秦汉时期得以不断修正,最终落实为传统中国行之有效的国家治理模式。

四 用夏变夷

自古以来,中国就是一个多民族的国家,如何处理民族问题是国家必须面对的重大问题,也是国家权力运作的重要组成部分,而以何种方式处理民族问题则是国家统治理念中颇为重要的一环。

从夏代始,国家权力已然面对复杂多变的民族问题,夏与东夷的紧张关系几乎贯穿整部夏史。商族与周边部族的关系也较为复杂,长期与羌的对峙、对东夷的征伐、周族的臣服与反抗等构成商代史的主体内容。西周时期,民族关系问题也是周天子及其分封诸侯需要谨慎处理的重大问题,西周的覆亡很大程度上是因为没有处理好这种关系。春秋时期,华夏处于戎夷蛮狄环伺的地理环境中,《周礼·夏官·职方氏》云:"四夷、八蛮、七闽、九貉、五戎、六狄。"《尔雅·释地》云:"九夷、八狄、七戎、六蛮,谓之四海。"郭璞注:"九夷在东,八狄在北,七戎在西,六蛮在南。"这一时期,王权衰落、诸夏争战,周边少数民族的内侵成为严重的社会问题,华夏与诸夷的矛盾愈加激化。《左传》庄公三十年,山戎"病燕";《左传》庄公三十二年,"狄伐邢";《左传》闵公二年,"狄人伐卫";《左传》僖公十三年,"淮夷病杞故,且谋王室也";《左传》僖公二十八年,"汉阳诸姬,楚实尽之";《左传》哀公十七年,卫庄公"登城以望，见戎州。问之，以告。公曰：'我，姬姓也，何戎之有焉？'翦之"。大规模的少数民族内侵，打乱了华夏族原有的人文地理格局，诸夷"亟病中国。南夷与北狄交"，导致严重的民族生存问题，致使"中国不绝若线"。① 春秋霸主往往以"攘夷"号召、联合诸国，带头征伐诸夷，还举行针对外族内侵的会盟来解决边患，鲁僖公十三年，齐、宋、陈、郑、鲁、许、曹诸国会盟于咸，以共同阻止淮夷的进扰。当时，处理民族问题的能力既是诸霸宣示权威的一种方式，也是诸国必须搁置分歧共同面对的重大问题。

　　从观念史的角度看，民族问题的形成与华夏族及其周边民族文明发展程度不一，以及政治上统属关系的变化有一定关系。一般而言，居于中原的华夏族向来具有文明发展程度上的优势，较早地具有了华夏文明中心论的观念意识，加之早期国家阶段入主中原的诸族在政治、军事上往往处于优势地位，从而逐步形成中原统治四夷、四夷臣服华夏的民族观，《诗·大雅·民劳》"惠此中国，以绥四方"，表达的就是这样一种民族及地理观念。西周末年，王权的衰微使得上述优势化为泡影，少数民族的频繁内侵也使得民族关系更趋紧张，原有民族观在固化的同时，还形成了以华夏文明优势取代诸夷文化等主张。《左传》闵公元年载，"戎狄豺狼，不可厌也"，《左传》成公四年载，"非我族类，其心必异"，当民族冲突的激烈程度达到顶峰之时，贬斥异族、标榜华夏成为消解内部矛盾一致对外的心理动因。《左传》僖公二十五年云，"德以柔中国，刑以威四夷"，内华夏而外夷狄的历史书写也强化了华夏族在文化上的优越地位。《左传》襄公十三年载，"赫赫楚国，而君临之，抚有蛮夷，奄征南海，以属诸夏"。楚原为荆蛮的一支，后逐步强大，被纳入华夏族支配下的分封体系，可见，少数民族与华夏的界线不在于种族，而在于文化，如若少数民族接受了华夏文明，亦可纳入其文化体系。除楚之外，更为典型的当属姜姓之齐。齐原为姜姓之戎的封国，是最早纳入分封体制的异姓诸侯之一，也是最早接受了华夏文化的异姓诸侯国之一，至后来，齐国成为"攘夷"的策源地。另据《国语·周语下》，"有夏虽衰，杞、缯犹在"，杞为夏之

---

① 《公羊传》僖公四年，（汉）何休解诂，（唐）徐彦疏，（清）阮元校刻：《春秋公羊传注释》（《十三经注疏》本），中华书局 2009 年版，第 4883 页。

后，是正宗的华夏族，但《左传》僖公二十三年载，"杞，夷也"，原因是杞"用夷礼，故曰子"。① 华夏族把那些没入夷狄的后裔等同于夷狄，以明确文化上归属关系的重要性。

诸子中，具有系统民族观者当属儒家，他们的民族观既有前后相续的特点，也切合了当时国家统治的需要，为后世统治者所接纳，成为国家统治思想的重要组成部分，且对国家权力的具体运作形成指导作用。

孔子首先认同"攘夷"，《论语·宪问》云："管仲相桓公，霸诸侯，一匡天下，民到于今受其赐。微管仲，吾其被发左衽矣。"如不是管仲的"攘夷"之策将其挡在华夏文化圈之外，那么孔子那一代的人早已被夷化了，因此，他认为管仲"如其仁"。孔子肯定管仲"攘夷"，意味着孔子认同夷夏之间的文明区格，且视"被发左衽"为野蛮落后的象征，也说明孔子认同华夏文化，视其为先进文化，而这种文化心理上的优越心理是儒家乃至诸子民族观的一个重要逻辑起点。孔子还有"裔不谋夏，夷不乱华"② 的主张，明确反对诸夷侵扰华夏，这与他认同管仲"攘夷"的观点是一致的，从总体上反映了孔子反对少数民族内侵，支持通过"攘夷"来维护华夏正统的民族观。

孔子的上述民族观并不是基于种族区别而作出的，他注重的是民族之间在文化上的区格。《论语·卫灵公》载，"言忠信，行笃敬，虽蛮貊之邦，行矣"；《论语·子路》载，"居处恭，执事敬，与人忠。虽之夷狄，不可弃也"；《论语·子罕》载，"子欲居九夷。或曰：'陋，如之何？'子曰：'君子居之，何陋之有？'"上述言论都在强调孔子所主张的伦理思想具有普适性，反过来也可证实，孔子并不从种族角度区别民族，不同民族皆可接受华夏伦理而融为一体，《论语·季氏》云："远人不服，则修文德以来之。既来之，则安之。"以"文德"教化"远人"可视为孔子在处理民族关系问题上的具体主张。

孟子在民族问题上的看法相对比较激烈，这一方面与孟子的思想性格有关，另一方面也与当时日益激化的民族矛盾有一定关系。孟子曾云："夫貉，五谷不生，惟黍生之。无城郭宫室宗庙祭祀之礼，无诸侯币帛饔

---

① 《左传》僖公二十七年，杨伯峻：《春秋左传注》，中华书局 2009 年第 3 版，第 443 页。

② 《左传》定公十年，杨伯峻：《春秋左传注》，中华书局 2009 年第 3 版，第 1578 页。

飧，无百官有司……去人伦，无君子"。① 他还引《诗·鲁颂·阕宫》中"戎狄是膺，荆舒是惩，则莫我敢承"之语表达其民族观，突出诸夷对华夏的攻伐及危害。孟子提出，"吾闻用夏变夷者，未闻变于夷者也"②，他认可"用夏变夷"但反对"变于夷"，其中，"用夏变夷"的观念上承孔子的民族观，成为华夏国家以"变俗"之法解决民族问题的理论基石。荀子的民族观偏重于"从俗"的一面，与孟子形成鲜明的对比。《荀子·正论》云："土地刑制不同者，械用备饰不可不异也。故诸夏之国同服同仪，蛮、夷、戎、狄之国同服不同制。"《荀子·劝学》云："干、越、夷、貉之子，生而同声，长而异俗，教使之然也。"在荀子看来，少数民族与华夏族"土地刑制不同""长而异俗"，这都是因为处所环境不同造成的。《荀子·儒效》云："居楚而楚，居越而越，居夏而夏，是非天性也，积靡使然也。"《荀子·正论》亦云："夫是之谓视形势而制械用，称远近而等贡献，是王者之至也。彼楚、越者，且时享、岁贡、终王之属也，必齐之日祭、月祀之属然后曰受制邪？是规磨之说也。"既然地理及人文环境不同，那么，应当"居楚而楚""居夏而夏"，不必受同一规制约束。换言之，荀子主张"从俗"的民族观。

综合上述民族观念，可从三个角度理解先秦儒家在处理民族事务方面的主张：一是夷狄入华夏而华夏之，华夏入夷狄而夷狄之，这是一种双向的民族观念，《左传》中有类似的观念，孔子的民族观中也有这样的成分；二是，反对"变于夷"，主张"用夏变夷"，这一观点后来成为处理民族关系问题的核心观念；三是"从俗"，即对纳入华夏统治范围的民族以宽容心态对待之，不要求他们变革习俗。

战国后期以来，这三种观念曾有过一个交并发展的时期。《榖梁传》承续了第一种民族观，《榖梁传》哀公十三年载，"吴，夷狄之国也"，但夫差"因鲁之礼，因晋之权，而请冠端而袭，其藉于成周，以尊天王……累累致小国以会诸侯，以合乎中国……辞尊称而居卑称，以会乎诸

---

① 《孟子·告子下》，（清）焦循撰，沈文倬点校：《孟子正义》，中华书局1987年版，第856—858页。

② 《孟子·滕文公上》，（清）焦循撰，沈文倬点校：《孟子正义》，中华书局1987年版，第393页。

侯,以尊天王"。《穀梁传》定公四年称,吴国君主为"吴子",原因是
"吴信中国而攘夷狄,吴进矣"。总之,《穀梁传》所持民族观为诸夏之国
若入夷狄则退而贬之为夷狄;虽为夷狄之国,若行诸夏之礼则进之为
华夏。①

《史记·鲁周公世家》载:

> 周公卒,子伯禽固已前受封,是为鲁公。鲁公伯禽之初受封之
> 鲁,三年而后报政周公。周公曰:"何迟也?"伯禽曰:"变其俗,革
> 其礼,丧三年然后除之,故迟。"太公亦封于齐,五月而报政周公。
> 周公曰:"何疾也?"曰:"吾简其君臣礼,从其俗为也。"及后闻伯
> 禽报政迟,乃叹曰:"呜呼,鲁后世其北面事齐矣!夫政不简不易,
> 民不有近;平易近民,民必归之。"

周公旦去世后,次子袭其爵并留于王畿之地辅政,封于鲁的长子伯禽为鲁
公。鲁与齐分封之地为淮夷、徐环伺,二国开疆拓土共伐诸夷,之后至宗
周"报政"。伯禽、太公以"变俗""从俗"之故解释"报政"的"迟"
"疾"。从上述文字看,周公赞成"从俗"而非"变俗",其原因是"从
俗"之政简易,《史记索隐》云:"言为政简易者,民必附近之。近谓亲
近也。"可见,这个与周公旦家族有关的历史故事反映了"变俗"与"从
俗"之争。

从国家治理的角度看,越是早期的中原王朝可能更倾向于"从俗",
这是一种简易的施政方式,可以用较小的军政代价换取对少数民族的统治
权。到后来,随着华夏族民族内聚力的强化,中央王朝军政实力的增强,
在对待少数民族问题上,"变俗"的观念更易得到统治者青睐,"变俗"
也被视为彻底解决民族问题的重要手段。从史实角度看,但凡是王朝国家
势力相对较弱或在新近征服的少数民族地区,往往以"从俗"之策实施
羁縻统治。汉代在西北羌地建立金城属国,对归义羌给予赋税等方面的优
惠,唐宋设羁縻州县,明以土官、土司之制辖治边疆等,皆为"从俗"
之策的具体实践。然而,"从俗"往往是一种权宜之策,一旦条件成熟,

---

① 秦平:《〈春秋穀梁传〉华夷思想初探》,《齐鲁学刊》2010 年第 1 期。

以"变俗"之策把少数民族融入主体民族，取消民族在文化上的区格，成为历代王朝处理民族关系的主要手段，汉代边郡的设立及其对内迁民族的同化之策，唐宋以文教手段融合诸民族，明清时期的"改土归流"等，皆是"变俗"之策。

总之，以往的政治思想史研究忽略了诸子民族观在统治思想领域的意义，往往把民族观视为民族史问题，实际上，如何处理民族事务是国家权力运行过程中必须要解决的问题，而持何种观念来处理民族问题，则是国家统治理念的组成部分，因此，国家层面处理民族关系问题上的思想主张及具体手段，应当是政治思想史的一个研究领域。先秦时期，诸子的民族观往往针对当时国家如何处理民族问题而发，既有从国与国层面处理民族问题的思考，也有如何处理国内部民族问题的观点。在国与国的层面，少数民族属于某一体系的"服"，与中原之国构成或为统属或为对等的政治关系，体现着"王权—贵族"社会二元化的权力结构；在一国之内，少数民族首领往往是拥有地方军政权力的异姓贵族，可笼统地纳入贵族集团之中，他们与王权之间的关系也体现着二元化的权力结构。上述诸夷入华夏而华夏之的民族观，以及"从俗"的主张，皆是二元化权力结构在观念层面上的产物，反映的是一种遵从既有规则的统治理念。"用夏变夷"的主张意在消解一国之内少数民族首领所代表的地方势力，使之纳入统一的统治规则之中，它是君主专权理念在民族观念上的体现或反映。到后来，"用夏变夷"成为最为主流也最为重要的民族观，对古代国家权力运行产生了重大影响。

第三节　选贤任能:一种共识

综观诸子有关国家权力顶层设计及权力运行方式的思考，其中包含着一以贯之的思想主张，即选贤任能。细究之，选贤与任能的观念史背景有所不同，体现着诸子关于权力设计与权力运行思考方面的分歧，与此同时，这种分歧皆针对上古以来的血亲氏族传统而发，也暗含着某种共识。

一　选贤与任能

首先需要说明的是，选贤与任能虽皆与君主选择何种臣下来执政的统治意志有关，但二者有所不同，君主秉持选贤的原则，意味着更看重臣下的道德人格，如若从任能角度选拔人才，则更注重臣下的执政能力和服从意识。结合诸子关于国家权力的顶层设计方案及权力运作具体方式的思考，可以看出选贤与任能不仅代表了不同的选人标准，而且也反映出不同的政治观。

贤人，特指人格高贵、道德高尚且能力非凡之人。商周时期，已有最高统治者任用贤人执政的现象，如商汤任用出身卑微的伊尹，被后世视为一种珍贵的政治经验。不过，在普遍以血缘关系为国家权力、财富分配准则的时代，贤人的政治生存空间是十分狭窄的，尧、舜等贤王，伯夷、叔齐等贤人，大多是后世层累地渲染、阐释的结果，未必是当时的历史真实，因此，早期国家阶段应当没有明确、典型的贤人观。春秋时期，世卿世禄之制开始松动，当时的社会已有明贤主义观念①，可能是受时代信号的刺激或触动，诸子时代已然出现选贤任能的社会思潮。

先秦儒家中，孔子是贤人观的主推者，在其恢复周礼的国家权力顶层设计方案中，有资格成为天子人选的人应当向尧、舜、禹、文、武、周公等看齐，成为领有天命且仁义爱民的贤王，替周天子执政的君子不再以氏族血亲获得合法权力，而是通过锻造知识能力、道德素养、担当意识等，使之成为合格的执政者。在孔子的政治视域中，天子、君子都应当是贤人，特别是君子，应当是道德的楷模，且为周天子执政的左膀右臂和以仁理政的实施主体。基于这种认识，孔子主张统治者应当任用贤人，提倡为政者"先有司，赦小过，举贤才"。② 孔子还认为人们应当向贤人学习，以贤人为镜反躬自身，以提高自身修养，"见贤思齐焉，见不贤而内自省也"。③ 在孔子心目中，他最欣赏的学生颜回就是一个贤人，他说："贤哉，回也！一箪食，一瓢饮，在陋巷，人不堪其忧，回也不改其乐。贤

① 顾颉刚：《禅让传说起于墨家考》，载顾颉刚《顾颉刚古史论文集》（卷一），中华书局2011年版，第434—437页。

② 《论语·子路》，程树德撰，程俊英、蒋见元点校：《论语集释》，中华书局2014年第2版，第1138页。

③ 《论语·里仁》，程树德撰，程俊英、蒋见元点校：《论语集释》，中华书局2014年第2版，第348页。

哉，回也！"① 颜回勤学好问、道德高尚，是孔子培养君子的一个典型，孔子以"贤哉，回也"称赞之，说明孔子认可的君子就是贤人。总之，孔子是春秋时期贤人主义政治观的主要倡导者。

如前所述，孔子关于恢复周天子权威的国家权力顶层设计方案透露出其保守的政治态度，但孔子主张恢复的天子权威不是照搬西周的旧制，而是以贤人辅佐天子，天子选拔臣下的原则不再是以血缘为标准，而是以德才为准则，这反映了孔子结合时代发展趋势改造旧制的政治观念，由此形成的顶层权力设计方案也可谓新旧参半。至于孔子在国家权力运行方面的思考，更典型地反映出孔子的贤人观，在他看来，以仁理政的实施者应当是君子。

孔孟之间的儒家也多持贤人观。反映子思之儒思想主张的《郭店楚简》中有君子即贤人、主张任用贤人、"尊贤"等主张，《郭店楚简·五行》云："未尝闻君子道，谓之不聪。未尝见贤人，谓之不明。闻君子道而不知其君子道也，谓之不圣。见贤人而不知其有德也，谓之不智。"《郭店楚简·五行》把君子与贤人联系起来，提出"达诸君子道，谓之贤"②，说明子思之儒主张"尊贤"。孟子也主张"尊贤"，他说："用上敬下，谓之尊贤"③，主张"尊贤使能，俊杰在位"④。可见，"尊贤"是思孟学派政治观的一个特色。

孟子也主张贤人居君主位，认为"贤君必恭俭礼下，取于民有制"⑤，他还说道："仁则荣，不仁则辱。今恶辱而居不仁，是犹恶湿而居下也。如恶之，莫如贵德而尊士，贤者在位，能者在职，国家闲暇，及是时明其

---

① 《论语·雍也》，程树德撰，程俊英、蒋见元点校：《论语集释》，中华书局2014年第2版，第498页。

② 原文见《郭店楚简·五行》，荆门市博物馆：《郭店楚墓竹简》，文物出版社1998年版，第149—151页。此处引文采用李零先生的校读版本，详见李零《郭店楚简校读记（增订本）》，中国人民大学出版社2007年版，第102、103页。

③ 《孟子·万章下》，（清）焦循撰，沈文倬点校：《孟子正义》，中华书局1987年版，第695页。

④ 《孟子·公孙丑上》，（清）焦循撰，沈文倬点校：《孟子正义》，中华书局1987年版，第226页。

⑤ 《孟子·滕文公上》，（清）焦循撰，沈文倬点校：《孟子正义》，中华书局1987年版，第333页。

政刑，虽大国必畏之矣。"① 孟子有关贤人任君主的主张虽与孔子有一定联系，但思想内涵多有不同。孔子在王位既定为周天子世系的前提下，希望天子是位贤人，像往世圣贤那样体恤群臣、爱护庶民，成为万世效仿的政治楷模；孟子则以贤能与否来判断君主是否值得臣下爱戴，没有恪守既定帝王世袭的观念负累，如若君主为贤人，能够做到"贵德而尊士"，那么君子应当维护之、辅佐之，反之，可以替换之。正是在这种贤人政治观的前提下，孟子部分地接受了禅让王权的观念，还力倡革命王权以替换那些不合格的君主。

孟子还把贤人观提到一个无以复加的高度，认为国家兴亡在于任用贤人与否，他警告统治者"不用贤则亡"②，识时务的统治者应当"急亲贤之为务"③。孟子以其民本思想为依据，提出了择别贤人的原则，他说："国君进贤，如不得已，将使卑逾尊，疏逾戚，可不慎与！左右皆曰贤，未可也；诸大夫皆曰贤，未可也；国人皆曰贤，然后察之；见贤焉，然后用之。左右皆曰不可，勿听；诸大夫皆曰不可，勿听；国人皆曰不可，然后察之；见不可焉，然后去之。左右皆曰可杀，勿听；诸大夫皆曰可杀，勿听；国人皆曰可杀，然后察之；见可杀焉，然后杀之。故曰国人杀之也。如此，然后可以为民父母。"④

荀子也主张"推贤让能"⑤，他认为君主"欲立功名则莫若尚贤使能"⑥，他把王权的巩固与否与任贤联系起来，认为只有任用贤人者才能实现王道政治。荀子还把贤人观和他的"重法"思想结合起来，要求统

---

① 《孟子·公孙丑上》，（清）焦循撰，沈文倬点校：《孟子正义》，中华书局1987年版，第223页。

② 《孟子·告子下》，（清）焦循撰，沈文倬点校：《孟子正义》，中华书局1987年版，第831页。

③ 《孟子·尽心上》，（清）焦循撰，沈文倬点校：《孟子正义》，中华书局1987年版，第950页。

④ 《孟子·梁惠王下》，（清）焦循撰，沈文倬点校：《孟子正义》，中华书局1987年版，第143—145页。

⑤ 《荀子·仲尼》，（清）王先谦撰，沈啸寰、王星贤点校：《荀子集解》，中华书局2013年第2版，第131页。

⑥ 《荀子·王制》，（清）王先谦撰，沈啸寰、王星贤点校：《荀子集解》，中华书局2013年第2版，第180页。

治者"尊贤畏法而不敢怠傲"①，如此才能治理好国家。荀子的时代，贤人政治观应当是社会的普遍共识，君主不可能不了解这种政治观，特别是那些有志于实现君主专权的诸雄，往往是贤人政治观的实践者。然而，受血缘关系为准则的国家权力、财富分配原则的传统观念影响下，一些君主打着任用贤人的旗号，仅把这种政治观当作一个招牌而非真心诚意地实施之。加之，儒家所谓的贤人，往往是具有独立人格的贤人，未必愿意完全臣服于君主意志，这样的人未必受君主欢迎。针对这些情况，荀子提出："人主之患，不在乎不言用贤，而在乎诚必用贤。"② 其中一针见血地指出了问题的实质，那就是任贤举能的政治观与现实政治实践之间存在着一个鸿沟，那就是君主未必真心实意地愿意任用贤人。

墨子尚贤论往往从现有的形势，即从君主的统治意志与统治效果的差异着手，提出："王公大人为政于国家者，不能以尚贤事能为政也。"③ 统治者应当"尚贤"的原因是"自贵且智者为政乎愚且贱者则治，自愚贱者为政乎贵且智者则乱"，他从人的地位、智力、道德等角度认定国家任用贤人执政的好处大于"愚贱者为政"，从而提出"尚贤之为政本也"。④ 在何谓"贤人"的问题上，墨子完全摒弃了血统论，主张无等差地使用贤人，并试图找到这一主张的历史依据，提出"古之圣王之治天下也，其所富，其所贵，未必王公大人骨肉之亲、无故富贵、面目美好者也"⑤。除反对以血缘关系判定贤能与否外，墨子所谓的贤人应当是"干劲十足的活动家"⑥，反对把那些"无故富贵""面目美好者"与贤人等量齐观。在墨子看来，选择贤人的标准应当是"不党父兄，不偏贵富，不嬖颜色，

---

① 《荀子·儒效》，（清）王先谦撰，沈啸寰、王星贤点校：《荀子集解》，中华书局 2013 年版，第 166 页。

② 《荀子·致士》，（清）王先谦撰，沈啸寰、王星贤点校：《荀子集解》，中华书局 2013 年版，第 308 页。

③ 《墨子·尚贤上》，（清）孙诒让撰，孙启治点校：《墨子闲诂》，中华书局 2001 年版，第 44 页。

④ 《墨子·尚贤中》，（清）孙诒让撰，孙启治点校：《墨子闲诂》，中华书局 2001 年版，第 49 页。

⑤ 《墨子·尚贤下》，（清）孙诒让撰，孙启治点校：《墨子闲诂》，中华书局 2001 年版，第 67 页。

⑥ ［美］本杰明·史华兹著，程钢译，刘东校：《古代中国的思想世界》，江苏人民出版社 2004 年版，第 162 页。

贤者举而上之,富而贵之,以为官长;不肖者抑而废之,贫而贱之,以为徒役。是以民皆劝其赏,畏其罚,相率而为贤者,以贤者众而不肖者寡,此谓进贤。然后圣人听其言,迹其行,察其所能,而慎予官,此谓事能。故可使治国者,使治国;可使长官者,使长官;可使治邑者,使治邑。凡所使治国家、官府、邑里,此皆国之贤者也"①。和儒家一样,墨家的贤人政治观是其关于国家权力顶层设计方案的理论前提,墨家秉持的禅让王权观,就是在打破血统论的前提下,主张把国家交给贤人治理。

与儒、墨不同,法家总体上不认可贤人政治,《慎子·逸文》云:"立君而尊贤,是贤与君争,其乱甚于无君。"贤人在道德上具有先在的优越性,贤人的人格特征也与君主集权的意志相左,因此,如若任用贤人,等于树立与君权相对抗的政治力量,这与法家试图构造的一元化权力结构是相冲突的。法家视域中,尧、舜等任用贤人的历史被解读为贤人乱政,他们认为上古贤人于君主专权无益,相反,会妨碍国家一以贯之的权力意志,因此,君主要打压那些宣传贤人政治者,"无使近世慕贤于古"。②

法家反对贤人政治观,进而也不认同以忠诚为本位的君臣观,《慎子·知忠》云:"智盈天下,泽及其君;忠盈天下,害及其国。"在法家看来,臣下对君上的忠诚,实质上是一种道德绑架,这既与人的本性不合,更有可能成为以下犯上的口实。法家强调臣下对君上的服从意识,也强调臣下以其智慧、能力辅佐君主,《管子·君臣上》云:"能上尽言于主,下致力于民,而足以修义从令者,忠臣也。"在法家眼里,"忠"不是一个道德范畴,而是臣下以其能耐获得君主信任、厚赏的一种资本,即所谓"人臣守所长,尽所能,故忠"。③

由此可知,法家强调臣下执政的能力,认为合格的君主应当任用能人执政,而不是选择所谓贤人。第一,他们认为国家的治乱与任用能人与否

---

① 《墨子·尚贤中》,(清)孙诒让撰,孙启治点校:《墨子闲诂》,中华书局2001年版,第50页。

② 《韩非子·用人》,(清)王先慎撰,钟哲点校:《韩非子集解》,中华书局2013年版,第223页。

③ 《韩非子·功名》,(清)王先慎撰,钟哲点校:《韩非子集解》,中华书局2013年版,第224页。

关系密切，《管子·参患》云："才能之人去亡，则宜有外难。群臣朋党，则宜有内乱。"《管子·五辅》亦云："不能为政者，田畴荒而国邑虚，朝廷凶而官府乱。"《管子》从行政安全与行政效率角度强调任用能人的重要性，其观点的确切近国家权力运行的客观需要，因为权力运作通畅无碍的首要因素是执政者的能力。第二，既然要用能人执政，君主应当注意选拔"计功而行赏，程能而授事，察端而观失，有过者罪，有能者得，故愚者不任事。智者不敢欺，愚者不得断，则事无失矣"①。以人的能力大小授其官职，做到赏罚分明，创造"智者不敢欺，愚者不得断"的政治环境。《慎子·民杂》也认为，臣下各有所长，各有所短，君主应"不设一方以求于人"，因此，君主应当按能力之长短、特点等来选拔、任用臣下。第三，法家从臣下的角度提出已然为君主重用的人，要做到"竭能尽力而不尚得"②。《慎子·民杂》篇也提出臣下应当"尽智力以善其事"。《韩非子·用人》总结道："治国之臣效功于国以履位，见能于官以受职，尽力于权衡以任事。人臣皆宜其能，胜其官，轻其任，而莫怀余力于心，莫负兼官之责于君。故内无伏怨之乱，外无马服之患。"第四，判断能臣是否值得信任的另一个标准是看他是否遵守法制。战国法家把臣下分为七种：法臣、饰臣、侵臣、诌臣、愚臣、乱臣、奸臣。其中，只有法臣能尊法无违，其他都是害国之臣，在择别臣下忠诚与否的问题上，君主要做到"言不中法者不听也，行不中法者不高也，事不中法者不为也"。③总之，法家认为君主应当任用能人执政，有执政能力且自觉服从法制者即是忠臣。

法家上述主张有其人性论背景，即在以"利"为基准的人性观下，法家更强调基于法制的社会整合，反对以道德伦理规范君臣关系。因此，法家认为君主不必要求臣下为清廉之士，也不必要求道德层面上的忠诚。法家认为人的私德无益于国家治理，因而反对臣下以贤人身份妨碍君主专权。法家把君臣关系设定为纯粹的利益交换，同时，要求臣下具有充分的

① 《韩非子·八说》，（清）王先慎撰，钟哲点校：《韩非子集解》，中华书局2013年第2版，第463页。

② 《管子·重令》，黎翔凤撰，梁运华整理：《管子校注》，中华书局2004年版，第286页。

③ 《商君书·君臣》，蒋礼鸿撰：《商君书锥指》，中华书局2014年第2版，第132—133页。

才能,在他们看来,能人才有资格为君主所信用,君主厚赏的对象只能是能臣。

法家普遍主张任用能人的观点与其有关国家权力的顶层设计方案及关于国家权力运行的认识是相配合、相适应的。在君主专权的权力设计中,君主居于一元化权力结构的顶层,任何对抗或威胁君主的因素,都要排除在这一权力体系之外。历史上,被称为贤人者多出自贵族集团,他们要么被君主看重,成为权倾朝野的重臣,要么成为未来帝王的候选人,还有一些人凭借其道德影响力分割天下,这样的人在法家心目中都是妨碍或威胁君主专权者,自然不能得到法家的认同。总之,从国家权力结构层面看,贤人是贵族集团的代言人,他们是二元化权力结构中抑制王权的主要政治力量;从道德层面看,这些人的私德对君主专权合法性构成威胁,因而不利于集权政治的形成与运行。正唯如此,君主专权的国家顶层权力设计中,贤人是要被打压、拒斥的政治力量。在国家权力的具体运作方面,法家主张以法治国,而以法治国的前提之一便是臣下要遵法,遵守法纪的"法臣"被认为是值得君主信任的忠臣。为提高行政效率,达到通过法制强化君权的目标,法家主张任用有智慧、有能力的臣下来执政,他们认为贤人会以其私德妨碍国家权力的正常运行,消解君主的集权意志,因而反对君主任用贤人。

二 分歧中的共识

从以上分析看,在诸子有关国家权力的顶层设计及其运行的具体思考中,蕴含着两种截然不同的人才观。这两种观念在一定程度上是相互对立的,持不同观点的诸子也为此相互攻伐,荀子曾批评慎到"蔽于法而不知贤"[1],法家对儒、墨的贤人观也嗤之以鼻,在普遍尚贤的社会风气下,法家的批评好比"迎面泼了一瓢冷水"[2],促使人们反思甚或批判贤人观的思想价值和政治意义。

儒、墨贤人观与法家能人观之间存有很多不同。贤人观看重的是人的

---

[1] 《荀子·解蔽》,(清)王先谦撰,沈啸寰、王星贤点校:《荀子集解》,中华书局 2013年版,第 463 页。

[2] 刘泽华:《中国政治思想史集》(第一卷),人民出版社 2008 年版,第 136 页。

道德素养，贤人即君子，而君子的首要素质即是其高尚的道德情操；能人观注重的是人的执政能力，法家有意识地取消了能人的道德属性，把这一群体设定为靠智慧才能赢得君主信任一个群体。贤人观与能人观互相拒斥的一个思想背景即是诸子对历史的不同解读，以及由此形成的不同历史观。先秦儒家持历史化的知识观，他们试图用历史资源建构贤人观的合法性基础。在先秦儒家利用历史资源所建构起来的知识结构中，尧、舜是至为关键的人物，他们既是儒家心目中的圣君明主，也是缔造理想统治模式的帝王，因此，孟子"言必称尧舜"①，视尧舜的时代为文明之源和黄金年代，并借尧舜之德批判现实。这种借用历史资源批判现实的做法所形成的历史化的批判模式，是儒家形成知识与思想的重要方式。② 在儒家看来，贤人观并不是他们的发明，而是古已有之的统治思想，"尧舜之道，不以仁政，不能平治天下。"③ 如若"不以尧之所以治民治民，贼其民者也"④。在儒家的观念中，贤人担当治世之道，具有基于历史资源的合法性基础。尧舜时代为孟子提供的历史资源并不仅限于贤人治国，尧舜禅让也是十分重要的历史参照，而出土文献郭店简《唐虞之道》等文献看，孔孟之间的儒家也是主张禅让的，而这一思想的理据则来自儒家的贤人观。儒家为了在现实社会中提倡贤人政治，利用一些古史传说，结合对世卿世禄制的批判，杜撰出禅让制度。这一制度不承认"家天下"的先在合理性，也不承认血缘关系在权力体系中的合法性，使得任用贤人与否成为评判治乱的重要标准，而如果君主不任用贤人，致使政治与道德败坏，那么让贤人取而代之成为贤人观进一步发展的逻辑结果。墨家以尧舜禅让的历史资源来注解其禅让王权的政治观，他们主张无等差的贤人观，认为应当打破以血缘关系为准则划分国家权力、财富的准则，这些观念也得到墨家视域中的古史资源的支持。此外，《庄子·让王》篇所反映出的庄子后学思想，受儒家贤人观影响，也宣扬禅让思想。如前所述，法家基于历

---

　① 《孟子·滕文公上》，（清）焦循撰，沈文倬点校：《孟子正义》，中华书局 1987 年版，第 315 页。

　② 李健胜：《先秦文化批判思想研究》，兰州大学出版社 2006 年版，第 32—37 页。

　③ 《孟子·离娄上》，（清）焦循撰，沈文倬点校：《孟子正义》，中华书局 1987 年版，第 483 页。

　④ 同上书，第 491 页。

史资源的能人观与儒、墨及庄子后学有大的不同，在他们的视域中，贤人只能给君主专权造成麻烦，而能臣则能提高行政效率，帮助君主实现以法治国。由此可见，基于历史资源的贤人观、能力观的确是存在较大差异的。

然而，如若从宏观视角去考察贤人观与能人观时，会发现二者之间的分歧只是表面现象，而二者之间存在的共识才是更为本质的问题。

具体而言，贤人观和能人观都反对以血缘关系为准则分配国家权力、财富，二者在打破世卿世禄的观念意识方面不仅存有共识，这种共识还是撕裂二元化权力结构的一把利刃。

如前所述，利用氏族传统的古老习俗处理超血缘、跨地域社会关系是早期国家的主要统治理念，其中，按照血缘关系的亲疏远近来分配权力、财富是"王权—贵族"社会普遍存在的一种社会现象，体现了远古氏族传统对早期国家权力建构的深刻影响与作用。夏商及西周时期，血统论的合法性基础十分雄厚，是国家权力运行的重要法则之一。春秋时期，基于血缘关系的权力、财富分配模式受到挑战，但一直顽强地存续着。战国时期，军功贵族的兴起从表面上打破了世卿世禄之制，但新兴势力依靠血缘传递权力、财富的模式，使得新兴政治力量最终落入旧制度的游戏规则之中。这种现象说明"王权—贵族"社会二元化的权力结构具有顽强的生命力，使得当时的社会总体上是一个新旧交织的时代，并未完成真正意义上的新旧交替。

在国家统治理念缓慢转型的时期，一些新的观念因素已然生成。从政治思想史角度看，经过几百年的生存竞争，统治者体察出一条真理："将国家交给才德优秀的人去治理，比交给世袭官位的人去治理，有更大的生存机会"。[1] 从"典籍思想史"角度看，诸子关于国家权力的顶层设计及运行方面的思索，皆渗透着拒斥血统论而力倡选贤任能的观念倾向，提出"官无常贵，而民无终贱，有能则举之，无能则下之"[2]，"信赏尽能"[3]

---

[1] 邢义田：《天下一家：皇帝、官僚与社会·序》，中华书局 2011 年版，第 8—9 页。

[2] 《墨子·尚贤上》，（清）孙诒让撰，孙启治点校：《墨子闲诂》，中华书局 2001 年版，第 46—47 页。

[3] 《韩非子·内储说上》，（清）王先慎撰，钟哲点校：《韩非子集解》，中华书局 2013 年第 2 版，第 227 页。

等的观点。诸子的主张既是对现实政治的回应，也是对国家权力合法性来源思考的结果。

综上，从利用血缘关系为基准的氏族传统处理超血缘、跨地域关系的早期国家阶段，到新旧交织的权力运行时代，再到未来以贤人、能臣执政的时代，国家权力自夏至战国后期进行了两千多年的流动，而在导致权力属性发生大的变迁的时期，诸子的权力设计无疑起到过至关重要的作用，尽管他们在理论上的思考并不能直接打破二元化的权力结构，他们提出的一些方案甚至有利于巩固二元化权力结构，但是，"典籍思想史"意义上的统治理念无疑是社会政治层面的相关理念的一个参照，或是一种补充。

第 四 章

秦汉士人的权力构想

秦汉士人继承、发展了春秋战国时期诸子关于国家权力的顶层设计及其运行方式的思考，并结合时代需要，以文本形态表达着他们的权力构想。其中，"无为"观对当时的国家统治理念产生了一定影响，秦汉士人的君主专权理念及其文本建构也是当时"典籍思想史"的核心思想命题。

第一节　秦汉士人"无为"观及其对
国家统治理念的影响

秦汉士人总体上把"无为"视为一种统治技术，他们要求统治者实施无为而治的国家权力运作之术。秦汉士人的主张与当时的国家体制、政治形势等密切相关。黄老无为政治虽不能称作秦汉一以贯之的统治之术，也不能代表汉代国家统治思想的主流，但的确对当时的国家管理与社会控制产生过一定影响。

一　秦汉士人的"无为"观

战国末年形成的《吕氏春秋》，吸收了先秦道家的无为思想，特别是受到韩非子思想的影响，主张君主以虚无之心对待国政。《吕氏春秋》认为，君主应当"服性命之情，去爱恶之心，用虚无为本，以听有用之言"①，主张"善为君者无识，其次无事。有识则有不备矣，有事则有不

---

① 《吕氏春秋·知度》，许维遹撰，梁运华整理：《吕氏春秋集释》，中华书局 2009 年版，第 455 页。

恢矣，不备不恢，此官之所以疑，而邪之所从来也"①。治世之君"正则静，静则清明，清明则虚，虚则无为而无不为也"②。如果"人主以好暴示能，以好唱自奋。人臣以不争持位，以听从取容"③，其结果定会导致国家衰亡，因此，《吕氏春秋》认为合格的君主应当"劳于求人，而佚于治事"④。

《吕氏春秋·精谕》云："至为无为"，这是对"无为而无不为"的反向解释；《吕氏春秋·任数》亦云："君道无知无为，而贤于有知有为"，这是对"无为而无不为"的正向解析，这些言论都集中说明《吕氏春秋》已将"无为而无不为"的认知论推衍为具体的国家权力运作方式。《吕氏春秋》还将"无为"的历史合理性反推至上古时代，"昔者，先圣王成其身而天下成，治其身而天下治"，"五帝先道而后德，故德莫盛焉。三王先教而后杀，故事莫功焉。五伯先事而后兵，故兵莫强焉"，而"当今之世，巧谋并行，诈术递用，攻战不休，亡国辱主愈众。所事者末也"。⑤ 在《吕氏春秋》作者看来，解决问题之道，即是帝王应当利用"无为"之术，如果君上能"处虚素服而无智，故能使众智也；智反无能，故能使众能也；能执无为，故能使众为也"。由此，"无智、无能、无为，此君之所执也"。

西汉初年，天下初定，"凡事简易，禁罔疏阔"⑥ 的施政风格使"无为"观受到前所未有的重视。马王堆帛书所反映了黄老之学具有丰富的思想内涵，代表了汉代无为思想的主要方面；汉代士人所持"无为"观大多为要求君上无为而治，多有奉献政治谋略之意图；《淮南子》所秉持

① 《吕氏春秋·君守》，许维遹撰，梁运华整理：《吕氏春秋集释》，中华书局2009年版，第440页。

② 《吕氏春秋·有度》，许维遹撰，梁运华整理：《吕氏春秋集释》，中华书局2009年版，第666页。

③ 《吕氏春秋·任数》，许维遹撰，梁运华整理：《吕氏春秋集释》，中华书局2009年版，第443—444页。

④ 《吕氏春秋·士节》，许维遹撰，梁运华整理：《吕氏春秋集释》，中华书局2009年版，第262页。

⑤ 《吕氏春秋·先己》，许维遹撰，梁运华整理：《吕氏春秋集释》，中华书局2009年版，第70—72页。

⑥ 《汉书》卷90《循吏传》，中华书局1962年点校本，第3623页。

的"无为"观则有政治斗争的内涵。

第一,长沙马王堆帛书所反映的黄老无为之学是汉代士人"无为"观的主体形态,对当时的学术思想、政治观念产生了重要影响。

20 世纪 70 年代,长沙马王堆汉墓出土帛书《老子》乙本卷前的《经法》《十六经》《称》和《道原》,被学界认定是《汉书·艺文志》所录的《黄帝四书》①,整理者命名为《黄老帛书》,这些著作可能是稷下道家后学的作品。②

马王堆《黄老帛书》认为,"道"乃是"人皆用之,莫见其形"的终极存在,它"虚其舍也,无为其素也,和其用也",因此"高而不可察也,深而不可则(测)也"。③道家的宇宙观得自对自然界各种变化的观察与体悟,他们认为自然界的变化规律是人类无法左右的,也是恒常的,"希言自然。飘(飘)风不冬(终)朝,暴雨不冬(终)日。孰为此?天地,而弗能久,有(又)兄(况)于人乎?故从事而道者同于道,德(得)者同于德(得),失者同于失"。④宇宙、自然之"道"的虚静无为施之于人类行为,即是"执道者之观于天下殹(也),无执殹(也),无处也,无为殹(也),无私殹(也)。"⑤因此,应当以无为之道顺乎人情,"欲知得失请(情),必审名察刑(形)。刑(形)恒自定,是我俞(愈)静。□事恒自乇(施),是我无为。静翳不动,来自至,去自往"。⑥上述稷下后学思想文本中的"无为"观与早期稷下道家相关言论是相呼应的,如《慎子·因循》篇就主张治理国家应顺乎人情,《管子·心术上》云:"君子恬愉无为。去智与故,言虚素也。"明确主张统治者应以"无为"而治,认为:"无为者帝,为而无以为者王,为而不贵者霸。不自以为所贵,则君道也。贵而不过度,则臣道也。"⑦由此可见,马王堆

---

① 唐兰:《马王堆出土〈老子〉乙本卷前古佚书的研究——兼论其与汉初儒法斗争的关系》,《考古学报》1975 年第 1 期。

② 张富祥:《黄老之学与道法家论略》,《史学月刊》2014 年第 3 期。

③ 国家文物局古文献研究室编:《马王堆汉墓帛书》(壹),文物出版社 1980 年版,第 87 页。

④ 同上书,第 97 页。

⑤ 同上书,第 43 页。

⑥ 同上书,第 79 页。

⑦ 《管子·乘马》,黎翔凤撰,梁运华整理《管子校注》,中华书局 2004 年版,第 84 页。

《黄老帛书》把"无为"视为一种高级的政治智慧，他们在承续前贤"无为"观的同时，更注重黄老无为对于现实政治的作用。

黄老无为思想因受统治上层的青睐而兴盛一时，世传本《老子》反复申说的"无为而无不为"的观念即是黄老无为思想的核心思想。世传本《老子》认为圣人应当"处无为之事，行不言之教"①，侯王若能坚守"无为而无不为"之道，"万物将自化"。② 此外，黄老道家也主张"【……上德不德，是以有德。下德不失德，是以无】德。上德无【为而】无以为也。上仁为之【而无】以为也"③。这种"无以为"的思想颇具特色。

胡适先生认为秦汉时期的"道家"专指"黄老之学"④。综观《黄老帛书》，其思想主张以道、法两家为本，兼采儒、墨、名、阴阳之学，基本涵括了无为思想的方方面面，的确是汉代士人"无为"观的文本来源。

第二，就自下而上要求君上施"无为"之治而言，《新语》《春秋繁露》《史记》《潜夫论》《盐铁论》等文本皆对此皆有阐发。

汉初士人多主张帝王应遵从尧舜"南面"垂恭而治。《新语·无为》云："道莫大于无为，行莫大于谨敬。何以言之？昔舜治天下也，弹五弦之琴，歌南风之诗，寂若无治国之意，漠若无忧天下之心，然而天下大治。周公制作礼乐，郊天地，望山川，师旅不设，刑格法悬，而四海之内，奉供来臻，越裳之君，重译来朝。故无为者乃有为也。"陆贾以舜之无为使天下"大治"、周公"师旅不设"而四海平定为历史资源，进一步阐发帝王无为而治的统治方略。

西汉中期以来，"无为"观向治术转化的主要方向是自下而上要求帝王清静无为的言论，其基本思路承袭了韩非子为代表的法家"无为"观。如董仲舒就认为"无为致太平，若神气自通于渊也"⑤，他试图在其所建

---

① 陈鼓应：《老子注译及评介》，中华书局 2009 年版，第 60 页。

② 同上书，第 203 页。

③ 国家文物局古文献研究室编：《马王堆汉墓帛书》（壹），文物出版社 1980 版，第 3 页。

④ 胡适：《中国中古思想史长编》，载胡适著，姜义华主编《胡适学术文集·中国哲学史》（上），中华书局 1991 年版，第 295 页。

⑤ 《春秋繁露·天地之行》，苏舆撰，钟哲点校：《春秋繁露义证》，中华书局 1992 年版，第 461 页。

构儒术的基础上，要求帝王遵守无为之道，"为人主者，以无为为道，以不私为宝。立无为之位而乘备具之官，足不自动而相者导进，口不自言而摈者赞辞，心不自虑而群臣效当，故莫见其为之而功成矣。此人主所以法天之行也"。① 在他看来，在"大一统"皇权体制下，"人主"应当"无为""不私""不自动""不自言"，只有这样才能天下大治，即"致无为而习俗大化，可谓仁圣矣"。② 一如法家希望帝王控制好自己的欲望、情绪，常使自己虚静无为，才能秉公施政一样，董仲舒的"无为"观亦遵从了这样的思路，不同的是，董仲舒提供给帝王行"无为"之道的政治基础是一套集合了政治儒学、阴阳、五行学说的"大一统"治术。司马迁秉持"论大道则先黄老而后六经"③ 的学术主张，他的这一观念也含有政治意味，宋晁公武云："当武帝之世，表章儒术而罢黜百家，宜乎大治，而穷奢极侈，海内凋弊，反不若文、景尚黄老时人主恭俭，天下饶给。此其所以先黄老而后《六经》也。"④ 可见，司马迁也主张无为而治。

汉昭帝时，为修正前朝施政，曾以文学与御史辩论的方式试图统一认识，并为改换统治方略作舆论准备，当时文学之士就提出："河决若瓮口，而破千里，况礼决乎？其所害亦多矣！今断狱岁以万计，犯法兹多，其为蔺岂特曹、卫哉！夫知塞宣房而福来，不知塞乱原而天下治也。周国用之，刑错不用，黎民若，四时各终其序，而天下不孤。颂曰：'绥我眉寿，介以繁祉。'此夫为福，亦不小矣！诚信礼义如宣房，功业已立，垂拱无为，有司何补，法令何塞也？"⑤ 所谓"功业已立，垂拱无为"即是自下而上要求帝王以清静无私之心施"无为"之道的主张。

东汉时期，"无为"的思想主旨基本确定为"无为而无不为"，"无为而治"作为"王道"的组成部分，成为汉帝国"霸王道杂之"⑥ 的统治

① 《春秋繁露·离合根》，苏舆撰，钟哲点校：《春秋繁露义证》，中华书局 1992 年版，第 165 页。

② 《春秋繁露·对膠西王越大夫不得为仁》，苏舆撰，钟哲点校：《春秋繁露义证》，中华书局 1992 年版，第 268 页。

③ 《汉书》卷 62《司马迁传》，中华书局 1962 年点校本，第 2738 页。

④ （宋）晁公武撰，孙猛校证：《郡斋读书志校证》卷 5《正史类·史记》，上海古籍出版社 1990 年版，第 176 页。

⑤ 《盐铁论·申韩》，王利器：《盐铁论校注》，中华书局 1992 年版，第 579 页。

⑥ 《汉书》卷 8《元帝纪》），中华书局 1962 年点校本，第 277 页。

方略的一个方面。东汉士人视"无为"为治国良策的观点也是阐释"无为"的主要向度，一些言论显然承续了韩非子的虚静"无为"观念。《潜夫论》的作者视"无为"为使"民自化"之"上德"，借此来论证"国未尝不以德昌而以兵强"①　的道理，同时，"尧、舜恭己无为而有余"②的历史资源也被视为治国安民之良策。在《论衡》一书中，"无为"一词共出现54次，其思想内涵皆围绕"无为而治"展开，是自下而上要求君上施"无为"之治思想的大集合。《论衡》一方面主张"自然无为，天之道也"③，以此来建构"无为"的终极依据，另一方面也承接了"舜承安继治，任贤使能，恭己无为而天下治"④　的历史资源，主张无为而治。此外，《风俗通义·皇霸》云："三皇垂拱无为，设言而民不违。"《白虎通》卷一《爵》云："五帝无有天下之号何？五帝德大能禅，以民为子，成于天下，无为立号也。"《白虎通·三教》引《乐稽耀嘉》亦云："舜之承尧，无为易也。"这些言论都说明，东汉士人也主张无为而治。

第三，《淮南子》"无为"观虽是自下而上的一种政治表达，但却有着政治斗争的内涵，其政治诉求与立意与前述诸文本多有不同。

总的来看，全面承纳先秦"无为"论，且从多个角度阐释"无为"观的文本当属《淮南子》。《淮南子》主张"至道无为"⑤，认为"无为"具有宇宙论意义上的合法性，"阴阳无为，故能和；道以优游，故能化"。⑥　这一文本还以"以人观之"的思维方式，建构"无为"观的理论基础，《淮南子·原道训》云："圣人内修其本，而不外饰其末，保其精神，偃其智故，漠然无为而无不为也，澹然无治也而无不治也。所谓无为者，不先物为也；所谓无不为者，因物之所为。所谓无治者，不易自然

---

① 《潜夫论·劝将》，（汉）王符著，（清）汪继培笺，彭铎校正：《潜夫论笺校正》，中华书局2014年第2版，第318页。

② 《潜夫论·明忠》，（汉）王符著，（清）汪继培笺，彭铎校正：《潜夫论笺校正》，中华书局2014年第2版，第474页。

③ 《论衡·初禀》，黄晖撰：《论衡校释》，中华书局1990年版，第128页。

④ 同上书，第340页。

⑤ 《淮南子·俶真训》，刘文典撰，冯逸、乔华点校：《淮南鸿烈集解》，中华书局1989年版，第54页。

⑥ 《淮南子·泰族训》，刘文典撰，冯逸、乔华点校：《淮南鸿烈集解》，中华书局1989年版，第677页。

也;所谓无不治者,因物之相然也。万物有所生,而独知守其根;百事有所出,而独知守其门。故穷无穷,极无极,照物而不眩,响应而不乏,此之谓天解。"基于这样的认识,《淮南子》提出"至言去言,至为无为"①,"福生于无为,患生于多欲"②,"所谓为善者,静而无为也;所谓为不善者,躁而多欲也"③ 等观点。

　　该书中,"无为"一词共出现 61 次,多用于阐发要求人主无为自持,从而使臣下,特别是诸侯王权力的存续、发展获得基于"无为"观念的合法性。该文本中,"无以为"一词共出现 4 次,其内涵也是一种特殊的治术观念,与《庄子》、帛本《老子》为代表的"无以为"观念多有不同。《淮南子》以"朴桷不斫","粝粢之饭,藜藿之羹","布衣揜形,鹿裘御寒"④ 为据,阐发帝王应当"无以为"的主张。《淮南子》还宣称:"天道无亲,唯德是与。有道者,不失时与人;无道者,失于时而取人。直己而待命,时之至不可迎而反也;要遮而求合,时之去不可追而援也。故不曰我无以为而天下远,不曰我不欲而天下不至。"⑤ 施"无以为"之治的帝王,即为"有道者",他们不会因为"无以为"而失去"天下",相反,那些"无道"之君即使十分有为,也会终将失去民心、丢掉"天下"。可见,在《淮南子》作者的思想视域中,表达无所作为而追求内在自由,或对政治现实无可奈何且不作抗争的"无以为"这一语词及其思想内涵,也已转化为一种权力运作之术。

　　由此可见,《淮南子》作者的问题意识并不在于如何使"无为"观具备充分的理论依据,而在于如何使之作用于现实政治。在《淮南子》作者看来:"人主之术,处无为之事,而行不言之教,清静而不动,一度而

---

　　① 《淮南子·道应训》,刘文典撰,冯逸、乔华点校:《淮南鸿烈集解》,中华书局 1989 年版,第 379—380 页。

　　② 《淮南子·缪称训》,刘文典撰,冯逸、乔华点校:《淮南鸿烈集解》,中华书局 1989 年版,第 341 页。

　　③ 《淮南子·氾论训》,刘文典撰,冯逸、乔华点校:《淮南鸿烈集解》,中华书局 1989 年版,第 455 页。

　　④ 《淮南子·精神训》,刘文典撰,冯逸、乔华点校:《淮南鸿烈集解》,中华书局 1989 年版,第 232—233 页。

　　⑤ 《淮南子·诠言训》,刘文典撰,冯逸、乔华点校:《淮南鸿烈集解》,中华书局 1989 年版,第 486 页。

不摇，因循而任下，责成而不劳。是故心知规而师傅谕导，口能言而行人称辞，足能行而相者先导，耳能听而执正进谏。是故虑无失策，谋无过事，言为文章，行为仪表于天下，进退应时，动静循理，不为丑美好憎，不为赏罚喜怒，名各自名，类各自类，事犹自然，莫出于己。"① 《淮南子》作者眼中理想的帝王，应当是"处无为之事""行不言之教"者，认为"视日者眩，听雷者聋，人无为则治，有为则伤"②，提出"无以天下为者，必能治天下者"③ 的主张。考虑到《淮南子》是在皇权与封国之间矛盾日趋激化时代形成的时代背景，即可知其中的"无为"观与封国及其权力体系试图构建自身的合法性有关。

总之，《淮南子》是先秦"无为"观的文本总汇，同时也是以"无为"来注解政治立场的典型文本。在《淮南子》作者的改造下，"无为"之道不再是帝王主动运用的统治技术，而是由封国势力设计的一种政治蓝图，这一蓝图中，帝王的"无为"确保了其高高在上的地位，也使封国及其权力体系的合法性得以保障，从而使"无为"之道成为蕴含着政治斗争含义的一种治国之术。

综上，秦汉士人秉持的"无为"观中，"无为而无不为"的观念是其主要方面，要求帝王在昌明法度、赏罚分明、内心虚静的前提下，实施无为而治的国家权力运行方式的主张成为他们的共同观点。综合各家思想的黄老无为之学是汉代士人形成"无为"观的理论基础，黄老无为思想对汉代士人的政治观也深具影响。以《淮南子》为代表的文本中，"无为"成为封国政治势力建构合法性的理论基础，也成为与皇权进行抗争的一种口实。

二 "无为"观对汉代国家统治理念的影响

西汉初，"天下初定，制度疏阔"④，政府推行黄老无为之术，史称：

---

① 《淮南子·主术训》，刘文典撰，冯逸、乔华点校：《淮南鸿烈集解》，中华书局1989年版，第269—270页。

② 《淮南子·说山训》，刘文典撰，冯逸、乔华点校：《淮南鸿烈集解》，中华书局1989年版，第522页。

③ 《淮南子·诠言训》，刘文典撰，冯逸、乔华点校：《淮南鸿烈集解》，中华书局1989年版，第467页。

④ 《汉书》卷48《贾谊传》，中华书局1962年点校本，第2230页。

"孝惠、高后之时,海内得离战国之苦,君臣俱欲无为,故惠帝拱己,高后女主制政,不出房闼,而天下晏然,刑罚罕用,民务稼穑,衣食滋殖。"①《汉书·刑罚志》亦载:"当孝惠、高后时,百姓新免毒蠚,人欲长幼养老。萧、曹为相,填以无为,从民之欲,而不扰乱,是以衣食滋殖,刑罚用稀。"当时的重臣也多信奉黄老之术,曹参"其治要用黄老术,故相齐九年,齐国安集,大称贤相"。②做了汉相后,日夜饮酒,"不事事"③。继曹参为相的陈平也是位黄老之术的信徒,史称其少时"好黄帝、老子之术"④,"不治事""日饮醇酒"⑤。文景之时,黄老之术盛行,"孝文本好刑名之言。及至孝景,不任儒,窦太后又好黄老术,故诸博士具官待问,未有进者"⑥。《史记·儒林传》载:"窦太后好《老子》书,召辕固生问《老子》书。固曰:'此是家人言耳。'太后怒曰:'安得司空城旦书乎?'乃使固入圈刺豕。景帝知太后怒而固直言无罪,乃假固利兵,下圈刺豕,正中其心,一刺,豕应手而倒。太后默然,无以复罪,罢之。"这可能是儒生不能信用的极端之例。

一般而言,黄老之术的黄金期在武帝之前,但是,据相关历史文献,武帝时期,黄老之术仍对当时的政治实践有一定影响。如汲黯为东海郡太守时,"学黄老之言,治官理民,好清静,择丞史而任之。其治,责大指而已,不苛小。黯多病,卧闺阁内不出。岁余,东海大治。称之。上闻,召以为主爵都尉,列于九卿。治务在无为而已,弘大体,不拘文法"。⑦后又任淮阳太守,"如故治,淮阳政清"。⑧可见黄老无为具有较为深厚的社会基础,并未完全被武帝"独尊儒术"的施政方略所替代。

东汉初,刘秀自称"吾理天下,亦欲以柔道行之"⑨。太子刘庄曾谏其父:"陛下有禹汤之明,而失黄老养性之福",劝谏其父以黄老养性,

---

① 《汉书》卷3《高后纪》,中华书局1962年点校本,第104页。
② 《史记》卷54《曹相国世家》,中华书局1959年点校本,第2029页。
③ 同上书,第2029页。
④ 《史记》卷56《陈丞相世家》,中华书局1959年点校本,第2062页。
⑤ 《汉书》卷40《王陵传》,中华书局1962年点校本,第2048页。
⑥ 《汉书》卷88《儒林传》,中华书局1962年点校本,第3592页。
⑦ 《史记》卷120《汲黯传》,中华书局1959年点校本,第3105页。
⑧ 同上书,第3110页。
⑨ 《后汉书》卷1《光武帝纪下》,中华书局1965年点校本,第68—69页。

并无劝其实施黄老之政的意图，学者们多认为刘秀承袭了西汉中期以来
"霸王道杂之"的统治称"光武所谓柔道，自是英雄欺人！"①还认为东
汉时黄老政治已然退出历史舞台，"其政治方向的发展亦告终结"②。笔者
认为，东汉时，光武帝所谓的"柔道行之"虽不能解读为典型地继承了
黄老政治，但是结合东汉时期世家豪族把持朝政及地方各项事务的历史，
可以看出，东汉时期国家权力运作的实际情形就是无为而治。

　　综合以上分析，无为而治的统治之术多实施于汉高祖至汉景帝时期，
这一点是毋庸置疑的，但是，黄老无为之术的影响应当是贯穿了整个汉
代。具体来说，汉初最高统治集团普遍信奉黄老之术，这一方面是当时国
家形势所需，另一方面可能与汉高祖为首的淮北政治集团，把地方文化转
化为全国性的统治之术的治术选择有一定关联，但作为一种统治理念，汉
代士人主张无为而治的思想氛围对最高统治显然产生了一定的影响。从当
时的国家体制看，异姓诸侯被剪除后，分封了诸多刘姓诸侯，这些封国在
地方上拥有很大的自主权，政府实施无为而治，实际上等于承纳了地方封
国的合法性。西汉虽然承袭了秦制，但就分封刘姓诸侯建立封国等举措
看，并非照搬秦的制度，而是容纳了先秦旧制，重新建构起二元化的权力
结构，以此来整合社会力量，以稳定时局。学术界把汉初群臣善事黄老之
术解读为避祸之术，如胡适先生就认为，汉初打击异姓诸侯，吕后专政后
严防诸臣，"有头脑的人都感觉多一事不如少一事，有为不如无为，良法
美制都无用处，不如少出主意，少生事端"③。这种观点虽有一定可取之
处，但未必能够全然解释汉初群臣信仰黄老政治的缘由。曹参、陈平诸人
是最高统治集团的中坚，是帝王统治方略的实施者，自然也是分封刘姓之
策的拥护者，他们善事黄老之术，实质上是整个统治集团统治意志的体
现，并非仅仅避祸之举。至于窦太后坚定维护黄老之术，其意图在于维持
刘氏子孙共同参与的分封大业，使皇帝至封国诸王都能在既定的政治秩序
中找到合法存续的政治空间，对可能破坏这一体制的人自然是不留情面

---

① 陈登原：《国史旧闻》（第一分册），生活·读书·新知三联书店1958年版，第382页。
② 张岂之主编：《中国思想学说史·秦汉卷》，广西师范大学出版社2007年版，第145页。
③ 胡适：《中国中古思想史长编》，姜义华主编：《胡适学术文集·中国哲学史》（上），中
华书局1991年版，第352页。

的。此外，窦太后十分在意儒生对《老子》的评价，说明汉代士人关于黄老之术的学术思考，已然上升到国家意识形态建构的高度，与之有关的思想文本是国家统治理念的文本基础，也是政治行为合法性的一个注脚，容不得异议。

汉武帝在治国之术上的改弦易辙说明黄老之术仅是一种统治技术，且与君主追求的一元化的统治体制有相悖之处，等时机成熟，自然会以君主专权的统治模式取代它。但是，汲黯的政治实践说明无为而治具有较深厚的社会基础，因为当时的地方豪族认可无为而治，汲黯任东海郡守时，很大程度上容忍了地方豪强对社会诸事务的支配权，从而得到他们的支持，取得"大治"的统治效果。事实上，这并不是汉武帝时期一个孤例，汉初，曹参为齐相时，早就用黄老之术成功治理齐国之政。以地方豪强为代表的一股政治势力逐步坐大，至东汉时已形成门阀政治①，把持了从中央到地方的政治权力②，由他们构成的政治势力成为消解皇权专制的主导力量，并与皇权构成事实上的二元化的权力结构，从而抑制了君主专权的统治意志，使国家权力在诸多社会领域形成无为而治的统治状态。

地方政治势力介入国家统治理念建构的典型事例，莫过于淮南王刘安门客以《淮南子》一书中的无为思想来劝谏武帝给地方诸侯的政治生存保留一些空间。作为一种学术思想，《淮南子》综合了诸家无为之说，既有"无以为"自然主义审美观，也有修养身心的养生理论，而作为一种政治思想，《淮南子》意在建构诸侯国存续的合法性。尽管在汉武帝的打击下，诸侯国势力日趋委顿，但并未真正退出历史舞台，从新近出土的海昏侯刘贺之墓的规制及陪葬品数量看，武帝之后，诸侯仍是一股较为强大的政治势力。地方豪强势力坐大后，逐步取代刘姓诸侯成为要求帝王施无为之政的主推者，与之有关的学术思想在东汉时期也较活跃。

---

① 周天游:《论东汉门阀形成的标志——东汉门阀问题研究之一》，《西北大学学报》（哲学社会科学版）1989 年第 3 期。

② 周天游:《东汉门阀形成的上层建筑诸因素——东汉门阀问题研究之三》，《学术界》1989 年第 5 期。

第二节　秦汉士人的君主专制理念及其文本建构

秦汉时期的君主专制及其建构问题，既是了解二千年来君主专制体制发育、成形的关键，也是探究专制主义意识形态形成、发展的重要环节。因之，学术界十分关注这一问题，相关研究成果也甚为丰硕。通过对特定文本的形成过程及其内容的解析来了解该文本的思想特质，是思想文化史领域颇为流行的研究方法，而对特定时期具有某种共性的数个文本的线性解析，则可以展示一个时代的思想兴味。笔者拟通过分析《吕氏春秋》《新语》《新书》《淮南子》《史记》《春秋繁露》《盐铁论》《白虎通义》诸文本所见秦汉士人的君主专制理念，来研探究这一时期中央集权体制的文本建构及其影响。

一　"王权—贵族"社会传统与秦汉士人的君主专制理念

先秦时期，各级各类贵族把持着国家大权①，无论是与夏王有盟誓关系的部族首领，还是在"复合制国家结构"② 中臣服于商王的方国首领，抑或是获得分封的西周诸侯，他们在地方上都拥有政治、经济及文化上的相对独立权，在与王权长期共存的历史进程中，贵族阶层在政治特权的护佑下形成了适合自身存续发展的思想观念和文化传统。春秋战国时期，贵族集团的政治诉求和文化传统与百家争鸣的时代潮流相交并，借此来延续其影响。就儒、道二家而言，其思想视域中无论是关于夏代部族联盟和商代方国联盟的历史记忆，还是对西周封建礼乐制度的美化或批判，贵族政治及其文化传统都是他们形成思想主张的历史资源。换言之，儒、道二家的思想主张实际上是"王权—贵族"社会的政治及其文化传统在春秋战国时期的表现与延续。儒家承续西周礼乐传统，他们或以恢复周天子权威为宗旨，或试图以"仁义"规范新兴势力，目的都在于重新确立上下有序的封建秩序，从而使贵族阶层重新获得政治上和文化上的准确定位；道家则预感到集权统治不可避免及贵族势力崩溃的历史必然，他们或提倡

---

① 沈长云：《先秦史》，人民出版社 2006 年版，第 170—178 页。
② 王震中：《论商代复合制国家结构》，《中国史研究》2012 年第 3 期。

"无为"之治，或力行避世哲学，形成独特的政治立场和价值观念。总之，正如《淮南子·修务训》所言："世俗之人，多尊古而贱今，故为道者必托之于神农、黄帝而后能入说。"利用旧有政治遗产及思想观念来应对变局，很大程度上是诸子思想的一个共性。

战国末年，享有世卿世禄特权的旧贵族势力逐步瓦解，军功贵族为代表的新兴贵族势力迅速成长，吕不韦就是其中最具代表性的一员。吕不韦得势时，曾领有众多食邑，起初，他"食蓝田十二县"①，后又"食河南洛阳十万户"②，燕、赵二国发生冲突，燕国为拉拢秦国，送河间十城为吕不韦封邑。吕不韦不仅封邑广大，且"家僮万人"③，俨然堪比西周时期的诸侯王。实际上，七雄争霸的战国时代，和吕不韦类似的新兴贵族为数众多，即使在秦国，王翦、李斯等人的势力也可与吕不韦比肩。不仅如此，嬴氏统治集团拥有悠久的封建渊源，其所创立的二十等军功爵制兼有辨贵贱和褒功勋的功能，且在"爵重于官"这一点上显示了封建贵族身份制的传统影响④，而二十等军功爵制则为新兴贵族势力的巩固和发展提供了更为广阔的社会基础。

吕不韦为代表的新兴贵族势力一方面借助君权来扩充、巩固权势，另一方面又生怕专制君权抑制、瓦解其合法性，进而对法家思想主导下的中央集权产生抗拒心理，并试图定义他们理想中的中央集权体制。庄襄王在位时，吕不韦为秦国相邦，嬴政继位后，尊为"仲父"，权倾朝野，这都为他提供了定义、限制君主专制的政治基础，而《吕氏春秋》则是他实施这一理念的一个文本表征。

《吕氏春秋·不二》云："听群众人议以治国，国危无日矣。"主张："一则治，异则乱；一则安，异则危。"因此，尽管认为"老耽贵柔，孔子贵仁，墨翟贵廉，关尹贵清，列子贵虚，陈骈贵齐，阳生贵己，孙膑贵势，王廖贵先，儿良贵后，此十人者，皆天下之豪士也"，但其思想主旨

---

① （西汉）刘向集录：《战国策》卷7《濮阳人吕不韦贾于邯郸》，上海古籍出版社1985年版，第281页。

② 《史记》卷85《吕不韦列传》，中华书局1959年点校本，第2509页。

③ 同上书，第2510页。

④ 阎步克：《品位与职位：秦汉魏晋南北朝官阶制度研究》，中华书局2009年版，第98页。

绝非诸子观念的简单叠加和拼凑，而是通过尽可能详尽地集合、重构诸子思想文献的基础上，试图整合出一套自成体系的治国方案。

《吕氏春秋》力倡儒家民本思想，主张"主之本在于宗庙，宗庙之本在于民"①，认为统治者须先得民心而后得天下，"先王先顺民心，故功名成。夫以德得民心以立大功名者，上世多有之矣。失民心而立功名者，未之曾有也。得民必有道，万乘之国，百户之邑，民无有不说。取民之所说而民取矣，民之所说岂众哉！此取民之要也。"② 要得天下，统治者须先"修身"，主张"为国之本在于为身，身为而家为，家为而国为，国为而天下为"③。同时也须礼贤下士，认为："贤主所贵莫如士。所以贵士，为其直言也。言直则枉者见矣。人主之患，欲闻枉而恶直言，是障其源而欲其水也，水奚自至？"④《吕氏春秋》力倡孝道，认为："夫执一术而百善至、百邪去、天下从者，其惟孝也。"⑤ 因此十分重视移孝作忠的社会管理与控制功能，主张"知之盛者莫大于成身，成身莫大于学。身成，则为人子弗使而孝矣，为人臣弗令而忠矣"⑥。儒家的仁爱理念也渗入这一文本中，《吕氏春秋·精通》云："德也者，万民之宰也。月也者，群阴之本也。月望则蚌蛤实，群阴盈；月晦则蚌蛤虚，群阴亏。夫月形乎天，而群阴化乎渊；圣人形德乎己，而四方咸饬乎仁。"值得注意的是，先秦儒家的批判思想也为《吕氏春秋》所吸纳，主张："天下非一人之天下也，天下之天下也。"⑦《吕氏春秋·恃君览》亦云："置君非以阿君也，

①　《吕氏春秋·务本》，许维遹撰、梁运华整理：《吕氏春秋集释》，中华书局 2009 年版，第 298 页。

②　《吕氏春秋·顺民》，许维遹撰、梁运华整理：《吕氏春秋集释》，中华书局 2009 年版，第 199—200 页。

③　《吕氏春秋·执一》，许维遹撰、梁运华整理：《吕氏春秋集释》，中华书局 2009 年版，第 469 页。

④　《吕氏春秋·贵直论》，许维遹撰、梁运华整理：《吕氏春秋集释》，中华书局 2009 年版，第 620 页。

⑤　《吕氏春秋·孝行览》，许维遹撰、梁运华整理：《吕氏春秋集释》，中华书局 2009 年版，第 307 页。

⑥　《吕氏春秋·尊师》，许维遹撰、梁运华整理：《吕氏春秋集释》，中华书局 2009 年版，第 95—96 页。

⑦　《吕氏春秋·贵公》，许维遹撰、梁运华整理：《吕氏春秋集释》，中华书局 2009 年版，第 25 页。

置天子非以阿天子也",这种被郭沫若称为"具有一种钢铁的声音"① 的批判理念,显然与子思"恒尔(称)其君之亚(恶)者,可胃(谓)忠臣矣"② 的思想如出一辙。先前所述,《吕氏春秋》也吸纳了道家无为而治的施政方针。总体上看,《吕氏春秋》是在借助儒、道二家的思想,试图形成定义、限制法家化的君主专制理论体系。

《吕氏春秋》是"以道德为标的,以无为为纲纪,以忠义为品式,以公方为检格"③ 的整合之作,其中,渗入《吕氏春秋》的儒家思想主张多与该文本的具体施政主张相关,而道家的无为思想则是其试图定义和规范集权体制及其边界的理论基石,显然,《吕氏春秋》是先秦贵族政治及其文化传统在新时代延续的一个文本表征。杨宽先生认为《吕氏春秋》试图用儒家"德""义"来纠法家"严罚厚赏"④ 之偏颇,而吕不韦与秦始皇在政治上的矛盾和思想上的分歧最终使《吕氏春秋》的治国理论没能得以实施。⑤ 杨先生的分析是中肯的,不过,从里耶秦简 J16 正面第 4 行所载"田时殹(也)不欲兴黔首"⑥,岳麓书院藏第 1541 秦简"为人君则惠,为人臣忠,为人父则兹(慈),为人子则孝,为人下则圣(听),为人友则不争"⑦ 等出土文献看,儒家提倡的"不违农时"及其忠孝、仁义等的伦理观念也是秦施政措施的组成部分,这从一个侧面能够说明《吕氏春秋》所吸收的儒家思想的确对秦政产生过一定影响。然而,《吕氏春秋》的《分职》《审应》《士节》诸篇章中提倡君主"处虚""无智、无能、无为","劳于求人,而佚于治事"等的道家政治哲学,则与秦的集权体制格格不入。战国以来,法家理念盛行秦国,秦人对"厚赏"趋

---

① 郭沫若:《十批判书》,东方出版社 1996 年版,第 437 页。

② 《郭店楚简·鲁穆公问子思》,荆门市博物馆:《郭店楚墓竹简》,文物出版社 1998 年版,第 141 页。

③ (汉)高诱:《吕氏春秋序》,载许维遹撰,梁运华整理《吕氏春秋集释》,中华书局 2009 年版,第 3 页。

④ 《吕氏春秋·上德》,许维遹撰,梁运华整理:《吕氏春秋集释》,中华书局 2009 年版,第 518 页。

⑤ 杨宽:《吕不韦和〈吕氏春秋〉新评》,《复旦学报》1979 年第 5 期。

⑥ 湖南省文物考古研究所等:《湖南龙山里耶战国——秦代古城一号井发掘简报》,《文物》2003 年第 1 期。

⑦ 陈松长:《岳麓书院藏秦简〈为吏治官及黔首〉略说》,中国文化遗产研究院编:《出土文献研究》第 9 辑,中华书局 2010 年版。

之若鹜，而对"严罚"避之不及，遂有"虎狼"之称。① 秦的历代君主多以积极有为著称于世，秦统一六国后，中央集权体制进一步深化，以至"天下之事无小大皆决于上"。② 在新的中央集权体制面前，试图让君主"无智、无能、无为"，并借此来规范这一体制在社会诸领域的边界，显然是在与虎谋皮。嬴政亲政后，吕不韦受嫪毐叛乱牵累被贬，后饮鸩自裁。吕不韦作为新兴贵族势力的代言者，尽管试图借自身实力及既有的封建传统，用儒家仁义、道家无为等传统思想资源来规范、抵制新兴的君主专权体制的"惨礉少恩"③ 及其对"王权—贵族"社会遗留下的政治文化传统的威胁，但最终也难抵君主专制体制本身的历史步伐。从吕不韦的个人命运反观秦的君主专制及其建构方式，它显然是以法家化的政治结构为基础的，从中也蕴含着这一新兴政治体制的建构方式，即以消解"王权—贵族"社会政治及其文化传统为其施政宗旨。

西汉前期，诸子之学重又兴起。陆贾的《新语》、贾谊的《新书》、刘安的《淮南子》、司马迁的《史记》皆试图以儒、道思想或一己之学整合诸子百家。这些文本的思想立意和政治诉求虽各有不同，但或多或少都受到《吕氏春秋》的影响④，先秦贵族政治传统借助诸子思想的延播仍对当时的社会政治产生重要影响。

从文本与政治变迁的内在关系看，对汉初政治产生影响的文本首推《新语》，其著者陆贾以《诗》《书》进谏刘邦，终获信用，要求陆贾"试为我著秦所以失天下，吾所以得之者何，及古成败之国"⑤。陆贾为一介书生，他著述立旨的目的主要不在于借机维护自身政治利益，而是试图利用旧有文化传统中的政治智慧来解决当时社会存在的各种问题。

《新语》首先剖析了秦速亡的原因，认为："秦始皇设刑罚，为车裂之诛，以敛奸邪，筑长城于戎境，以备胡、越，征大吞小，威震天下，将帅横行，以服外国，蒙恬讨乱于外，李斯治法于内，事逾烦天下逾乱，法逾滋而天下逾炽，兵马益设而敌人逾多。秦非不欲治也，然失之者，乃举

---

① 何晋：《秦称"虎狼"考》，《文博》1999 年第 5 期。
② 《史记》卷 6《秦始皇本纪》，中华书局 1959 年点校本，第 258 页。
③ 《史记》卷 63《老子韩非列传》，中华书局 1959 年点校本，第 2156 页。
④ 徐复观：《两汉思想史》（第二卷），华东师范大学出版社 2001 年版，第 34—48 页。
⑤ 《史记》卷 97《郦生陆贾列传》，中华书局 1959 年点校本，第 2699 页。

措太众、刑罚太极故也。"① 秦之速亡的主因是"举措太众、刑罚太极"，当新兴的中央集权体制以严刑峻法将权力的触角伸向社会的各个层面，试图用集权统治将天下一切事务归拢于皇权的管辖之下时，导致"事逾烦天下逾乱，法逾滋而天下逾炽，兵马益设而敌人逾多"的结果。

秦因"尚刑而亡"，说明"谋事不并仁义者后必败，殖不固本而立高基者后必崩"②，为避免重蹈秦的覆辙，陆贾认为必须借助儒、道二家的政治智慧来解决汉初的各种社会问题。首先，陆贾试图以儒家仁义思想来重构君主专制的施政性格，他认为："天地之性，万物之类，怀德者众归之，恃刑者民畏之，归之则充其侧，畏之则去其域。故设刑者不厌轻，为德者不厌重，行罚者不患薄，布赏者不患厚，所以亲近而致远也。"③ 只有施德政者才能得民心，行仁义者才能得天下，主张"虐行则怨积，德布则功兴，百姓以德附，骨肉以仁亲，夫妇以义合，朋友以义信，君臣以义序，百官以义承，曾、闵以仁成大孝，伯姬以义建至贞，守国者以仁坚固，佐君者以义不倾，君以仁治，臣以义平，乡党以仁恂恂，朝廷以义便便，美女以贞显其行，烈士以义彰其名……"④ 其次，在立国之道方面，陆贾极力推崇道家的无为思想，认为："道莫大于无为，行莫大于谨敬，何以言之？昔舜治天下也，弹五弦之琴，歌《南风》之诗，寂若无治国之意，漠若无忧天下之心，然而天下大治。"⑤《新语》提倡道家无为思想，有其深刻的政治基础，因为布衣出身的刘姓皇室在因袭旧有传统方面显然比秦代更为彻底，其表现之一即为大规模恢复分封制。战国时，为实行中央集权制，秦国曾以都官之制拉拢宗室贵戚，在其所封邑之地设立都官，后又为了褒奖军功在军功贵族封邑也实施都官之制。战国末年，都官与县几乎是同等的地方行政机构。⑥ 秦统一六国后，废止了都官制，导致宗室贵戚与皇权疏离。秦末乱局中，皇权没有了宗亲贵族势力的依凭，一

① 《新语·无为》，王利器撰：《新语校注》，中华书局1986年版，第62页。
② 《新语·道基》，王利器撰：《新语校注》，中华书局1986年版，第29页。
③ 《新语·至德》，王利器撰：《新语校注》，中华书局1986年版，第117页。
④ 《新语·道基》，王利器撰：《新语校注》，中华书局1986年版，第30页。
⑤ 《新语·无为》，王利器撰：《新语校注》，中华书局1986年版，第59页。
⑥ ［日］工滕元男著，［日］广濑薫雄、曹峰译：《睡虎地秦简所见秦代国家与社会》，上海古籍出版社2010年版，第50—69页。

败涂地。西汉初年吸取前朝教训，废止异姓分封后，广泛实行同姓分封，使用宗族势力填充地方政治之空白，以求屏卫皇室的政治功效，正所谓"广强庶孽，以镇抚四海，用承卫天子也"①。《新语》将分封同姓的政治基础与先秦道家的政治哲理结合起来，既达到了利用先秦政治智慧解决当下问题的目的，也为刘邦的施政作了很好的理论注解。

《新语》将儒家的仁义和道家的无为熔为一炉，希望统治者能"握道而治，据德而行，席仁而坐，杖义而强，虚无寂寞，通动无量"②。这种意识形态上的设计与汉高祖的施政方略多有相合之处，史称陆贾奉旨作《新语》，"每奏一篇，高帝未尝不称善，左右呼万岁"③，可见陆贾推崇的"无为"是汉初实行同姓分封的思想基石，也是刘邦为首的统治集团吸取亡秦教训，试图以宗藩势力护卫君权的政治实践，而陆贾力倡的儒家仁义则帮助汉初的统治者有效地冲淡了法治的严苛，收拢了民心。从《新语》与汉初的政治关系来看，汉初的君主专制体制借助先秦贵族政治及其文化传统巩固并完善着自身的社会政治基础，这也使得新兴君主专制体制消解旧有文化传统的步伐暂时得以放缓。与此同时，陆贾利用先秦贵族政治及其文化传统，试图限制、规范君主专制，并定义皇权在社会诸领域产生影响的边界与范围的努力也暂时得以实现。因此，《新语》可看作新旧政治势力暂时达成妥协的一个文本见证。

贾谊的《新书》也是一部通过反思、批判秦之苛政，试图影响西汉前期君主专制体制建构进程的重要思想文本。与陆贾糅合儒、道的思路不同，贾谊主张以儒家礼乐精神来改革时政，认为："礼者，所以固国家，定社稷，使君无失其民者也。"他把儒家礼乐精神视为治国之根本，主张"君惠臣忠，父慈子孝，兄爱弟敬，夫和妻柔，姑慈妇听，礼之至也"④。正唯如此，贾谊曾向汉文帝建议"改正朔，易服色制度，定官名，兴礼乐"⑤，借此彻底摒弃秦政之残余，以儒治国。贾谊反对分封，认为即使

---

① 《史记》卷 17《汉兴以来诸侯王年表》，中华书局 1959 年点校本，第 802 页。

② 《新语·道基》，王利器撰：《新语校注》，中华书局 1986 年版，第 28 页。

③ 《史记》卷 97《郦生陆贾列传》，中华书局 1959 年点校本，第 2699 页。

④ 《新书·礼》，（汉）贾谊撰，阎振益、钟夏校注：《新书校注》，中华书局 2000 年版，第 214—215 页。

⑤ 《汉书》卷 48《贾谊传》，中华书局 1962 年点校本，第 2222 页。

是同姓诸侯，其势力一旦坐大，定会反叛，这是形势所至，并非因骨肉亲情而有所不同，他主张"夫树国必审相疑之势，下数被其殃，上数爽其忧。凶饥数动，彼必将有怪者生焉。祸之所杂，岂可预知。故甚非所以安主上，非所以活大臣者也，甚非所以全爱子者也"①。为解决宗藩势力坐大而削弱皇权的问题，贾谊提出"众建诸侯而少其力"②，即"其有子以国其子，未有子者建分以须之"③的策略，来加强中央集权。

西汉前中期离战国及秦未远，君主专制的建构基础及其面对的社会情状与战国及秦相类似，虽然中央集权的君主专制政体致力于消弭传统政治结构中的离心倾向，但在实际的国家管理过程中仍然会因袭前制，以求因利就便的统治效果。如汉代的官僚体系中，除有禄秩系统外，也有"公卿大夫士"的爵位系统。④虽然二十等爵在汉代不断贬值，但列侯与关内侯的封授仍是对官僚权益的重要补偿，官僚一旦封侯，其地位比拟于先秦贵族，这是一种身份的升格，是官僚拥有特权的象征。⑤即使是禄秩也往往包含着政府授予官僚的特权，六百石以上官员拥有免役权、"先请"权和子弟入学权，二千石以上的则有任子权，这说明汉代官员的禄秩也体现着官僚的贵族性，而使官僚普遍拥有贵族性则体现了汉代君主专制建构的具体特点。针对列侯势力庞大不利于中央集权的状况，贾谊曾上书汉文帝，让"列侯就国"⑥，因此得罪权贵，被贬为长沙王太傅，这说明新旧政治势力所达成的暂时的妥协与平衡，并非能被一介书生所能撼动。

陆贾、贾谊皆为书生，他们对诸子之学的承续是本着以亡秦为鉴，且为统治者提供施政方略的意图，并非是为自身利益作注解。所不同的是，

---

① 《新书·藩伤》，（汉）贾谊撰，阎振益、钟夏校注：《新书校注》，中华书局2000年版，第36—37页。

② 《新书·藩强》，（汉）贾谊撰，阎振益、钟夏校注：《新书校注》，中华书局2000年版，第39—40页。

③ 《新书·藩伤》，（汉）贾谊撰，阎振益、钟夏校注：《新书校注》，中华书局2000年版，第37页。

④ 杨振红：《秦汉官僚体系中的公卿大夫士爵位系统及其意义——中国古代官僚政治社会构造研究之一》，《文史哲》2008年第5期。

⑤ 阎步克：《品位与职位：秦汉魏晋南北朝官阶制度研究》，中华书局2009年版，第33页。

⑥ 《汉书》卷48《贾谊传》，中华书局1962年点校本，第2222页。

陆贾以先秦贵族政治及其文化传统中的共性因素为其主张立据,而贾谊则试图在黄老之术盛行的时代,让皇权改换统治方略,达到以儒治国之目的。因此,在他们的思想视域中,中央集权体制的弊病皆与严刑苛法有关,但他们提出的解决问题之道,则各有不同,而从儒、道杂糅到以儒治国的思想变迁,则预示着西汉君主专制及其建构方式的变化。

西汉前中期,"王权—贵族"社会政治及其文化传统对君主专制的离心倾向,以及君主专制政体对这一离心倾向的改造、消解,还集中反映在《淮南子》这一思想文本中。如前所述,对刘室子孙进行分封,也是汉政权因袭前制的一个典范。汉初的分封的确为该政权的稳固起到较为积极的作用,但是汉室分封是构建大一统政治的一种手段,与西周初年的分封不可同日而语,由此导致的政治后果却有很多相似之处,其中,正如贾谊所指出的那样,郡国之于中央所形成的离心倾向在文、景之时已成为严重的政治问题。史称"藩国大者夸州兼郡,连城数十,宫室百官同制京师",分封诸国"小者淫荒越法,大者睽孤横逆","可谓挢拄过其正矣"。① 秦以法家之治疏远宗室,最终落得玉石俱焚,但汉代皇室在面对诸侯国势力分化、瓦解中央集权的各种苗头时,则采取了有效措施,全方位、有系统地消解了宗室成员为代表的地方势力对中央集权的威胁。文、景之时,曾不惜制造冤狱或发动战争来解决诸侯分权问题,为此,曾上演过诸多宗室相残的人间悲剧,淮南王刘安之父刘长就曾遭文帝猜忌,构陷冤死。当然,刘长"不用汉法……自为法令,拟于天子"② 的傲慢、骄恣,是中央王朝终结其权势的主要借口。

据史书记载,"淮南王安为人好书,鼓琴,不喜弋猎狗马驰骋,亦欲以行阴德拊循百姓,流名誉。招致宾客方术之士数千人"③。可见,尽管受到过皇权的打压和裁抑,刘安家族的权势、财力仍然炽盛,否则不可能招揽"宾客方术之士数千人"。武帝即位,刘安入朝献《淮南内篇》,并奉旨作《离骚传》。刘安献书,其目的固然是为汉室的千秋宏业着想,也有曲意配合武帝施政的想法,但其真正用意则是试图用这个以"无为"

① 《汉书》卷14《诸侯王表》,中华书局1962年点校本,第394、395页。
② 《史记》卷118《淮南衡山列传》,中华书局1959年点校本,第3076页。
③ 《汉书》卷44《淮南衡山济北王传》,中华书局1962年点校本,第2145页。

为思想主核的文本向武帝宣示诸侯王集团的政治主张，并为同姓诸侯的存续提供基于意识形态意义上的合法性。刘安对黄老道家"无为"思想的标榜，不仅是通过《要旨》一篇来反复审说，他的门客们在表述儒家礼乐思想时，也明示"仁义礼乐者"，是"可以救败，而非通治之至"① 的衰世之策，只有"无为"才是理想的国家管理与社会控制手段。

《淮南子》一书的作者认为："夫道者，覆天载地，廓四方，柝八极，高不可际，深不可测，包裹天地，禀授无形。原流泉浡，冲而徐盈；混混滑滑，浊而徐清。故植之而塞于天地，横之而弥于四海，施之无穷而无所朝夕。"② "道"是宇宙万物的本体，是世界的本原，而"无为为之而合于道，无为言之而通乎德，恬愉无矜而得于和，有万不同而便于性，神托于秋豪之末，而大宇宙之总"。③ "无为"既然合乎"道"，就有着本然的合理性，"无为而治"则是这一宇宙规律在现实社会中的投影，因此主张"夫圣人用心，杖性依神，相扶而得终始，是故其寐不梦，其觉不忧。……当此之时，万民猖狂，不知东西，含哺而游，鼓腹而熙，交被天和，食于地德，不以曲故是非相尤，茫茫沈沈，是谓大治。于是在上位者，左右而使之，毋淫其性；镇抚而有之，毋迁其德。是故仁义不布而万物蕃殖，赏罚不施而天下宾服。其道可以大美兴，而难以算计举也"④。既然无为之治的好处"难以算计举"，那么统治者自然应当尊奉之。显然，儒、道思想分野只是《淮南子》一书的表象，刘安和他的门客们在呈示不同治国方案的思想表达中，显然是在刻意地向皇权兜售"无为"之治。

《淮南子》还敢于批评皇权，"夫有天下者，岂必摄权持势，操杀生之柄而以行其号令邪？吾所谓有天下者，非谓此也，自得而已。自得，则天下亦得我矣。吾与天下相得，则常相有，己又焉有不得容其间者乎！所

---

① 《淮南子·本经训》，刘文典撰，冯逸、乔华点校：《淮南鸿烈集解》，中华书局 1989 年版，第 250 页。

② 《淮南子·原道训》，刘文典撰，冯逸、乔华点校：《淮南鸿烈集解》，中华书局 1989 年版，第 1 页。

③ 同上书，第 2—3 页。

④ 《淮南子·俶真训》，刘文典撰，冯逸、乔华点校：《淮南鸿烈集解》，中华书局 1989 年版，第 48—50 页。

谓自得者，全其身者也。全其身，则与道为一矣。"① 可见，所谓让统治者"自得"的立论依据仍是合于"道"的"无为"。显然，《淮南子》这一文本的政治立意是试图将皇权限定在既有的政治与思想边界中，进而"与天下相得"，借此来限制、规范中央集权体制。

以同姓诸侯为代表的地方割据势力，在政治形态与观念意识上继承了"王权—贵族"社会的政治传统，且在西汉前期拥有较为牢固的社会基础，在统治者上层中喜好黄老无为之术者不在少数，百姓亦对诸侯王势力怀抱同情，刘长死后，百姓作歌："一尺布，尚可缝；一斗粟，尚可舂。兄弟二人不能相容。"文帝听闻，无奈感叹："天下岂以我为贪淮南王地邪？"他先"徙城阳王王淮南故地，而追尊谥淮南王为厉王"②，后又立其三子为诸侯，这既是避嫌，也是与既有的政治遗产表示妥协。到汉武帝时，统治方略改弦易辙，国家专事于构建大一统政治。对待同姓诸侯势力方面，汉武帝下推恩之令，以削弱藩国，《新书》中《藩强》《藩伤》等篇力倡的削藩之策在这一时期得以落实。汉武帝还以左官律、附益法限制封国势力，以解除其对中央集权的威胁。在这样的政治背景下，《淮南子》以"无为"来限制皇权，为诸侯王争取生存空间的企图无异于与虎谋皮。元狩元年（前 122），刘安被贯以"废法度，行邪辟，有诈伪心，以乱天下，营惑百姓，背畔宗庙，妄作妖言"的罪名，被迫自杀。他死后，"列侯、二千石、豪杰数千人，皆以罪轻重受诛"③。刘安与吕不韦皆以自裁归终，《吕氏春秋》和《淮南子》在意识形态领域内的地位与作用也有类似之处，所不同的是，刘安和他的门客们可能比吕不韦及其门客更具生存上的紧张感，因为西汉中期以来，君主专制的建构模式比秦代更为完善、具体，这在很大程度上抑制了旧有政治遗产的存续空间。刘安在政治上的破产宣告了《淮南子》试图利用旧有贵族政治及其文化传统，特别是道家无为思想来抑制皇权，为同姓诸侯谋求生存空间的努力最终落空，同时也昭示着新旧政治势力所达成的妥协与平衡业已打破，中央集权

① 《淮南子·原道训》，刘文典撰，冯逸、乔华点校：《淮南鸿烈集解》，中华书局 1989 年版，第 36 页。

② 《史记》卷 118《淮南衡山列传》，中华书局 1959 年点校本，第 3080—3081 页。

③ 《汉书》卷 44《淮南衡山济北王传》，中华书局 1962 年点校本，第 2152 页。

体制谋求的"大一统"已然在一些社会领域成为事实。

秦及西汉中期，君主专制及其建构历程总体上是以中央集权体制代替旧有的"王权—贵族"社会的政治及其文化传统，但其建构历程本身则表现得更为复杂。在这一过程中，不同程度地利用旧有政治遗产是君主专制建构自身合法性的一个共性。同时，针对不同时期的社会政治特点，君主专制体制或锐意进取，或因势利导，其结果都对"王权—贵族"社会的政治及其文化传统造成了无可挽回的打击和消解。从文本与政治变迁的关系来看，上述文本背后的政治势力及士人群体或试图以旧有文化传统抑制专制因素的成长，或试图定义集权体制在政治及思想领域的边界与范围，但最终都难以抵御新旧交替的历史必然。

汉武帝力图消解"王权—贵族"社会的政治及文化传统对中央集权体制的冲击力，但由旧体制酝酿而生的思想观念、文化传统仍然存续，并对当时的社会产生着较大影响。从士人的文本建构角度看，《史记》的立意与主旨显然承继了春秋战国时代的士文化传统，在专制统治日渐严苛的时代，以历史书写的形式强调士人文化传统对现实政治的超越，并试图以历史叙事挣脱专制政治对士人思想的规约与控制。《史记》虽然是一部史书，但和《吕氏春秋》及《淮南子》一样，司马迁也试图整合诸子百家之学，所不同的是，司马迁不是仅利用诸子陈说，而是以史家的理智与士人的情怀试图对历史与现实做出独立判断。

汉武帝统治时期，大一统理念渗入经济、民族关系及意识形态领域，这大大增强了君主专制体制在国家管理与社会控制方面的施政效果。然而，在经济领域，盐铁官营、均输平准之策导致的官乱民贫远甚于对国家财政的优化；在思想文化领域，"自武帝立五经博士，开弟子员，设科射策，劝以官禄"的结果，表面上使皇权控制了学术，但儒家经学也自此沦为儒生们铺就"禄利之路"[1]的一块敲门砖；连年对外用兵，致使国家财力、人力损耗严重。武帝末年，"天下虚耗，百姓流离"[2]的"亡秦之迹"频现，武帝个人的好大喜功和大一统政治的专制残暴，使整个国家濒临危乱衰败。

---

① 《汉书》卷88《儒林传》，中华书局1962年点校本，第3620页。
② 《汉书》卷75《夏侯胜列传》，中华书局1962年点校本，第3156页。

生活在汉武帝时代的司马迁，亲身经历了汉室天下的由盛而衰，史家的身份和士人的道义，促使他试图以《春秋》之义修正武帝之失。司马迁认为，"拨乱世反之正，莫近于《春秋》"①，而孔子是一位以"作《春秋》"来"追修经术，以达王道"②的圣人。正是在《春秋》之义的精神指引下，司马迁在《酷吏列传》中揭露了君主专制的残酷本性，在《平准书》中直陈武帝施政之失。司马迁在《太史公自序》中感叹道："余尝掌其官，废明圣盛德不载，灭功臣世家贤大夫之业不述，堕先人之言，罪莫大焉。"为此，他以帝王本纪为项羽立传，以诸侯世家为孔子显名，这种历史书写背后的思想立意与精神旨趣显然与专制皇权在意识形态领域的建构目标背道而驰，而司马迁"不虚美，不隐恶"③的著史之风，体现了春秋战国时期士人们追求独立思考、热衷思想争鸣的价值观念和文化传统。

面对以《史记》为代表的文本及其思想内涵，君主专制体制也建构起相应的对策，以收摄、消解这些文本的社会影响。《史记》成书后，曾长期藏于宫廷府库，只有少数人才能接触到该书。东汉时，班固被赐予《史记》副本，但其篇幅比原作少了数篇。显然，禁止传播以避免形成社会影响是专制皇权对付异己思想文本的首要手段。《史记》还长期被斥为离经叛道的"谤书"，汉人指责该书"其是非颇谬于圣人，论大道则先黄老而后六经，序游侠则退处士而进奸雄，述货殖则崇势利而羞贱贫，此其所蔽也"。④《史记》之所以被视"谤书"，据说是其中有"贬天子"之意，而所谓"贬天子"实际上恰恰反映出《史记》一书的思想立意与大一统专制的意识形态不相吻合，故以"谤书"之名毁坏其名誉，进而达到遏制其思想产生影响的目的。东汉时，经删节、续补的《史记》被刘姓皇室"松绑"，士人也多以儒家理念解读之。《史记》由"谤书"向"正史"的转化过程，也是《史记》被置于儒家的意义世界中予以解构和再建构的过程⑤，而后世士人思想视域中《史记》与其原始精神也已相去

---

① 《史记》卷 130《太史公自序》，中华书局 1959 年点校本，第 3297 页。
② 同上书，第 3310 页。
③ 《汉书》卷 62《司马迁传》，中华书局 1962 年点校本，第 2738 页。
④ 同上书，第 2737—2738 页。
⑤ 陈莹：《从接受视域探析唐前〈史记〉的儒化现象》，《史学月刊》2011 年第 5 期。

甚远。由此,我们还能看出,君主专制政权对待异己思想文本的一个"狠招",就是通过删节文本或解构文本的原始解读背景,来达到消解其思想意旨的目的。

二 西汉中期以来士人的君主专制理念及其文本建构

"王权—贵族"社会的政治及其文化传统成为秦汉君主专制政体打压、消解的对象,同样始自先秦的一些文化观念则成为建构中央集权意识形态的重要资源。春秋以来,周礼崩坏,王官典籍流散民间,诸子之学因此勃兴,思想争鸣也成为时代潮流。诸子在宣传自身思想理念时,往往以嘲讽、攻击其他各派为能事,即便是同一学派内部,也有水火不容的思想交锋。如孟子将战国时期的"显学"墨家和杨朱之学斥为"禽兽"[1],他的学术思想则被荀子贬为"甚僻违而无类,幽隐而无说,闭约而无解"[2]。此外,庄子黜孔、墨子退儒皆有贬斥他学、标榜己意的目的。诸子间的思想争鸣的确是不容置疑的历史事实,但思想争鸣并不代表当时有真正意义上的思想自由,诸子都想以自身的思想主张和政治蓝图来压倒对方,进而使自己的学派获得王权青睐。诸子间的思想交锋固然造就了百家争鸣的辉煌局面,但他们之间相互轻薄、贬损所造成的思想内耗和为争夺权力体系的认可与赏识而形成的功利主义学风,也是春秋战国时期形成的一种文化传统,而这一传统的延续也曾作用于秦汉君主专制及其建构过程。

从文本与政治变迁的角度看,《春秋繁露》是典型地利用了上述文化传统,进而对汉代意识形态学说史形成重要影响的一个文本。"汉兴……天下众书往往颇出,皆诸子传说,犹广立于学官,为置博士"[3]。诸子之学复出后,立于学官的不光有《五经》及儒家传记作品,也包括其他诸子之书,特别是《老子》等道家文本甚受重视,《五经》在当时并不具有特殊地位。不仅如此,在学术层面上,黄老哲学往往被视为"王道"之本,而儒家礼乐思想则被看成是退而求其次的治国之术,这一点在《吕

---

① 《孟子·滕文公下》,(清) 焦循撰,沈文倬点校:《孟子正义》,中华书局 1987 年版,第 456 页。

② 《荀子·非十二子》,(清) 王先谦撰,沈啸寰、王星贤点校:《荀子集解》,中华书局 2013 年版,第 110—111 页。

③ 《汉书》卷 36《楚元王传》,中华书局 1962 年点校本,第 1968—1969 页。

氏春秋》和《淮南子》中表现得尤为突出。因此，不仅在政治上汉初的儒生们没有获得特殊的宠信、优渥，其思想主张也甚难见信于君王，在学术领域内，儒学也并不占优势。正唯如此，当儒生们终于迎来武帝时期统治方略转型的时代契机时，便不惜使出浑身解数，借皇权贬低、打压诸子之学，借此使儒学获得独尊地位。董仲舒曾建言"《春秋》大一统者，天地之常经，古今之通谊也。今师异道，人异论，百家殊方，指意不同，是以上亡以持一统；法制数变，下不知所守。臣愚以为诸不在六艺之科孔子之术者，皆绝其道，勿使并进。邪辟之说灭息，然后统纪可一而法度可明，民知所从矣"①。董仲舒以学术上的整齐功夫，把"不在六艺之科孔子之术者"斥为"邪辟之说"，建议汉武帝"绝其道"。汉武帝建元五年（前136），"置五经博士"②，除其他诸子之书，《论语》《孝经》《尔雅》等儒家传记作品也被罢博士。光元元年（前134），董仲舒献《天人三策》，其中，"罢黜百家，表章六经"③ 的建议显然与武帝之前的施政相呼应，为儒学的正统化奠定了坚实基础。在儒生与皇权互为利用的关系中，以争鸣之名实施学术上的整齐功夫成为皇权建构专制统治的一种资源，而《春秋繁露》就是在这样的政治与学术背景下形成的颇具影响力的一个思想文本。

　　《春秋繁露》以"天人合一"鼓吹君权神授，以"天人感应"、阴阳、五行学说包装皇权，并以"奉天而法古""张三世""存三统"等治经之法来确立儒家经学的基本框架，通过收摄诸子之学使学术思想定于一尊，并由此来配合现实政治的大一统。在"天人感应"方面，董仲舒提出："天有阴阳，人亦有阴阳。天地之阴气起，而人之阴气应之而起，人之阴气起，而天地之阴气亦宜应之而起，其道一也。"④ 正唯"天人感应"，所以有阴阳、五行，所谓"天地之气，合而为一，分为阴阳，判为四时，列为五行。行者行也，其行不同，故谓之五行。五行者，五官也，

---

① 《汉书》卷56《董仲舒传》，中华书局1962年点校本，第2523页。
② 《汉书》卷6《武帝本纪》，中华书局1962年点校本，第159页。
③ 同上书，第212页。
④ 《春秋繁露·同类相动》，苏舆撰，钟哲点校：《春秋繁露义证》，中华书局1992年版，第360页。

比相生而间相胜也。故为治,逆之则乱,顺之则治"①。董仲舒将宇宙的运行看作人类行为的结果和道德的体现,借此为"君权神授"立论。同时,在董仲舒的"天人感应"学说中,"君臣、父子、夫妇之义,皆取诸阴阳之道。君为阳,臣为阴;父为阳,子为阴;夫为阳,妻为阴。阴道无所独行。其始也不得专起,其终也不得分功,有所兼之义。是故臣兼功于君,子兼功于父,妻兼功于夫,阴兼功于阳,地兼功于天"。②董仲舒借阴阳、五行学说,将人伦物理神秘化、理论化,其目的则是借此论证"天子"对人世间的一切拥有主宰权,"唯天子受命于天,天下受命于天子,一国则受命于君。君命顺,则民有顺命;君命逆,则民有逆命。故曰:'一人有庆,万民赖之。'此之谓也"③。

在政治观上,董仲舒极力标榜《公羊春秋》之"大一统"思想,主张"春秋之道,奉天而法古"④。为夯实"大一统"的合法性基础,董仲舒还将孔子塑造为力倡"大一统"思想的圣人,把《春秋》视为孔子的治国大纲,"《春秋》应天作新王之事"⑤ 则是孔子的政治主张。董仲舒提出:"今所谓新王必改制者,非改其道,非变其理,受命于天,易姓更王,非继前王而王也。若一因前制,修故业,而无有所改,是与继前王而王者无以别。"⑥ 显然,《春秋繁露》是董仲舒借诸子之学来统摄纲纪、彰明法度的再创作,其目的是为汉武帝加强皇权、转变统治策略提供意识形态层面上的理论参照,而他生拉硬扯、强词夺理的整合功夫和功利主义的解经策略则对后世经学和传统思维方式产生了重要影响⑦,《春秋繁露》

① 《春秋繁露·五行相生》,苏舆撰,钟哲点校:《春秋繁露义证》,中华书局 1992 年版,第 362 页。

② 《春秋繁露·基义》,苏舆撰,钟哲点校:《春秋繁露义证》,中华书局 1992 年版,第 350—351 页。

③ 《春秋繁露·为人者天》,苏舆撰,钟哲点校:《春秋繁露义证》,中华书局 1992 年版,第 319 页。

④ 《春秋繁露·楚庄王》,苏舆撰,钟哲点校:《春秋繁露义证》,中华书局 1992 年版,第 14 页。

⑤ 《春秋繁露·三代改制质文》,苏舆撰,钟哲点校:《春秋繁露义证》,中华书局 1992 年版,第 187 页。

⑥ 《春秋繁露·楚庄王》,苏舆撰,钟哲点校:《春秋繁露义证》,中华书局 1992 年版,第 17 页。

⑦ 赵伯雄:《从〈春秋繁露〉看董氏〈春秋〉学》,《南开学报》1995 年第 1 期。

利用诸子思想包装、夯实"大一统"的意旨则集中地反映了集权体制在意识形态领域内的独占性和排他性。

为皇权建构大一统意识形态的同时，《春秋繁露》也试图将儒家仁爱思想纳入它所设计的政治蓝图中，主张："《春秋》之道，大得之则以王，小得之则以霸……霸王之道，皆本于仁。"① 它还试图以异灾、谴告之说约束皇权，声称"天有和有德，有平有威，有相受之意，有为政之理，不可不审也"②。然而，在君主专制及其建构理念中，董仲舒塑造的孔子形象只不过是一个招牌，统治者决不会因此就真的会践行仁爱思想，相反，大一统理念一旦渗入思想文化领域，传统文化中的精华与人类的良知往往会被利用、歪曲，统治者就曾明言："汉家自有制度，本以霸王道杂之，奈何纯〔任〕德教，用周政乎！"③ 不仅于此，面对强大的皇权，灾异、谴告之说的约束力更是微乎其微，董仲舒本人就曾"以《春秋》灾异之变推阴阳所以错行"而获罪，不敢"复言灾异"。④《春秋繁露》中的整齐功夫和解经策略最终都被收摄于大一统的专制统治，这说明当时的士人观念已受到皇权更为严格的控制和管束。

《春秋繁露》意味着以整合诸子之学来建构大一统意识形态的阶段已基本告终，自此后，皇权对学术思想的干预也不再仅仅满足于整齐、收摄的表面功夫，而是通过设定思想议题、调和内部纷争等手段，来进一步强化大一统理念在意识形态领域内的地位与作用。在这方面，《盐铁论》和《白虎通义》是颇具代表性的两个文本。

汉昭帝始元六年（前81），朝廷从各地召集贤良文学60多人到长安，与御史辩论国事，史称"盐铁会议"。《汉书》卷六六《公孙刘田王杨蔡陈郑传·赞》云："所谓盐铁议者，起始元中，征文学贤良问以治乱，皆对愿罢郡国盐铁酒榷均输，务本抑末，勿与天下争利，然后〔教〕化可兴。御史大夫弘羊以为此乃所以安边竟，制四夷，国家大业，不可废

---

① 《春秋繁露·俞序》，苏舆撰，钟哲点校：《春秋繁露义证》，中华书局1992年版，第161页。

② 《春秋繁露·威德所生》，苏舆撰，钟哲点校：《春秋繁露义证》，中华书局1992年版，第462页。

③ 《汉书》卷8《元帝纪》，中华书局1962年点校本，第277页。

④ 《汉书》卷56《董仲舒传》，中华书局1962年点校本，第2524页。

也。"可见,这次会议主要是针对武帝大一统施政得当与否进行辩论。事过 30 年后,桓宽整理相关记录,并增广条目,写成《盐铁论》。

在盐铁会议上,辩论双方对盐铁官营、酒类专卖、均输平准、统一铸币等财经政策,乃至屯田戍边、对匈奴战和等问题,展开诘难、论争。昭帝"使丞相、御史与所举贤良、文学语。问民间所疾苦"①。贤良文学之士认为:"窃闻治人之道,防淫佚之原,广道德之端,抑末利而开仁义,毋示以利,然后教化可兴,而风俗可移也。今郡国有盐、铁、酒榷,均输,与民争利。散敦厚之朴,成贪鄙之化。是以百姓就本者寡,趋末者众。夫文繁则质衰,末盛则本亏。末修则民淫,本修则民悫,民悫则财用足,民侈则饥寒生。愿罢盐、铁、酒榷、均输,所以进本退末,广利农业,便也。"② 他们明确反对武帝的经济政策,认为盐铁官营之策是与民争利,违背了"贵德而贱利,重义而轻财"③ 的道德准则,引诱人民背义趋利。他们还认为官营工商业"非治国之本务"④,指责官府经营工商业是"与商贾争市利"⑤,主张"进本退末,广利农业"。

御史大夫则认为:"夫禄不过秉握者,不足以言治,家不满檐石者,不足以计事。儒皆贫羸,衣冠不完,安知国家之政,县官之事乎?"⑥ 在他们眼里,贤良文学之士贫穷羸弱,连为孝资格都不具备,更遑论国事,且他们尊奉的孔子、孟轲等,虽"修道鲁、卫之间,教化洙、泗之上",或"受上大夫之禄,不任职而论国事",而"鲁国之削滋甚""潜王遁逃,死于莒而不能救",这足以说明"儒者之安国尊君,未始有效也"⑦。他们还认为,贤良文学之士"信往而乖于今,道古而不合于世务"⑧,是一些保守固执的不识时务者,没有资格与御史共论政事。御史极力维护武帝施政,认为盐铁官营不仅增加了财政收入,还借此加强了政治控制,"铁器兵刃,天下之大用也,非众庶所宜事也。往者,豪强大家,得管山海之

---

① 《盐铁论·本议》,王利器校注:《盐铁论校注》,中华书局 1992 年版,第 1 页。
② 同上。
③ 《盐铁论·错币》,王利器校注:《盐铁论校注》,中华书局 1992 年版,第 56 页。
④ 《盐铁论·本议》,王利器校注:《盐铁论校注》,中华书局 1992 年版,第 3 页。
⑤ 《盐铁论·园池》,王利器校注:《盐铁论校注》,中华书局 1992 年版,第 172 页。
⑥ 《盐铁论·地广》,王利器校注:《盐铁论校注》,中华书局 1992 年版,第 209 页。
⑦ 《盐铁论·论儒》,王利器校注:《盐铁论校注》,中华书局 1992 年版,第 149 页。
⑧ 《盐铁论·刺复》,王利器校注:《盐铁论校注》,中华书局 1992 年版,第 130 页。

利，采铁石鼓铸，煮海为盐。一家聚众，或至千余人，大抵尽收放流人民
也。远去乡里，弃坟墓，依倚大家，聚深山穷泽之中，成奸伪之业，遂朋
党之权，其轻为非亦大矣！今者，广进贤之途，练择守尉，不待去盐、铁
而安民也”①。可见，在他们看来，盐铁官营是抑制地方豪强势力、强化
皇权的明智之策。

刘姓皇权标榜以孝治天下，儒家也有“三年无改于父之道，可谓孝
矣”②的警语，昭帝想要改弦易辙的政治、舆论压力较为沉重，他以御史
大夫与贤良文学的大辩论为借口，来修正乃父之策，一定程度上减轻了这
种压力。这次会议后，政府废除了酒的专卖和关内铁官，说明昭帝借盐铁
会议补救武帝施政之偏的目的也在一定程度上得到落实。盐铁会议的举行
还和当时的政治斗争有关，大将军霍光不满桑弘羊把持财经大权，试图借
盐铁会议削弱桑弘羊及丞相车千秋的实力，以扩张自己的权势。从文本内
容来看，《盐铁论》一书时常引用《春秋繁露》，以为立论依据，贤良文
学的主张也基本承袭了董仲舒的思想。不过，《盐铁论》的记录者桓宽曾
“治《公羊春秋》”③，由他整理而成的文本与原始记录之间的不同之处在
于，他是用今文经家的眼光来择别材料，由此夸大了御史大夫和贤良文学
间的分歧，强化了今文经学主导下的意识形态在该文本中的主导地位。

总之，《盐铁论》是君主专制政权自我调适的一个文本表征，具有政
治斗争的内涵，同时也是王朝国家控制、规范思想议题和政治观念的一个
文本见证。盐铁会议的辩论双方不能被简单地看作两种思想传统或治国之
术的代言人④，贤良文学标榜的儒家思想和御史大夫的执政理念都是表达
自身立场或维护自身利益的口实。而在意识形态领域内，通过某个议题或
某场辩论，来为调整施政纲领作舆论先导，并协调统治集团内部的权力分
配，则是大一统政权进一步强化君主专制的具体建构方式。

西汉武帝至东汉章帝时期，被刘氏皇权确立为官方意识形态的儒家经
学呈分化趋势，今、古文经学从儒经著录上的文字分歧，逐步发展成为经

---

① 《盐铁论·复古》，王利器校注：《盐铁论校注》，中华书局1992年版，第78—79页。
② 《论语·学而》，程树德撰，程俊英、蒋见元点校：《论语集释》，中华书局2014年第2
版，第54页。
③ 《汉书》卷66《公孙刘田王杨蔡陈郑传·赞》，中华书局1962年点校本，第2903页。
④ 王利器：《桑弘羊与〈盐铁论〉》，《西北大学学报》1982年第1期。

学研究中截然对立的文化流派，政治主张上的分野也日趋明显。总体上看，今文经学无论在学术上还是在政治上都占有优势，但古文经学也颇受皇权青睐，西汉末年及新莽政权时期，古文经就曾一度得势。光武中兴后，"范升、陈元、李育、贾逵之徒争论古今学，后马融答北地太守刘环及玄答何休，义据通深，由是古学遂明"①。今、古文经学的论争，以学术分歧为口实，其实质是儒生以经学攀附皇权，来铺就他们的"禄利之路"②。

经学内部的纷争虽然在客观上活跃了学术，但显然不利于正统意识形态的确立。为平息今、古文经之争，控制经学思想的解释权，汉章帝建初四年（79），朝廷召集太常、将、大夫、博士、议郎、郎官及诸生在洛阳北宫的白虎观"讲议五经同异"，"帝亲称制临决，如孝宣甘露石渠故事，作《白虎议奏》"。③ 此次会议的目的在于由皇帝亲自裁决经义，来弥合今、古经学异同，实现经学的统一。这次会议的记录由班固整理成为《白虎通义》一书。

综观《白虎通义》，该书显然是以今文经学思想为主核，通过收摄古文经学的一些思想理念和当时泛滥风行的谶纬思想，对国家制度、社会生活和伦理原则等方面做出规定。《白虎通义》在承袭《春秋繁露》"天人合一"理念的基础上，构建出一套颇具神学色彩的宇宙观。《白虎通义·天地》云："始起先有太初，然后有太始，形兆既成，名曰太素。混沌相连，视之不见，听之不闻，然后判清浊，既分，精曜出布，庶物施生……故《乾凿度》云：'太初者，气之始也。太始者，形之始也。太素者，质之始也。阳唱阴和，男行女随也。'"宇宙起源于"太初"，经"太始"到"太素"才形成天地，而"天者，何也？天之为言镇也。居高理下，为人镇也。地者，元气之所生，万物之祖也"。④ 在这一宇宙观的思想体系中，"天道"是至高无上的，决定着人世间的一切，"天道莫不成于三：天有三光，日、月、星；地有三形，高、下、平；人有三等，君、父、

---

① 《后汉书》卷35《张曹郑列传》，中华书局1965年点校本，1208页。
② 《汉书》卷88《儒林传》，中华书局1962年点校本，第3620页。
③ 《后汉书》卷3《章帝纪》，中华书局1965年点校本，第138页。
④ 《白虎通义·天地》，（清）陈立撰，吴则虞点校：《白虎通疏证》，中华书局1994年版，第420页。

师。……天有三光，然后能遍照，各自有三法，物成于三，有始，有中，有终。明天道而终之也"①。《白虎通义》还以五行思想比附人事，"五行者，何谓也？谓金木水火土也。言行者，欲言为天行气之义也。地之承天，犹妻之事夫，臣之事君也。其位卑，卑者亲视事，故自同于一行尊于天也"②。可见，《白虎通义》以今文经学设定的宇宙秩序来比附人类社会，并以天道、阴阳、五行学说来阐释皇权纲纪的合法性。

《白虎通义·五行》云："子顺父，妻顺夫，臣顺君，何法？法地顺天也。"世间的人伦物理也须遵照天地、阴阳、五行的法则。《白虎通义》鼓吹帝王就是天之子，是至高无上的圣人，有权力决定人世间的一切，"圣人者何？圣者，通也，道也，声也。道无所不通，明无所不照，闻声知情，与天地合德，日月合明，四时合序，鬼神合吉凶"③。既便是儒家的孝道观也要服从于忠君理念，"不以父命废王父命，何法？法金不畏土而畏火"④；"诛不避亲戚何？所以尊君卑臣，强干弱枝，明善善恶恶之义也"⑤。为强化忠君理念，专制皇权在利用传统文化的基本内核基础上，把持了相关范畴的定义权和解释权，进而使之向有利于自身的方面发展⑥，最终达成"移孝作忠"之目的，使今、古文经师们的论争收摄于君主专制的威权，从而使之成为中央集权体制建构自身合法性的一种方式。

此外，《白虎通义》折中今、古文经学的经典体系，把《诗》《书》《礼》《易》《乐》定为《五经》，"经，常也。有五常之道，故曰《五经》。《乐》仁，《书》义，《礼》礼，《易》智，《诗》信也。人情有五

---

① 《白虎通义·封公侯》，（清）陈立撰，吴则虞点校：《白虎通疏证》，中华书局1994年版，第131页。

② 《白虎通义·五行》，（清）陈立撰，吴则虞点校：《白虎通疏证》，中华书局1994年版，第166页。

③ 《白虎通义·圣人》，（清）陈立撰，吴则虞点校：《白虎通疏证》，中华书局1994年版，第334页。

④ 《白虎通义·五行》，（清）陈立撰，吴则虞点校：《白虎通疏证》，中华书局1994年版，第197页。

⑤ 《白虎通义·诛伐》，（清）陈立撰，吴则虞点校：《白虎通疏证》，中华书局1994年版，第211页。

⑥ 方光华：《思想与皇权的协调——论孝观念从孔孟到〈白虎通义〉的转变》，《学术研究》2008年第5期。

性，怀五常不能自成，是以圣人象天五常之道而明之，以教人成其德也"①。在统一经学所依据的文本体系的同时，《白虎通义》还以名号、三纲、六纪、乡射、辟雍、丧服、五刑等明确社会各阶层的纲常伦纪，礼仪、丧葬、衣冠等制度及国家管理的具体手段。显然，该书虽属经学范畴，因其含有"圣谕广训"，故而具有法典的意义和作用②，集中体现了中央集权的大一统政治意志。

三　余论

通过分析文本与政治之间互动关系的演变轨迹，可对秦汉士人的君主专制理念及其文本建构作出如下总结：

从君主专制建构的历程看，秦及西汉前中期，如果说君主专制的大一统政治是新生事物的话，在其形成过程中，"王权—贵族"社会的政治结构及其文化传统伴随着这一新生事物，二者间的角力也是新旧政治结构相生相克的过程，而君主专制及其建构历程实质上是对旧有政治结构及其文化传统的消解过程。西汉中期以来，集权体制仍在利用旧有文化传统建构自身的合法性，同时，其在意识形态领域内的独占性与排他性因素逐步增强。这一时期，《春秋繁露》《盐铁论》及《白虎通义》等文本所表达的思想意旨与政治观念也日趋受到君主专制体制的规范与控制。

从秦汉君主专制的建构方式看，尽管皇权专制主要是通过官僚制度得以实现的，但借助思想文化观念来形塑、完善这一制度，也是其重要的建构方式，这一点在西汉中期以来的施政过程中表现得尤其明显。鉴于亡秦教训，两汉专制体制的建构者和维护者都希望能有长治久安的施政效果，因此，通过调整统治方略，与社会各种势力，尤其是与士人集团达成妥协，也是其强化君权的建构方式。因此，秦汉君主专制的建构方式中蕴含着某种双重性：在君权的引导、鼓励或规范下，士人群体通过整合诸子之学来为君主专制体制提供适合其存续的统治蓝图和思想体系，进而形成了体系较为完备的意识形态及其思想结构；逐步完善的意识形态又在很大程

---

① 《白虎通义·五经》，（清）陈立撰，吴则虞点校：《白虎通疏证》，中华书局1994年版，第447页。

② 任继愈：《中国哲学发展史·秦汉》，人民出版社1985年版，第474、494页。

度上强化了君权在这一领域内的作用与影响，从中也可以看出君主专制体制及其权力性格的多重性，也可窥见帝王治术的演进过程。

从秦汉君主专制理念建构的特点看，秦及西汉前期，士人群体或特定思想文本背后的政治势力利用"王权—贵族"社会的政治及其文化传统，试图定义、规范君主专制体系，以抑制专制因素的成长，这虽在一定程度上限制了君主专制的垄断性、暴力性，但思想文本能够发挥作用与否都取决于君权本身。西汉中期以来，在君权基于宇宙论意义上的权力合法性建构中，皇权至高无上，其合法性的维度不能为任何政治势力、士人群体或宗教团体所干预或控制。正唯如此，对君主权力的制约或对这一权力的分配，往往与其官僚制度的运行法则有关，而与思想观念中的限制皇权理论基本无涉。由此可见，皇权的垄断性是君主专制体制建构的本质特点。

当然，也须看到士人的君主专制理念及文本建构与实际的权力运作之间有一定的差距。秦及西汉前期，皇权为核心的权力运作与一些士人利用旧有政治及文化传统试图消解君主专制的理念之间构成一对反差甚大的矛盾体；西汉中期以来，尽管士人的君主专制理念建构与皇权的施政之间曾形成相互呼应的关系，但昭宣以来，随着豪强大族的复兴及其在社会各领域地位与作用的逐步强化，与"王权—贵族"社会二元化的权力结构相类似的情形重又形成，且成为东汉乃至魏晋南北朝时期国家权力结构的主要形态。在这样的历史背景下，士人的君主专制理念建构与国家权力事实上的运作状态之间也形成较大差异。总之，秦汉士人的君主专制理念及其文本建构属于"典籍思想史"的范畴，与其权力运作之间的关系甚为复杂，其中既有相合的部分，也有相差异的成分。正如严耕望先生所言："历史的演进是不断的，前后有联贯性的，朝代更换了，也只是统治者的更换，人类社会的一切仍是上下联贯，并无突然的差异。"① 对于君主专制体制而言，其统治基础的构建历程也是一个上下联贯的历史过程，如若结合特定时期的文本建构来反观这一建构历程，或许可以更深入地体察到这一历史过程的内在规律及其复杂性。

---

① 严耕望：《治史三书·治史经验谈》，上海人民出版社 2011 年版，第 12 页。

第 五 章

秦汉国家统治思想管窥

秦是君主专权的时代，但统治集团内部也有支持或要求分封的声音，意识形态领域内的理性意志与非理性的政治实践，导致统治意志与施政效果之间产生巨大反差，这都体现了秦代国家统治思想的内在矛盾。从《张家山汉简·二年律令》的立法原理看，汉初在暂时承纳分封体制的前提下，围绕二十级军功爵制制定法规，并以此来建构新的统治基础，借此来限制分封，消解"内""外"格局中抑制皇权的政治因素，逐步使皇权成为支配国家权力、财富的中心力量。

两汉时期，君主专权体制的诸多特征渗透于社会的方方面面之时，六国贵族遗绪及一些新的离心力量从这一政治结构中孕育而生，且逐步壮大，成为消解、弱化皇权的一股政治力量，进而影响了两汉君主专制及其建构历程。这股新的离心力量即是豪强、豪族、世族、士族、门阀等。《后汉书·文苑传·赵壹》云："法禁屈挠于势族，恩泽不逮于单门。"《晋书·刘毅传》云："上品无寒门，下品无势族。"《宋书·恩幸传序》亦称："郡县掾史，并出豪家，负戈宿卫，皆由势族。"上述"势族"是指"现实拥有权势的大族"。[①]"势族"一词除可以涵括豪强、豪族、世族、士族、门阀，也可包含出身卑微但迅速崛起的"盛门"之家。因此，笔者拟以"势族"这一名词命名这股新的政治力量。

秦汉势族的来源颇为复杂，六国贵族是早期势族的主体，汉代分封体制下形成的刘姓宗室是举足轻重的势族成员，地方豪强是势族集团的核心

---

① 孙立群：《世族、士族与势族》，《历史教学》1997 年第 2 期。

成员，他们往往聚族而居，结成一个政治团体且一致对外对抗中央政府①，因此成为中央政府打击的对象，因军功爵制得到封赏而形成的势族颇具权势，可称为官僚势族，他们中的一些人把持着中央及地方的行政大权，甚至拥有左右时局的重大权力。两汉经学大兴，以经传家的士族，也是势族的组成部分，他们以经世致用之术，亦对汉代政治及文化形成重要影响。东汉及魏晋时期，豪族门阀集团的形成，使势族集团的力量达到鼎盛阶段。

势族往往兼有官僚、地主、商人等身份，他们中的一些人既是这一集团的代言者，又是皇权及其官僚体系的组成部分，一些人或把持地方政权或为拥有大量土地及奴婢的大地主或者二者兼有，还有一些人专门从事商业但能在官商勾结的地方社会中拥有很大权势。因此，和先秦时期的贵族集团既参与王权政治又与王权构成相对独立的关系大致相同，势族集团与皇权及其官僚体系之间也形成既相互联系又相互制衡的错综复杂的关系。

本章中，除上述有关秦代及汉初国家统治思想研究外，笔者拟以酷吏政治所见汉武帝的施政，昭宣时期因循前朝施政的具体内容及这一时期统治思想中的新变化，王莽改制与国家统治思想的修正，以及光武帝时期的统治思想为分析对象，以皇权与势族集团的关系为主线，解析秦汉时期国家统治思想主要内涵及其影响。

第一节　秦代国家统治理念内在矛盾解析

秦代国家统治理念中，主张分封的声音较为微弱，但也能反映出当时统治者内部存有分歧。君主专权的统治意志与具体的施政措施之间也构成矛盾，典型地反映了统治集团内部的分歧与矛盾。从国家意识形态的诸多载体看，秦朝意图以理性意志表达、规范国家统治，但从具体施政过程及其结果看，非理性统治犹如脱缰野马把秦政权拉向崩溃的深渊。导致这一结果的原因与秦代国家统治理念的内在矛盾有关。

---

① ［加］卜正民主编，［美］陆威仪著，王兴亮译：《哈佛中国史》第1卷《早期中华帝国：秦与汉》，中信出版集团2016年版，第124页。

一　统治者的分歧

秦统一六国后，实施了一系列旨在实现强化一元化统治的措施，秦始皇的统治意志鲜明地体现了君主专权的顶层权力设计模式，依法治国也成为具有独占性特质的国家权力运作方式。

近代以来的政治思想史研究领域，揭示秦代一元化统治格局的具体表现形式及其思想动因成为占主流地位的研究思路，其国家统治理念复杂甚或隐秘的一面甚少引起注意。细读《史记·秦始皇本纪》，司马迁早就把当时最高统治集团内部的分歧及其言论陈之于众，结合秦代进一步泛化分封制的制度创新及其实施效果，更能明确地感知到当时统治集团内部的分歧，以及这些分歧所导致的政治后果。

秦虽然是一个纳入周代分封体制较晚的诸侯国，但悠久的分封传统以及由此构成的二元化权力结构是春秋及战国前期秦国的国家权力构成模式。秦也是一个典型的"王权—贵族"社会，秦公（王）为主体的王权体系与由宗室、诸卿构成的贵族集团结成统治集团，后者亦对前者的权力起到抑制作用，直到商鞅变法，贵族集团在国家权力体系中一直起着维持既有权力秩序的重要作用。商鞅以打击旧贵族势力、扶持军功贵族为主要变法举措，意在建构一元化统治的社会基础，期间，宗室成为受打压的对象，他们也是反对变法的主体力量，其言论、行为可以看作与秦孝公为主体的支持变法的统治集团的对立面，史称"鞅之初为秦施法，法不行，太子犯禁。鞅曰：'法之不行，自于贵戚。君必欲行法，先于太子。太子不可黥，黥其傅师。'于是法大用，秦人治。及孝公卒，太子立，宗室多怨鞅，鞅亡，因以为反，而卒车裂以殉秦国"①。"宗室多怨鞅"意味着两股政治力量的角逐，也意味着两种统治意志的对撞。

商鞅变法之后，秦国宗室力量逐步呈减弱趋势，统一六国后，在秦始皇强大的统治意志面前，支持或要求分封的声音却一直没有断绝。统一六国初，丞相绾等人上奏："诸侯初破，燕、齐、荆地远，不为置王，毋以填之。请立诸子，唯上幸许。"② 他们以"燕、齐、荆地远"为由，希望

---

① 《史记》卷5《秦本纪》，中华书局1959年点校本，第205页。
② 《史记》卷6《秦始皇本纪》，中华书局1959年点校本，第238—239页。

秦始皇分封诸子以稳定对地方的控制，这在当时也不失为一种有效统治诸侯故地的举措。之后，一系列一元化的集权统治措施引起一些社会群体的反感、非议，公子扶苏劝谏其父："天下初定，远方黔首未集，诸生皆诵法孔子，今上皆重法绳之，臣恐天下不安。唯上察之。"①"诸生皆诵法孔子"即谓士人群体怀念旧制，反感秦的重刑、苛政。秦二世而亡，这对汉初的统治者及士人形成强大的心理冲击，他们试图找到秦速亡的原因，而"子婴孤立无亲，危弱无辅"②的教训是汉人以秦为鉴，图谋长治久安的一个共识。

秦的统治上层中，反对分封且要求秦始皇打压分封言论，坚定地实施一元化统治模式的言论一直占有上风。李斯说："昔者五帝地方千里，其外侯服夷服诸侯或朝或否，天子不能制。今陛下兴义兵，诛残贼，平定天下，海内为郡县，法令由一统，自上古以来未尝有，五帝所不及。"③他还说："周文武所封子弟同姓甚众，然后属疏远，相攻击如仇雠，诸侯更相诛伐，周天子弗能禁止。今海内赖陛下神灵一统，皆为郡县，诸子功臣以公赋税重赏赐之，甚足易制。天下无异意，则安宁之术也。置诸侯不便。"④李斯是秦始皇的重臣，他的言论既代表了法家的政治思想，也体现着秦始皇的统治意志。秦代统治集团中，反对分封者当然不止李斯一人，群臣大多支持李斯，要求坚定地推行君主专权的统治意志。他们认为："古之帝者，地不过千里，诸侯各守其封域，或朝或否，相侵暴乱，残伐不止，犹刻金石，以自为纪。古之五帝三王，知教不同，法度不明，假威鬼神，以欺远方，实不称名，故不久长。其身未殁，诸侯倍叛，法令不行。今皇帝并一海内，以为郡县，天下和平……"⑤从这些言论看，反对分封者主要是从上古分封时代帝王不能有效控制地方诸侯，分封诸侯关系疏远后相互征伐等角度，认为分封制导致"残伐不止""法度不明"，统治效果远不及君主专权，而秦始皇的统治使天下法令一统、和平安宁，

① 《史记》卷6《秦始皇本纪》，中华书局1959年点校本，第258页。

② 《新书·过秦下》，（汉）贾谊撰，阎振益、钟夏校注《新书校注》，中华书局2000年版，第16页。

③ 《史记》卷6《秦始皇本纪》，中华书局1959年点校本，第236页。

④ 同上书，第239页。

⑤ 同上书，第246—247页。

其功勋为前世所未有，"五帝所不及"。站在支持君主专权的统治意志立场看，上述言论显然是抓住了"王权—贵族"社会二元化权力结构的主要弊病，即贵族集团的权力势必会分化王权，靠血缘关系维持统治集团内部凝聚力的方式显然也不及依法治国的统治效果，而在他们看来，这些不利因素恰恰是君主专权统治方式可以避免的。

反对分封的统治意志逐步发展为一种政治禁忌。秦始皇巡游至湘山祠，"逢大风，几不得渡。上问博士曰：'湘君何水神？'博士对曰：'闻之，尧女，舜之妻，而葬此。'于是始皇大怒，使刑徒三千人皆伐湘山树，赭其山"①。尧舜禅让是广为流传的历史故事，更是"王权—贵族"社会二元化权力结构的典型体现，让位于贤臣的历史故事背后是贵族集团分化君权甚至可取君权而代之的政治思想，而这恰恰是秦始皇最为忌讳的。秦二世时，"乃行诛大臣及诸公子，以罪过连逮少近官三郎，无得立者，而六公子戮死于杜"。② 以杀戮的方式解除宗室对皇权可能构成的威胁，是反对分封、巩固君主的甚为极端的例子。

以上分析说明秦代最高统治集团内部在如何治理国家，如何分配国家权力等方面是有分歧的，尽管实施君主专权的统治意志占绝对优势，但秦代统治集团内部也有要求恢复或保留旧制的声音。

在支持君主专权的统治集团内部，也存在分歧，这些分歧对秦的国家统治构成极大威胁。秦代反对分封的统治者以"广封众建"的形式推广分封，这是构成秦代国家统治思想内在矛盾的主因。商鞅变法以来，军功封爵制在秦国成功实施，至秦统一前后，形成完整的二十级爵制，秦人重"爵"胜于重"官"，因为"爵"是身份标志，附带有众多的特权。③ 秦代把二十级爵制与国家授田制结合起来，使帝王恩泽遍被全国，秦始皇巡游时，群臣为其所立的琅邪台石刻云："人迹所至，无不臣者。功盖五帝，泽及牛马。"④ 碣石门石刻亦云："惠论功劳，赏及牛马，恩肥土域。"⑤ 秦

---

① 《史记》卷6《秦始皇本纪》，中华书局1959年点校本，第248页。
② 同上书，第268页。
③ 阎步克：《品位与职位：秦汉魏晋南北朝官阶制度研究》，中华书局2009年版，第97页。
④ 《史记》卷6《秦始皇本纪》，中华书局1959年点校本，第245页。
⑤ 同上书，第252页。

始皇三十一年（前216），曾"赐黔首里六石米，二羊"。① 都说的是军功爵制的普遍实施成为当时国家权力、财富分配的主要形式。二十级军功爵制的有效实施诚然让社会下层得到实惠，但能够参与高层次封爵者多为统治集团精英，其中，一些军功子弟可以因其家世获得高位，如蒙恬"因家世得为秦将"②，一些重臣也借二十级军功爵制获得高级爵位及相应的田宅赏赐。

如前所述，在君主专权的顶层权力设计方案，以及由此形成的统治思想中存在着一个很大的逻辑漏洞，即国家权力、财富的分配与再分配过程中，仍然存在着走向旧制的可能，笔者也以吕不韦、李斯等人为例解析了军功贵族所获得权力、财富的再分配问题。从理论上讲，这些为秦统一六国立下汗马功劳者，往往拥有众多食邑，也拥有高级爵位，所获赏赐也存在着如何继承的问题，而一旦这些权力、财富能够继承至下一代，那么，这一利益集团在国家权力体系中的地位实质上与"王权—贵族"社会中的贵族集团并无大的差别，他们势必会对君权起到抑制、分化、消解的作用。在具体的政治实践中，最高统治者一方面要对功臣行赏，另一方面要防止其危害君权，行之有效的方式即是剥夺封赏，甚至从肉体上消灭功臣；李斯等功臣一方面竭尽全力维护君权，仰赖其获得高位与重赏，另一方面要时时提防政治清算，不惜出卖同僚以获得暂时的安全。以权斗形式瓦解军功贵族，断绝其传续的实例甚多，如名将白起功勋卓著，封武安侯，后被判"有罪，为士伍，迁阴密"③。吕不韦先是被罢相，后"自度稍侵，恐诛，乃饮鸩而死"④。秦二世二年七月，李斯被"论腰斩咸阳市……而夷三族"⑤。赵高向秦二世谏言："臣固愿言而未敢也。先帝之大臣，皆天下累世名贵人也，积功劳世以相传久矣。今高素小贱，陛下幸称举，令在上位，管中事。大臣鞅鞅，特以貌从臣，其心实不服。今上出，不因此时案郡县守尉有罪者诛之，上以振威天下，下以除去上生平所不可者。今时不师文而决于武力，愿陛下遂从时毋疑，即群臣不及谋。明主收

① 《史记》卷6《秦始皇本纪》，中华书局1959年点校本，第251页。
② 《史记》卷88《蒙恬传》，中华书局1959年点校本，第2565页。
③ 《史记》卷5《秦本纪》，中华书局1959年点校本，第214页。
④ 《史记》卷85《吕不韦传》，中华书局1959年点校本，第2513页。
⑤ 《史记》卷87《李斯传》，中华书局1959年点校本，第2562页。

举余民，贱者贵之，贫者富之，远者近之，则上下集而国安矣。"① 赵高把"积功劳世以相传"的"先帝之大臣"视为眼中钉，想借秦二世之手除掉他们，而这正中秦二世下怀。这些史实反映出秦代实施或支持君主专权的统治集团，其统治思想亦存在分歧：群臣效忠帝王的目标是为获得爵位、财富，且试图传续其权势；厚赏功臣的皇帝想以权斗方式来解除功臣权力，由此形成事实上的内耗以及意识形态层面上的分歧。

统治集团内部的分歧还反映在最高统治者的形象塑造上。在秦的意识形态领域，秦始皇被视为救世圣王，他既是"道"的承载者，也是体"道"者，各类刻辞称颂其"体道行德""诛戮无道""原道至明"②，把他打造成功盖古今、恩赐天下的圣主。③ 从睡虎地秦墓竹简《法律问答》看，秦在地方上设立"公祠"④"王室祠"⑤，祭祀天地、名山、大川、鬼神等，以建构帝王的神格化形象。另据《里耶秦简》，地处偏远的洞庭郡迁陵县也有"行庙"⑥活动，当地县丞必须举行庙祭⑦，以显示神圣帝王无远弗届、泽被万里。然而，在一些臣下及士人眼中，秦的最高统治者则是另外一种形象。大梁人尉缭评价嬴政："秦王为人，蜂准，长目，挚鸟膺，豺声，少恩而虎狼心，居约易出人下，得志亦轻食人。我布衣，然见我常身自下我。诚使秦王得志于天下，天下皆为虏矣。不可与久游。"⑧诸生也认为："始皇为人，天性刚戾自用，起诸侯，并天下，意得欲从，以为自古莫及己。专任狱吏，狱吏得亲幸。博士虽七十人，特备员弗用。丞相诸大臣皆受成事，倚辨于上。上乐以刑杀为威，天下畏罪持禄，莫敢尽忠。上不闻过而日骄，下慑伏谩欺以取容。"⑨ 国家对最高统治者圣王形象的塑造与当时社会精英的评价形成巨大反差，这也反映出统治集团内

①《史记》卷6《秦始皇本纪》，中华书局1959年点校本，第268页。

② 同上书，第247、252、250页。

③ 刘泽华：《中国政治思想史集》（第二卷），人民出版社2008年版，第7页。

④《睡虎地秦墓竹简·法律问答》，睡虎地秦墓竹简整理小组《睡虎地秦墓竹简》，文物出版社1990年版，第99页。

⑤ 同上书，第100页。

⑥ 湖南省文物考古研究所：《里耶秦简》，文物出版社2012年版，第21、37页。

⑦ 陈伟主编：《里耶秦简牍校释》（第一卷），武汉大学出版社2012年版，第79页。

⑧《史记》卷6《秦始皇本纪》，中华书局1959年点校本，第230页。

⑨ 同上书，第258页。

部的分歧。秦始皇自认为德兼三皇、功过五帝，群臣也以"五帝所不及""功盖五帝"颂扬之，这种帝王形象的塑造，"一方面显现出他的个性，另一方面似乎是受到法家思想鼓舞的结果"。① 与动辄以圣人自称且动员国家力量塑造圣王形象的统治意志不同的是，五帝在古史体系中拥有绝高的地位，儒家对于往圣，陈义甚高，对待往圣须有谦逊自抑的态度，这与笃信法家思想的秦始皇的理念相去甚远，他不以德泽、教化以安养百姓为务，却以"刑杀为威"，纵有天命，既不被时人认为是圣人，更不被后世承认其为真正的圣人。②

综上，秦代统治者内部存在诸多分歧，就采取何种统治方略而言，尽管支持君主专权者占有绝对上风，但也有支持分封乃至恢复"王权—贵族"社会旧制的声音。支持、实施君主专权统治模式者，在具体的施政过程中，以"广封众建"的形式在民众中推行封爵授田宅之制，同时也造就了一批军功卓著、爵高位重的既得利益群体。为避免军功贵族威胁、分化乃至消解君权，最高统治者往往通过权斗的形式消灭这些权贵，而这些被消灭的权贵往往是支持君主专权者，往往是按功封爵之制的拥护者，且希望借助君权使其权势得以传续。然而，权斗使业已构建的君臣关系崩解，由此导致巨大的内耗。最高统治者试图借助宗教权威，使皇权得以圣化，以构建其基于神权的合法性，但是，自认为比五帝高明的最高统治者，不以德泽、教化为务，专事于任法苛政，在一些社会精英眼中，他不过是赤裸裸的权力主体，而帝王圣化的塑造与视帝王为暴君的两种行为或观念中，也透露着统治集团内部的分歧。这些分歧一方面说明，在秦代国家统治思想中，支持"王权—贵族"社会旧制的观念与君主专权理念之间存在不可调和的矛盾；另一方面也说明君主专权统治意志的构建过程中，也存在一些难以解决的矛盾。

二　统治意志与统治效果的反差及其缘由

除统治集团内部出现的各种矛盾外，秦代占主导地位的君主专权统治意志本身也存在着矛盾。总体而言，一元化统治意志的内在矛盾主要是指

① 邢义田：《天下一家：皇帝、官僚与社会》，中华书局2011年版，第54页。
② 同上书，第59页。

国家意识形态领域内宣教的理性意志与实际的政治实践及施政效果之间形成难以调和的矛盾。

秦朝统治者善于在意识形态领域内宣教国家统治的理性意志。秦始皇巡游各地，群臣立碑以称颂其丰功伟业，其中也包含有秦朝力图以理性意志统治天下的内容。如泰山刻辞云："皇帝躬圣，既平天下，不懈于治。夙兴夜寐，建设长利，专隆教海。训经宣达，远近毕理，咸承圣志。贵贱分明，男女礼顺，慎遵职事。昭隔内外，靡不清净，施于后嗣。化及无穷，遵奉遗诏，永承重戒。"① 秦始皇三十七年（前210），他巡游至会稽，祭祀大禹，望南海而立石刻："大治濯俗，天下承风，蒙被休经。皆遵度轨，和安敦勉，莫不顺令。黔首修洁，人乐同则，嘉保太平。"② 从这些具有宣教意味的文字看，秦朝统治者秉承天命、励精图治、专事教化，志在构建"贵贱分明""男女礼顺"的良风美俗，现实"人乐同则""嘉保太平"的统治目标。

一元化统治模式需要推行吏治，而"以吏为师"则是秦朝重要的统治法则。法家主张"以吏为师"，《韩非子·五蠹》云："明主之国，无书简之文，以法为教；无先王之语，以吏为师"。可见，"以吏为师"是为了配合以法治国的国家权力运作模式。邢义田先生认为，秦代"以吏为师"是一个相沿甚久的习惯，只是李斯后来企图把律令禁辟作为士人唯一学习的内容。③ 要"以吏为师"，自然要打造一支识文读字、能堪其用的吏群体。《睡虎地秦墓竹简·为吏之道》是供为吏之人学习使用的识字课本，其中渗透着国家统治的理性意志：

> 凡为吏之道，必精絜（洁）正直，慎谨坚固，审悉毋（无）私，微密纎（纤）察，安静毋苛，审当赏罚。严刚毋暴，廉而毋刖，毋复期胜，毋以忿怒夬（决）。宽俗（容）忠信，和平毋怨，悔过勿重。兹（慈）下勿陵，敬上勿犯，听间（谏）勿塞。审智（知）民能，善度民力……吏有五善：一曰中（忠）信敬上，二曰精（清）

① 《史记》卷6《秦始皇本纪》，中华书局1959年点校本，第243页。
② 同上书，第262页。
③ 邢义田：《治国安邦：法制、行政与军事》，中华书局2011年版，第22页。

廉毋谤，三曰举事审当，四曰喜为善行，五曰龚（恭）敬多让。五者毕至，必有大赏……①

这是一个国家意识形态包装下的文本，单从《为吏之道》的字面意义看，秦朝统治者要求为吏之人"精洁正直""审当赏罚"，即以理性意志处理行政事务。

然而，秦朝政府在意识形态鼓吹的理性意志与实际的行政操作之间形成很大反差。意识形态层面的理性意志是为了配合以法治国，但是，在统一六国前，秦的法律已与暴力混同，形成于秦王政二十年（前227）的《语书》有这样一段文字：

今法律令已布，闻吏民犯法为闲私者不止，私好、乡俗之心不变，自从令、丞以下智（知）而弗举论，是即明避主之明法殹（也），而养匿邪避（僻）之民。如此，则为人臣亦不忠矣。若弗智（知），是即不胜任、不智殹（也）；智（知）而弗敢论，是即不廉殹（也）。此皆大罪殹（也），而令、丞弗明智（知），甚不便。今且令人案行之，举劾不从令者，致以律，论及令、丞。②

秦法一向以严刑禁止著称，但其刻薄严酷并不至于此，当它深入"私好""乡俗之心"时，已失去了社会控制所应有的边界，进而可以在人类社会的各个领域横行。秦二世时，"法令诛罚日益刻深，群臣人人自危，欲畔者众"。③当法律成为实施暴力的工具，国家统治理念中的理性意志已然被自行消解。

从《睡虎地秦墓竹简·为吏之道》看，甚难相信人们对秦代严法苛政的惯常认识能够站得住脚，仅从字面看，这一文本甚至包容了儒家思想。尽管不能完全否定秦的施政与儒学的关系，但从法律意义上讲，"儒

① 《睡虎地秦墓竹简·为吏之道》，睡虎地秦墓竹简整理小组：《睡虎地秦墓竹简》，文物出版社1990年版，第167—168页。

② 《睡虎地秦墓竹简·语书》，睡虎地秦墓竹简整理小组：《睡虎地秦墓竹简》，文物出版社1990年版，第13页。

③ 《史记》卷87《李斯传》，中华书局1959年点校本，第2553页。

家有系统之修改法律则自曹魏始"①，不能因为有一些与儒家思想相合的理念，就径直认为它包容了儒家仁政理念，进而推翻秦代苛政竣法的事实。《睡虎地秦墓竹简·为吏之道》是一个理想型的文本，只是在字面上宣传国家统治的理性意志，与实际的政治操作之间有很大距离。从传世文献看，秦代吏治十分严苛，百姓日常行为稍有差池，即会遭受惩罚，至秦二世时，"刑者相半于道，而死人日成积于市。杀人众者为忠臣"。② "繁刑严诛，吏治刻深；赏罚不当，赋敛无度。天下多事，吏不能纪；百姓困穷，而主不收恤。然后奸伪并起，而上下相遁；蒙罪者众，刑戮相望于道，而天下苦之。"③ 整个社会俨然成为一座大监狱。秦末，天下骚乱，"诸郡县苦秦吏者，皆刑其长吏，杀之以应陈涉"。④ 可见，秦吏的暴力统治是激起民愤的一个主因。

此外，一元化统治导致国家动员力量非理性化。国家动员民众修造工程、建造陵墓等，这在传统时代是国家管理与社会控制的组成部分，而民众承担力役、兵役等也是体现国家管理职能的一个方面。然而，秦朝的国家动员已然超出了社会能够承载的范围。秦始皇即位之初，为修建骊山陵墓，"天下徒送诣七十余万人"⑤，加上修建宫殿、长城及征服岭南等的力役，秦朝曾动员300多万青壮劳力。⑥ 关于秦代人口总数问题，学界没有统一的意见，学者们认为秦代人口在2000万—4000万之间，王育民《中国人口史》认为秦代人口总数大约2000万⑦，葛剑雄《中国人口史》则认为秦王朝初年人口可能接近4000万，而秦始皇去世时的人口至少应有3000万—3600万，西汉初年人口有1500万—1800万。⑧ 如以4000万为计，仅动员承担力役者在青壮人口中的占比就已经很高了，如此超大规模

---

① 瞿同祖：《中国法律与中国社会》，中华书局1981年版，第334页。

② 《史记》卷87《李斯传》，中华书局1959年点校本，第2557页。

③ 《新书·过秦下》，（汉）贾谊撰，阎振益、钟夏校注：《新书校注》，中华书局2000年版，第15页。

④ 《史记》卷48《陈涉世家》，中华书局1959年点校本，第1953页。

⑤ 《史记》卷6《秦始皇本纪》，中华书局1959年点校本，第265页。

⑥ 高凯：《秦代人口比例与人口下降问题——以刑徒墓的发现为例》，《文史哲》2007年第5期。

⑦ 王育民：《中国人口史》，江苏人民出版社1995年版，第76—81页。

⑧ 葛剑雄：《中国人口史》（第一卷），复旦大学出版社2002年版，第304页。

地征调青壮劳力，势必会大幅减少耕作劳力，也会影响人口的再生产。当国家动员力量超过了吏民百姓承载的范围，国家机器就会变成非理性统治的工具，这一点也是秦走向非理性统治的一个证据。

秦为何走向非理性的暴力统治，日本学者工藤元男认为："秦走向一元化统治、向法治主义转换的当初，还不得不采取比较宽容的统治，其后渐渐强化一元化统治，最后到了像《语书》所表明的地步。"① 从《史记·秦始皇本纪》保留下的石刻材料看，在一元化统治深化的时期，秦朝仍强调理性统治，只是说的和做的完全是两张皮罢了。

笔者认为，秦在意识形态领域内的理性意志与施政过程中的非理性之间之所以形成鲜明的反差，是由一元化统治意志的内在矛盾导致的。君主专权的一元化统治追求君主统治意志的唯一性，为达到这个目标，利用历史资源锻造圣王救世的社会舆论与宗教信仰，用各类仪式、文字宣教国家统治的理性意志，体恤民情、代天行道等手段或方式都是为了达成君主专制的统治意志。然而，在君主专权的国家权力顶层设计中，"王权—贵族"社会二元化的权力结构往往被视为阻碍专权的因素，秦统一六国后，专事于消灭二元化权力结构存续的社会基础，力图让一元化的统治构造深入社会各个领域，除书同文、车同轨等措施外，就连百姓的丧葬习俗都要受到国家意志的规范，国家动员力量也空前强化，焚书坑儒也是国家追求一元化统治的结果。当一元化的统治意志与普遍认同贵族政治文化传统的社会理念展开激烈对决时，秦的君主专制理念遭到六国旧贵族及其他势族成员的一致反抗，儒生集团也趁机加入反秦阵营，"缙绅先生之徒负孔子礼器往委质为臣者，何也？以秦焚其业，积怨而发愤于陈王也"。②

明代思想家李贽称秦朝"下手太毒矣"，认为秦的暴政是君主专权的必然结果，称此为："当战国横议之后，势必至此。"③ 在一以贯之的统治格局，国家的统治意志犹如一匹脱缰野马，没有哪个社会势力可以与之抗衡，并与之形成权力的制衡关系，使国家权力的延伸机制有其边界与尺

---

① ［日］工藤元男著，［日］广濑薫雄、曹峰译：《睡虎地秦简所见秦代国家与社会》，上海古籍出版社 2010 年版，第 366 页。

② 《史记》卷 121《儒林传》，中华书局 1959 年点校本，第 3116—3117 页。

③ （明）李贽评纂：《史纲评要》卷 4《后秦纪》，中华书局 1974 年版，第 90 页。

度，而当国家权力深入到社会各种领域之中时，一般百姓生活的方方面面也成为体现其权威意志的场域。由此，君主专权的统治意志的确是达成了目的，但是，失去了某种社会力量的抗衡，就意味着国家权力没有了约束机制，由此导致法律滑向暴力、非理性权力游戏取代理性意志，这既是秦代国家统治理念的内在矛盾，也是秦速亡的主因。

第二节　《张家山汉简·二年律令》所见汉初国家统治思想

《张家山汉简·二年律令》是近年来发现的重要出土文献，是汉初律法制度的汇集①，能够较全面地反映汉高祖至吕后时期的统治思想。笔者拟通过分析《二年律令》这一法律文献形成的设置原理与政治基础，结合汉初政治形势、汉政权组成结构等，剖析汉初国家统治思想的内在结构及其作用。

一　军功爵制与《二年律令》的设置原理

军功爵制是战国及秦汉时期的重要军政制度。战国法家主张"官爵之迁与斩首之功相称"②，即以斩首数量奖励军功，并借此打击仍依赖世卿世禄之制的旧贵族势力。至汉初，除军功授爵外，还有事功授爵、以德授爵、国家赐爵等，不仅使授爵途径多元化③，也使这一制度在更广泛的层面发挥着分配国家权力、财富的重大作用。

综观《二年律令》，围绕二十级军功爵制来制定律法条文，是这一法律文献的基本设置原理。

第一，田宅分配依据军功爵制，且根据爵位大小形成严格的等级次序。

《二年律令·户律》规定，关内侯授田九十五顷，大庶长授九十顷，

---

① 张忠炜：《〈二年律令〉年代问题研究》，《历史研究》2008 年第 3 期。

② 《韩非子·定法》，（清）王先慎撰，钟哲点校：《韩非子集解》，中华书局 2013 年版，第 435 页。

③ 贾文丽：《关于〈二年律令·户律〉受田宅对象的探讨——兼与李恒全同志商榷》，《首都师范大学学报》（社会科学版）2010 年第 3 期。

驷车庶长授八十八顷，大上造八十六顷，少上造八十四顷，右更八十二顷，中更八十顷，左更七十八顷，右庶长七十六顷，左庶长七十四顷，五大夫授二十五顷，公乘二十顷，公大夫九顷，官大夫七顷，大夫五顷，不更四顷，簪褭三顷，上造二顷，公士一顷半。[①] 授宅多寡亦按军功等级，"彻侯受百五宅，关内侯九十五宅，大庶长九十宅，驷车庶长八十八宅，大上造八十六宅，少上造八十四宅，右更八十二宅，中更八十宅，左更七十八宅，右庶长七十六宅，左庶长七十四宅，五大夫廿五宅，公乘廿宅，公大夫九宅，官大夫七宅，大夫五宅，不更四宅，簪褭三宅，上造二宅，公士一宅半宅"[②]。一般而言，汉初二十级军功爵分为侯级爵、卿级爵、大夫级爵和小爵四类[③]，彻侯有封国，不授田只授宅。就所授田宅数量而言，有爵无爵的区别可谓天壤之别，关内侯授田九十五顷、九十五宅，庶人只授田一顷、一宅，军功爵制的等级也十分森严，大夫爵与侯级爵、卿级爵之间，小爵与大夫爵之间皆有很大的等级差异。

第二，有关司法特权的法律条文依据的也是二十级军功爵制。

从《二年律令·田律》及《户律》相关规定看，有爵者拥有减免赋税的特权，如《户律》规定："卿以上所自田户田，不租，不出顷刍稿。"[④] 凡卿级爵以上者，只要不出租土地，即可免刍稿。《田律》规定，"卿以下，五月户出赋十六钱，十月户出刍一石，足其县用，余以入顷刍律入钱。"[⑤] 卿级爵以下者，每户十月出刍一石，这与平民"入顷刍稿，顷入刍三石……稿皆二石"[⑥] 的赋税负担相比也轻了许多。此外，《傅律》的司法设计原理也是以二十级军功爵制为依据的，且以大夫为基准，对有军功者按其爵位高低给予各种优惠，《傅律》还规定，小爵之子20岁入

① 《二年律令·户律》，张家山二四七号汉墓竹简整理小组：《张家山汉墓竹简（二四七号墓）》，文物出版社2001年版，第175—176页。

② 同上书，第176页。

③ 朱绍侯：《西汉初年军功爵制的等级划分——〈二年律令〉与军功爵制研究之一》，《河南大学学报》（社会科学版）2002年第5期。

④ 《二年律令·户律》，张家山二四七号汉墓竹简整理小组：《张家山汉墓竹简（二四七号墓）》，文物出版社2001年版，第176页。

⑤ 《二年律令·田律》，张家山二四七号汉墓竹简整理小组：《张家山汉墓竹简（二四七号墓）》，文物出版社2001年版，第168页。

⑥ 同上书，第165页。

籍服役，大夫爵之子22岁入籍服役，卿级爵之子24入籍服役①，爵位越高，其子服役年龄越晚，这一规定也能体现出有爵者的特权。大夫以上58岁，不更62岁，簪裹63岁，上造64岁，公士65岁，即可免除徭役，而公卒以下者须至66岁才可因年高免服徭役。②

爵位继承、任子等特权的设置原理也依从二十级军功爵制。《置后律》规定，有爵者死后由"爵后"继承爵位，彻侯、关内侯"爵后"可袭为同爵，"【五大夫】后子为公大夫，公乘后子为官大夫，公大夫后子为大夫，官大夫后子为不更，大夫后子为簪裹，不更后子为上造，簪裹后子为公士"③。有爵者还享有任子权，"关内侯子二人为不更，它子为簪裹；卿子二人为不更，它子为上造；五大夫子二人为簪裹，它子为上造；公乘、公大夫子二人为上造，它子为公士；官大夫及大夫子为公士……"④ 这种规定既维护了高爵者的利益，又使社会群体内部形成上下流动的内在活力，进而使军功爵制成为支配国家权力、财富，巩固统治的重要手段。⑤

第三，减罪、免罪的相关法律条文也依据二十级军功爵制。

从《二年律令》对刑徒的惩罚看，"汉律之酷虐，亦与秦律不相上下"⑥，但对有爵者则往往法外开恩，减罪、免罪的法律条文比比皆是。如《二年律令·收律》规定："罪人完城旦舂、鬼薪以上，及坐奸府（腐）者，皆收其妻、子、财、田宅。其子有妻、夫，若为户、有爵，及年十七以上，若为人妻而弃、寡者，皆勿收。"⑦ 有爵者可免予没籍，可见这是对有军功者的法律保护。因军功爵位而减刑的现象更多，《具律》

---

① 《二年律令·傅律》，张家山二四七号汉墓竹简整理小组：《张家山汉墓竹简（二四七号墓）》，文物出版社2001年版，第182页。

② 同上书，第181页。

③ 《二年律令·置后律》，张家山二四七号汉墓竹简整理小组：《张家山汉墓竹简（二四七号墓）》，文物出版社2001年版，第182页。

④ 《二年律令·傅律》，张家山二四七号汉墓竹简整理小组：《张家山汉墓竹简（二四七号墓）》，文物出版社2001年版，第182页。

⑤ 王彦辉：《试论〈二年律令〉中爵位继承制度的几个问题》，《江苏行政学院学报》2009年第2期。

⑥ 傅荣珂：《睡虎地秦简刑律研究》，台北商鼎文化出版社1992年版，第234页。

⑦ 《二年律令·收律》，张家山二四七号汉墓竹简整理小组：《张家山汉墓竹简（二四七号墓）》，文物出版社2001年版，第156页。

规定："上造、上造妻以上……其当刑及当为城旦舂者，耐以为鬼薪白粲。"① 《钱律》规定："捕盗铸钱及佐者死罪一人，予爵一级。其欲以免除罪人者，许之。捕一人，免除死罪一人，若城旦舂、鬼薪白粲二人，隶臣妾、收人、司空三人以为庶人。其当刑未报者，勿刑。"② 一级爵位可免除死罪一人，或城旦舂、鬼薪白粲二人，隶臣妾、收人、司空三人之罪。

第四，奖励、赏赐、养老等制度也依据二十级军功爵制。

《二年律令·盗律》规定，"吏所兴能捕若斩一人，拜（拜）爵一级。"③ 以爵位奖赏军功、事功，显然是《二年律令》奖励制度的设置原理。汉初有爵者不一定有官职，但可享受相应的官级待遇，而官级待遇的高低亦根据二十级军功爵制设定，"赐不为吏及宦皇帝者，关内侯以上比二千石，卿比千石，五大夫比八百石，公乘比六百石，公大夫、官大夫比五百石，大夫比三百石……"④ 说明依据禄秩高低进行的赏赐也可按爵位为依据。《赐律》还规定，"赐吏六百石以上以上尊，五百石以下以下尊"⑤，比六百石官的公乘以上有爵者拥有更多特权，这一点还体现在所赏赐衣服、棺椁、酒食等的数量上。⑥

《二年律令》中有关养老的法律规定，其司法原理也与二十级军功爵制相关。《傅律》规定，"大夫以上【年】九十，不更九十一，簪褭九十二，上造九十三，公士九十四，公卒、士五（伍）九十五以上者，禀鬻米月一石。"⑦ 在这条领养老粮的律文中，依据军功爵一级优待一岁。《傅律》还规定，"大夫以上年七十，不更七十一，簪褭七十二，上造七十

① 《二年律令·具律》，张家山二四七号汉墓竹简整理小组：《张家山汉墓竹简（二四七号墓）》，文物出版社 2001 年版，第 145 页。

② 《二年律令·钱律》，张家山二四七号汉墓竹简整理小组：《张家山汉墓竹简（二四七号墓）》，文物出版社 2001 年版，第 160 页。

③ 《二年律令·盗律》，张家山二四七号汉墓竹简整理小组：《张家山汉墓竹简（二四七号墓）》，文物出版社 2001 年版，第 142 页。

④ 《二年律令·赐律》，张家山二四七号汉墓竹简整理小组：《张家山汉墓竹简（二四七号墓）》，文物出版社 2001 年版，第 173 页。

⑤ 同上书，第 174 页。

⑥ 同上书，第 172—174 页。

⑦ 《二年律令·傅律》，张家山二四七号汉墓竹简整理小组：《张家山汉墓竹简（二四七号墓）》，文物出版社 2001 年版，第 181 页。

三,公士七十四,公卒、士五(伍)七十五,皆受仗(杖)。"① 这条有关受鸠杖的制度,也是依据军功爵一级优待一岁,说明二十级军功爵制是汉初形成养老制度的重要依据。

总之,二十级军功爵制与国家授田、赏赐、养老等各种制度相结合,对于稳定汉初国家秩序起到了积极作用②,汉初各项法律制度的设置原理与二十级军功爵制密切相关。

二 《二年律令》所见汉初统治思想的核心内涵

汉初为何围绕二十级军功爵制来安排法律制度?基于二十级军功爵制形成的法律制度又是如何体现当政者的统治意志的?这些问题的答案与当时的政治形势、汉政权的组成结构关系密切。

汉初,"过秦"思潮流行一时,人们从苛法峻刑、残民以逞、扼杀言路③等角度反思秦速亡的原因,借以"反秦之敝"④,探究长治久安之策。从政治制度史角度看,秦的速亡和分封制与郡县制之间的制度性断裂不无关系。统一全国后,秦始皇拒绝臣下优待、分封宗室的建议,在全国范围内实行郡县制,并通过加强中央集权,形成"天下之事无小大皆决于上"⑤ 的统治局面。中央与地方一体化的行政格局从理论上讲有利于君主专制体制的建构与发展,但从当时的社会形势看,这并不符合社会发展的实际进程,毕竟秦是脱胎于具有悠久封建传统的周代,完全摒弃分封制的做法,使秦的行政体系一开始就面临着与社会发展相脱节的风险。

商周时,除王畿之地外,土地与民人皆由大小诸侯统治,王是贵族集团的"共主",是这一集团的代言人,并不直接控制全国的土地与民人,在逐步发育成熟的分封体制中,王直接管辖的土地为"内",大小诸侯构成"外","内"与"外"的复合式政治结构,既保障了王的"共主"地

---

① 《二年律令·傅律》,张家山二四七号汉墓竹简整理小组:《张家山汉墓竹简(二四七号墓)》,文物出版社 2001 年版,第 181 页。

② 张鹤泉:《〈二年律令〉所见二十等爵对西汉初年国家统治秩序的影响》,《吉林师范大学学报》(人文社会科学版) 2005 年第 3 期。

③ 陈家洲:《汉初的"过秦"思潮及其影响》,《光明日报》2008 年 1 月 1 日第 3 版。

④ 《汉书》卷 89《循吏传》,中华书局 1962 年点校本,第 3623 页。

⑤ 《史记》卷 6《秦始皇本纪》,中华书局 1959 年点校本,第 258 页。

位，同时又抑制着最高统治者的集权意志。秦统一六国后，打破了这一政治结构，秦始皇借助郡县制直接统治全国的民人、土地，一些旧贵族、宗室及新兴势力失去了维持、巩固与其权势相适应的重要依凭，使他们无论在观念上，还是在具体的权力运作体系中，都无法真正适应新形势，进而臣服于君主专制的局面。一旦基于郡县制的君主专制体制出现裂痕，这些势力就会趁机而兴，成为瓦解秦政的主力军。

汉初的"过秦"思潮，显然也注意到了这一问题，统治者结合当时的政治形势，起初以异姓诸侯分治天下，后又分封宗室，形成皇权与诸侯共治天下的格局，而恢复分封意味着位高权重的异姓功臣及宗室势力能得到妥善安排，也意味着汉初的皇权以分封制淡化君主集权，从而从制度层面减少政治矛盾，并使其制度设置契合当时的社会政治形势。在汉初的"内""外"政治结构中，诸侯王曾一度被置于"外"①，但这并非观念的产物，从《二年律令》"宦皇帝者"② 等法律表述及设置原理看，它在汉初是以法律形式固定下来的。不过，值得注意的是，汉初的"内""外"与商周时期的"内""外"，只在形式上一致，其实质并不相同。汉初以诸侯王为主构成的"外"，实际上是君主专制体制下的一种制度设定，并不等同于商周时期共同认可一个"共主"的"外"，汉政权巧妙地运用旧有的分封体制，稳住了天下局势，进而为政权的巩固和统治结构的优化提供了较充足的政治空间。

分封异姓诸侯稳定住社会局面后，汉的最高统治者很快展开了剪除这一势力的活动，这一点在《二年律令》中也有反映，《贼律》规定："以城邑亭障反，降诸侯，及守乘城亭障，诸侯人来攻盗，不坚守而弃去之若降之，及谋反者，皆要（腰）斩。其父母、妻子、同产，无少长皆弃市。"③ 其中就有打击诸侯势力的法律内容。更为关键的是，通过二十级军功爵制培育新的政治势力，并借此为统治基础，来消解诸侯势力，强化皇权，是汉初最高统治者的重要统治思想。《二年律令·户律》的相关规

---

① ［日］阿部幸信：《西汉时期内外观的变迁：印制的视角》，《浙江学刊》2014 年第 3 期。

② 《二年律令·赐律》，张家山二四七号汉墓竹简整理小组：《张家山汉墓竹简（二四七号墓）》，文物出版社 2001 年版，第 173 页。

③ 《二年律令·贼律》，张家山二四七号汉墓竹简整理小组：《张家山汉墓竹简（二四七号墓）》，文物出版社 2001 年版，第 133 页。

定与汉高祖"法以有功劳行田宅"①的诏令是一致的，汉初的统治者试图以二十级军功爵制授田宅，培育大批军功地主和自耕农，使国家成为军功地主的天下②，同时任用大批军功地主及其子弟执政，形成"吏多军功"③"公卿皆武力功臣"④的政治局面。至高祖十年，共封侯国 102 个，其中三分之二的侯国分封在赵、齐、楚、荆四国中，四国境内侯国如此密集，根本的原因是借此把四国的治民权和财税权划给列侯，通过变相削地，来打压四国势力。⑤至惠帝七年（前 188），"封建侯国以削弱王国"政策进一步延续、扩大，诸侯王国境内均有侯国分布，侯国地域分布的"王国差异"已经消除，王国边界"犬牙相制"的政区划界也体现出中央王朝的地域控制构想。⑥

吕后执政时期，延续了高帝时的统治思想，通过封赏列侯扩充统治基础，吕后二年，曾下诏"欲差次列侯功以定朝位，臧于高庙，世世勿绝，嗣子各袭其功位"⑦。她还通过制定新的律令，降低诸侯王地位，并改变了诸侯王官制同于朝廷的状况，如《二年律令·置吏律》规定，"诸侯王得置姬八子、孺子、良人"，"诸侯王女毋得称公主"⑧，《秩律》中"汉中大夫令、汉郎中"的表述，也能反映诸侯王、彻侯封国内的中大夫令、郎中秩级与中央官不同⑨，吕后还废除了高帝五年"七大夫以上，皆令食邑"⑩的规定，改为彻侯以下皆授田宅，这也反映了吕后利用律法制度消解"内"、"外"格局中限制皇权的政治因素，进一步削弱诸侯王政治影响的统治思想。

---

① 《汉书》卷 1《高帝纪下》，中华书局 1962 年点校本，第 54 页。

② 朱绍侯：《从〈二年律令〉看汉初二十级军功爵的价值——〈二年律令〉与军功爵制研究之四》，《河南大学学报》（社会科学版）2003 年第 2 期。

③ 《汉书》卷 6《景帝纪》，中华书局 1962 年点校本，第 149 页。

④ 《汉书》卷 88《儒林传》，中华书局 1962 年点校本，第 3592 页。

⑤ 王翠、马孟龙：《汉高帝十年侯国地理分布研究》，《历史地理》（第二十六辑），2012 年，第 95 页。

⑥ 马孟龙：《西汉侯国地理》，上海古籍出版社 2013 年版，第 157—159 页。

⑦ 《汉书》卷 3《高后纪》，中华书局 1962 年点校本，第 96 页。

⑧ 《二年律令·置吏律》，张家山二四七号汉墓竹简整理小组：《张家山汉墓竹简（二四七号墓）》，文物出版社 2001 年版，第 163 页。

⑨ 阎步克：《〈二年律令·秩律〉的中二千石秩级阙如问题》，《河北学刊》2003 年第 5 期。

⑩ 《汉书》卷 1《高帝下》，中华书局 1962 年点校本，第 54 页。

吕后还以法律、昭令等巩固吕氏家族权势。《二年律令·具律》规定，"吕宣王内孙、外孙、内耳孙玄孙，诸侯王子、内孙耳孙，彻侯子、内孙有罪，如上造、上造妻以上。"[1] 以法律形式确定了优待吕宣王的具体内容，吕后七年，她"以梁王吕产为相国"[2]，扩充吕氏之权势，这与《二年律令》中相关规定是相呼应的。史称"高帝与吕后共定天下，刘氏所立九王，吕氏所立三王，皆大臣之议"[3]。吕后优待吕氏家族，一方面说明吕氏是淮北政治集团的重要组成，以分封制妥善安排这一政治势力也是汉初巩固皇权的执政策略；另一方面也说明建构新的统治基础的过程中，曾出现过一段特殊的政治动向。

总之，承纳分封制并建构"内""外"结合的政治结构是《二年律令》形成的政治基础。从《二年律令》的具体内容看，汉初最高统治者建构新的统治基础，并借此打压、削弱诸侯王政治实力，是他们围绕二十级军功爵制安排法律制度的根本原因。

三　余论

笔者在第四章中谈及"无为"观对汉代统治思想的作用与影响，结合上文分析可知，在以高祖、惠帝、吕后为最高统治者的"内"与诸侯王为核心的"外"这两股政治势力合作、角力过程中，黄老无为思想实际上是"内"与"外"之间暂时达成妥协的一种统治技术，汉初的最高统治者提倡、运用黄老无为思想的目的是在"内"与"外"共同构成的政治空间中，以"处无为之事，行不言之教"[4] 为手段，达到"无为者乃有为"[5] 的统治效果。

进而言之，黄老无为思想源起的制度背景是分封制，只有在基于分封制形式的"内"与"外"的复合式政治结构中，黄老无为思想才能独立、完整地发挥作用，因为彼时君主专制的制度基础还未建构起来，各级各类

① 《二年律令·具律》，张家山二四七号汉墓竹简整理小组：《张家山汉墓竹简（二四七号墓）》，文物出版社 2001 年版，第 146 页。

② 《汉书》卷 3《高后纪》，中华书局 1962 年点校本，第 99 页。

③ 同上书，第 101 页。

④ 陈鼓应：《老子注译及评介》，中华书局，2009 年第 2 版，第 60 页。

⑤ 《新语·无为》，王利器撰：《新语校注》，中华书局 1986 年版，第 59 页。

贵族拥有其封地范围内的政治、军事及文化的自决权,而作为"共主"的王只对其王畿之地拥有直接管辖权。在由王权与贵族共同构成的统治体系中,权利与义务的划分往往先决于王对贵族领地及其统治独立权的认可之上,因此,在分封制为基础的政治结构中,王权对于其他部族、方国及诸侯国而言,往往处于"无为"状态,以黄老无为思想统治"天下"也是这一政治现实在思想层面的投射与反映。

汉初的思想家以"周公制作礼乐,郊天地,望山川,师旅不设,刑格法悬,而四海之内,奉供来臻,越裳之君,重译来朝"① 的美好景象,规劝统治者实施无为之政,但这并不意味着学术思想意义上的黄老无为思想可以原封不动地复制到新的政治体系之中,当分封制成为君主专制体制下的一种制度设计时,如何加强皇权是统治者首要思考的问题,郡县制为核心的制度体系也能保障最高统治者的统治意志,而黄老无为思想仅是一种统治技术,并不代表当时国家统治思想的主流。

尽管一些地方官吏善于以"无为"治理地方,但从《二年律令》相关法规看,汉初政权利用簿籍制度对基层社会的人口和财产进行十分严格的管理②,《户律》就规定:"自五大夫以下,比地为伍,以辨□为信,居处相察,出入相司。"③ 贯彻其中的什伍连坐制度显然也来自秦制,根本看不出汉初中央政府在基层社会推行"清静无为""约法省刑"的黄老思想。④

"汉承秦制"是汉初形成国家制度与政策的重要形式⑤,注重身份、阶级原则的秦律深刻地影响了汉初的法律制度⑥,二十级军功爵制的继承与运用即是一例。正唯如此,继承秦制来巩固刘汉政权似乎也是汉初统治

---

① 《新语·无为》,王利器撰:《新语校注》,中华书局 1986 年版,第 59 页。

② 沈刚:《〈张家山汉简·二年律令〉所见汉初国家对基层社会的控制》,《学术月刊》2004 年第 10 期。

③ 《二年律令·户律》,张家山二四七号汉墓竹简整理小组:《张家山汉墓竹简(二四七号墓)》,文物出版社 2001 年版,第 175 页。

④ 曾加:《〈二年律令〉中的〈盗律〉及其法律思想初探》,《西安电子科技大学学报》(社会科学版)2004 年第 4 期。

⑤ 罗新:《从萧曹为相看所谓"汉承秦制"》,《北京大学学报》(哲学社会科学版)1996 年第 5 期。

⑥ 曹旅宁:《秦律新探》,中国社会科学出版社 2002 年版,第 99 页。

思想的重要内容。然而，在汉初国家统治思想的结构中，和黄老无为思想一样，"汉承秦制"也是一种统治技术，是为达到统治目标而实施的一个策略，并不能代表汉初国家统治思想的主流。

从《二年律令》看，秦制对汉初法律制度的影响是深刻的，也是全方位的，但汉初最高统治者将秦制置于"内""外"共同构成的政治结构之中，在认可诸侯王政治合法性的前提下继承秦制，着力将秦制嫁接到他们建构起来的新的政治结构中，而非照搬秦制，这就等于放弃了设置秦制的根本原则。总之，汉初以分封制淡化皇权专制的制度设计，弥补了周秦之间的制度断裂，减弱了秦制酷烈繁苛的一面，也优化了二十级军功爵制的实施效果。

综上，透过《二年律令》的设置原理与政治基础，可以看出汉初国家统治思想的深层结构：在暂时承纳分封体制的前提下，围绕二十级军功爵制制定法规，并以此来建构新的统治基础，同时，又通过限制分封，消解"内""外"格局中限制皇权的政治因素，逐步使皇权成为支配国家权力、财富的中心力量。汉初的最高统治者在新旧交并的历史时期，利用旧有政治遗产构建自身合法性[1]，又因势利导，打造新的统治基础，并借此稳定了政治局势，并为最终突破"内""外"格局奠定了政治基础。在这一国家统治思想体系中，黄老无为与"汉承秦制"是交替运用的统治技术，并不代表国家统治思想的主流。

第三节　酷吏与汉武帝时期的国家统治理念

武帝时期，继承了汉初以来分化、瓦解封国势力的一贯之策，并以附益之法、左官律、推恩令等进一步打压、摧垮封国势力，以巩固君主专权。至此，封国对中央政权的威胁基本解除。这一时期，地方势族成为皇权打压的重点对象，中央政府通过迁徙豪富、专营盐铁、设置刺史[2]等分

---

[1]　李健胜：《文本与政治变迁——思想文化史视域中的秦汉君主专制及其建构》，《中国史研究》2014年第3期。

[2]　《后汉书·百官志》刘昭《注》引蔡质《汉仪》云，设置刺史有六条原则，以便监察各郡，第一条为"强宗豪右，田宅逾制，以强凌弱，以众暴寡"。

化、瓦解势族势力,并任用酷吏打击豪富、巩固皇权。通过分析武帝任用酷吏打压势族的过程及其政治用意,能更清晰地认知到这一时期国家统治理念的基本内涵。

一 酷吏打压势族史实述略

《说文》云:"吏,治人者也,从一从史。"秦汉以来,"以吏为师"的传统使吏治与律法紧密结合,文吏制度培育下的官吏,往往以法家思想为施政依据,这是当时吏治的一个特色。汉代有"宁负二千石,无负豪大家"① 的谚语,足证势族力量之强大。正是在这样的社会形势下,势族集团取代封国势力成为消解、分化皇权的主要力量。打击势族的方式很多,利用酷吏清除某些势族在地方上的影响力,是汉武帝惯用的一个统治手法,为了打击势族,武帝任用、提拔了一些酷吏,并在一定程度上营造出酷吏政治的社会氛围。

酷吏宁成"为人小吏,必陵其长吏;为人上,操下如束湿薪"。汉景帝时,召其为中尉,用其打击势族,史称"宗室豪杰皆人人惴恐"。② 宁成是位典型的酷吏,"其治如狼牧羊",他善于利用刑罚从重责罚势族,重点打击其在政治、经济领域内的特权地位及经济优势,宁成因得罪贵戚,受人谗言被罢官,后又得赦免,汉武帝任其为关都尉,人称"宁见乳虎,无值宁成之怒"。③ 宁成在罢官期间已然成为颇具实力的豪富,后被南阳太守义纵所杀。宁成是武帝较早任用的一位酷吏,从他身上可以窥见到酷吏的一般特征,那就是不求以仁义服人,善于以势压人,任凭帝王调遣,残酷打击对皇权构成威胁的势族集团。宁成出身郎官,在景、武二朝皆为帝王用作打击宗室豪强的爪牙,而其在地方任上积累的诸种力量使他成为势族中的一员,进而沦为其他酷吏的打压对象,这从一个侧面说明势族在当时是地方上颇具实力的一个政经集团。

周阳由,本姓赵氏,其父以淮南厉王刘长舅父的身份而被封为周阳侯,遂改姓周阳氏,他也是一位有名的酷吏。周阳由善于玩弄律法,史称

---

① 《汉书》卷90《酷吏传》,中华书局1962年点校本,第3668页。
② 《史记》卷122《酷吏列传》,中华书局1959年点校本,第3134页。
③ 同上书,第3145页。

其"所爱者，挠法活之；所憎者，曲法诛灭之"①。武帝任用他，也是看重他打击势族的能力，其"所居郡，必夷其豪。为守，视都尉如令。为都尉，必陵太守，夺之治"。② 由此可知，周阳由之流之所以被武帝任用、提拔，"必夷其豪"是根本目的，为了达到这个目的，任凭其作弄律法，也不在乎其道德修为。周阳由以严酷著称，此人善于与同僚乃至上级争权，连强狠之人汲黯、善用司法害人的司马安也要对他"礼让"三分。周阳由官至河东郡都尉，与太守申屠公争权，互相告发，结果申屠公被判决有罪，申屠公自杀而死，周阳由也被弃市。

张汤是位有名的酷吏，《史记·酷吏列传》记有张汤"审问"盗肉之鼠一事，"其父见之，视其文辞如老狱吏，大惊，遂使书狱"。③ 张汤曾久任长安吏，后得人引荐，担任给事内史、丞相史，因治陈皇后、淮南王、衡山王谋反之事，得到汉武帝赏识。先后晋升为太中大夫、廷尉，与赵禹编定《越宫律》《朝律》等。张汤主张严刑峻法，常以春秋之义为打压势族辩护，且以帝王意旨为治狱准绳，"为人多诈，舞智以御人"④，后官至御史大夫。张汤助武帝推行盐铁专卖、告缗算缗，打击富商，剪除豪强，颇受武帝宠信，史称"赵国以冶铸为业，王数讼铁官事，汤常排赵王"⑤，博士狄山曾陈"若汤之治淮南、江都，以深文痛诋诸侯，别疏骨肉，使蕃臣不自安。臣固知汤之为诈忠"，武帝遣狄安至乘鄣，"至月余，匈奴斩山头而去"。⑥ 群臣恐惧，张汤愈发骄纵。张汤得势，说明汉武帝并不在乎其"别疏骨肉"，看重的也是他打击、瓦解封国、势族的能力。御史中丞李文及丞相长史朱买臣诬陷张汤，迫使其自杀。张汤虽用法严酷，但为官清廉，死后家产不足五百金，家人葬之，"载以牛车，有棺无椁"。⑦武帝闻之，遂诛三长史，丞相青翟自杀。

酷吏义纵，河东郡人，少为盗，其姊义姁以医术幸于王太后，经王太

① 《史记》卷122《酷吏列传》，中华书局1959年点校本，第3135页。
② 同上书，第3135页。
③ 同上书，第3137页。
④ 同上书，第3138页。
⑤ 同上书，第3142页。
⑥ 同上书，第3141页。
⑦ 同上书，第3144页。

后举荐，任中郎、补上党郡中县令，"治敢行，少蕴藉，县无逋事，举为第一"。后为长安令，"直法行治，不避贵戚"，后任河内都尉，"灭其豪穰氏之属，河内道不拾遗。"调任南阳太守后，打击已然成为豪强的酷吏宁成，"尽破碎其家"①，后徙为定襄太守，"掩定襄狱中重罪轻系二百余人，及宾客昆弟私人相视亦二百余人。纵一捕鞠，曰'为死罪解脱'。是日皆报杀四百余人。其后郡中不寒而栗，猾民佐吏为治"。②

武帝时期的酷吏王温舒早年行为不法，干过盗墓等勾当。因善治狱，升为廷史，后事张汤，迁为御史。任广平都尉时，着力打击势族，"广平声为道不拾遗。上闻，迁为河内太守"。任河内太守后，"捕郡中豪猾，郡中豪猾相连坐千余家"，上书奏请武帝，要求"大者至族，小者乃死，家尽没入偿臧"。不过二三日便准奏，"论报，至流血十余里。河内皆怪其奏，以为神速。尽十二月，郡中毋声，毋敢夜行，野无犬吠之盗。其颇不得失，之旁郡国，黎来，会春，温舒顿足叹曰：'嗟乎，令冬月益展一月，足吾事矣！'其好杀伐行威不爱人如此"。汉武帝闻之，"以为能，迁为中尉。其治复放河内，徙诸名祸猾吏与从事"。③ 王温舒"为人少文，居廷昏昏不辩，至于中尉则心开"。他是位善于以实际行动打击势族的酷吏，其"为人诌，善事有势者；即无势者，视之如奴。有势家，虽有奸如山，弗犯；无势者，贵戚必侵辱。舞文巧诋下户之猾，以焄大豪"。④

此外，汉武帝时期的尹齐也是位"斩罚不避贵戚"⑤ 的酷吏，杜周也是有名的酷吏，任廷尉时，"二千石系者新故相因，不减百余人"。⑥ 史称"天子以为尽力无私，迁为御史大夫"⑦。

二　酷吏政治与汉武帝的治国之术

汉武帝时期的统治被认为是西汉历史的一个重要转折。窦太后去世

---

① 《史记》卷 122《酷吏列传》，中华书局 1959 年点校本，第 3145 页。
② 同上书，第 3146 页。
③ 同上书，第 3147—3148 页。
④ 同上书，第 3149—3150 页。
⑤ 同上书，第 3149 页。
⑥ 同上书，第 3153 页。
⑦ 同上书，第 3154 页。

后，汉武帝摆脱旧有政治势力的干扰，致力于建构、实施大一统的统治意志，在政治、财经、民族关系及思想文化领域实施一系列的改革举措，以强化君主专权，使皇权真正成为国家管理与社会控制领域的主导力量。这一过程中，任用酷吏打压势族是汉武帝重要的治国之术，其中也渗透着这一时期的国家统治理念。

武帝为何要任用酷吏打击势族，这与当时的社会背景有关。如笔者在本书第二章分析的那样，春秋战国时代并不是人们想象的那样，是一个新旧更替、社会急剧转型的时期，事实上，就中国历史而言，社会转型似乎需要一个漫长的历史过程。至武帝时期，新旧更替的历史过程仍在持续，而新旧交织的社会现象也较为明显。究其缘由，是因为春秋战国以来的社会变革与制度设计，"制造"[①] 出与皇权相抗衡的社会力量，而它们的不断涌现，使君主专权的一体化统治意志甚难在短时期得以落实。文、景以来，皇权不惜牺牲宗亲利益来实现一人专权，但一方面受制于统治集团中维护地方封国势力，不能有效地清除封国对中央集权的制约力量；另一方面，封国的存续也有较为完整的制度保障和现实需要。至武帝时，封国不再是抑制或消解皇权的主要因素，武帝采取的一系列措施基本消解了汉初以来的"内""外"政治格局，君主专权的政治基础得以进一步夯实，国家权力的流动方向已然发生了一些变化。不过，豪强取代封国成为干扰国家权力一体化进程的主要力量，使国家无法真正达到一元化统治的目标，因此，打击势族成为强化皇权、确保皇权有效控制地方的一项重要施政措施，这又从一个侧面说明国家权力的流动深具复杂性，不是解决了封国问题就等于实现了一元化的君主专权。正如范晔所言："汉承战国余烈，多豪猾之民。其并兼者则陵横邦邑，桀健者则雄张闾里。且宰守旷远，户口殷大。故临民之职，专事威断，族灭奸轨，先行后闻。……致温舒有虎冠之吏，延年受屠伯之名，岂虚也哉！若其揣挫强势，摧勒公卿，碎裂头脑

---

① 美国学者陆威仪也注意到汉武帝的"政策也制造出一种新形式的地方权威"，且这些"地方权威"与土地兼并有关。笔者认为"制造"势族是秦汉时期受先秦旧制影响而形成的一种社会政治机制，既不仅限于汉武帝的施政，也并非仅与土地兼并有关。参见〔加〕卜正民主编，〔美〕陆威仪著，王兴亮译：《哈佛中国史》第1卷《早期中华帝国：秦与汉》，中信出版集团2016年版，第69—70页。

而不顾,亦为壮也。"① 因此,打压势族是汉代加强中央集权的一项总体措施,并非是武帝时期专有的一种政治现象。

打压势族当然主要仰靠的是行政措施及制度设计,比如,迁徙豪富以消解其坐强壮大的地域基础,以盐铁官营、算缗、告缗,取消势族把持地方财源的特权,加重其赋积负担等。除此而外,利用其他政治力量消解势族势力,也是一个重要的选项。对于武帝而言,选择何种政治力量来打压势族,可能也存在数种选项,比如,可以用循吏来治理地方,从而解决势族尾大不掉的问题,或者任用汲黯等善行"无为之治"的官员来解决问题等。作为一个政治群体,循吏在两汉的政治生活中发挥过重要作用,他们多以仁理政为治政理念,善于"奉职循理"。② 不过,循吏以教化、诱导之法来劝束势族的施政方式,可能既无法消除他们的力量,也无法满足皇权除势族而后快的愿望。至于汲黯等人在地方的施政,可能主要是与势族达成妥协,才获得了"大治"的局面,这也不是最高统治者想要的结果。因此,对于最高统治者而言,选择酷吏来打击势族是一项"高明"的统治之术,酷吏的残酷无情、雷厉风行恰恰满足了皇权想要短时期消除势族力量的愿望。加之汉代皇权兴于武力,历代统治者也善于用杀伐之道解决政治问题,任用酷吏可提高行政效率,便于解决棘手的政治问题,且并不妨碍其政治的合法性基础,因此,皇权利用酷吏打压势族的政治障碍相对较小。从以上史实看,酷吏多起于郎吏,普遍拥有丰富的执政经验,且善于治狱讼之事。从他们从政的具体情况看,酷吏任地方官吏时,施政重点在于打击势族集团,这也是汉武帝任用这些酷吏的目的所在。酷吏有敏锐的政治嗅觉,善于领会圣上旨意,为有效打击势族,牺牲性命也在所不惜。可以说,汉武帝时期的酷吏是在中央政权着力打击势族以巩固皇权的时代背景下,兴起的一股政治力量。简言之,酷吏的行政意义在于他们能有效地打击地方豪富。

由此可见,汉初以来,以宗亲封国、势族集团为代表的政治力量,是构成当时二元化的权力结构主导性政治力量,他们是抑制汉代君主专权一元化统治意志的主体力量,自然也就成为皇权打压的对象。至汉武帝时,

---

① 《后汉书》卷 77《酷吏列传》,中华书局 1965 年点校本,第 2487 页。

② 《史记》卷 119《循吏列传》,中华书局 1959 年点校本,第 3099 页。

势族集团站在了历史的"前台"，成为阻碍武帝实现一人专权的主要政治力量，因此也就成为皇权打压的重点对象。武帝之所以任用酷吏来打压势族，是因为这一政治集团能够有效地实现皇权打击势族的政治目标。可以说，酷吏是中央政权与地方势力斗争的一个行之有效的手段。①

以酷吏消解二元化权力结构社会基础的理政方式，有其历史渊源，也有其历史延续。吕后执政时期，酷吏侯封"刻轹宗室，侵辱功臣"。② 专事打击宗室功臣，成为吕氏专权的爪牙。景帝时，济南瞯氏"宗人三百余家，豪猾，二千石莫能制"，景帝任酷吏郅都为济南太守，"灭瞯氏首恶，余皆股栗。居岁余，郡中不拾遗"。郅都官至中尉，"致行法不避贵戚，列侯宗室见都侧目而视，号曰'苍鹰'"。③ 武帝之后，任用酷吏打击豪强，仍是重要治术，汉宣帝时，酷吏严延年任河南太守，"其治务在摧折豪强，扶助贫弱。贫弱虽陷法，典文以出之；其豪杰侵小民者，以文内之。众人所谓当死者，一朝出之；所谓当生者，诡杀之。吏民莫能测其意深浅，战栗不敢犯禁"。④ 光武帝时期的酷吏李章任阳平令时，手刃当地豪强赵纲，为琅邪太守时，与当地大族夏长思作战，"斩之，获三百余级，得牛马五百余头而还"。⑤ 酷吏黄昌曾任蜀郡太守，后又任陈相，"县人彭氏旧豪纵，造起大舍，高楼临道。昌每出行县，彭氏妇人辄升楼而观。昌不喜，遂敕收付狱，案杀之"。⑥

东汉以降至隋唐时期，历朝历代大多有任用酷吏执政的情况。比如，武则天执政时期，任用酷吏索元礼、侯思止、万国俊、来俊臣等，以清除异己，巩固统治。这些酷吏专事于打击李姓宗室、豪门重臣，其手法与汉代酷吏相比，有过之而无不及。⑦ 值得注意的是，汉至唐最高统治者之所以任用酷吏，与当时的社会背景有重要的关联。汉唐时期，以豪强、世族、士族、门阀等为代表的势族集团对君权专制构成威胁，中央政府打击

---

① 李巍涛：《汉代酷吏的法律文化解读》，《陕西师范大学学报》（哲学社会科学版）2013年第2期。

② 《史记》卷122《酷吏列传》，中华书局1959年点校本，第3132页。

③ 同上书，第3133页。

④ 《汉书》卷90《酷吏传》，中华书局1962年点校本，第3669页。

⑤ 《后汉书》卷77《酷吏列传》，中华书局1965年点校本，第2493页。

⑥ 同上书，第2497页。

⑦ 王双怀：《武则天与酷吏的关系》，《唐都学刊》1999年第1期。

势族成为一贯的施政行为，这一时期的各个阶段，皇权施政手法也有类似之处，尤其是在任用酷吏问题上，无论是以酷吏为手段展开政治斗争的方式方法，还是由此形成的政治后果，多有相似之处。由此，可以得出这样一个结论：在势族集团存续的时代，酷吏政治是最高统治者的一项治国之术，任用酷吏打击势族以巩固皇权是这一时期国家统治思想的重要方面。

汉武帝任用酷吏打击势族的施政措施中还渗透着这一时期国家统治思想的一些细微之处。第一，武帝承纳了法家的君臣观。酷吏为代表的臣下在武帝的施政过程中被工具化，酷吏能满足武帝的政治诉求，酷吏也能得到武帝的赏赐、提拔，但二者的关系是建立在相互利用的基础上，没有事实上的君臣之义。武帝十分看重酷吏打压势族的政治效果，往往为他们在地方上的不当执政网开一面，或给予特殊支持，如王温舒的奏报可在两三天内得到回应即是最为典型的一个例证。正是在汉武帝的默许、纵容下，酷吏的执法尺度几乎没有了边界，只要能有效打击势族，可谓无所不用其极。为奖励那些取得功绩的酷吏，武帝给予他们高官厚禄，赵禹、张汤、杜周等以执政"深刻"① 位列九卿。酷吏专事打击宗室、豪强，但不善治事，如酷吏义纵"以鹰击毛挚为治"，"吏之治以斩杀缚束为务"，任右内史时，武帝发现"道多不治"，"弃纵市"。② 尹齐因打压豪富有功，"迁为中尉，吏民益凋敝"，其人"木强少文，豪恶吏伏匿而善吏不能为治，以故事多废，抵罪"。③ 司马迁往往以"道不拾遗"来描述酷吏施政的结果，这与人们的惯常理解相左。受儒家传统影响，人们一般认为"道不拾遗"往往是以仁理政的结果，是教化成功的典范。但是，汉武帝时期出现的"道不拾遗"是酷吏残暴打压地方势力的结果，是恐怖政治在地方社会的反映，与儒家的德治追求相去甚远。

酷吏是皇权得心应手的鹰犬，皇权是酷吏至高无上的靠山，当酷吏违背皇帝的旨意，或政治环境发生大的变化，他们在行政体系中的作用就变得微乎其微，不谙于治民之道的短处就成为皇权剪除他们的口实，酷吏的

---

① 《史记》卷 122《酷吏列传》，中华书局 1959 年点校本，第 3146 页。
② 同上书，第 3146—3147 页。
③ 同上书，第 3149 页。

人生也就走到了终点。① 由此可见，酷吏的工具化、皇权看重酷吏打击势族之能力的事实以及君臣之间相互利用的现象，都说明武帝时期的统治思想中隐含着法家思想的内容。

第二，从酷吏的结局看，执法冷酷、为政尚威的统治模式加深了施政的严酷性，也增加了执政的人事成本，反映出汉武帝时期统治理念严苛的一面，也反映出势族力量不断衍生的社会特点。酷吏多不能善终，除被武帝清算被杀或被迫自杀者外，即使病死之人，也要受人清算，尹齐病死后，"所诛灭淮阳甚多，及死，仇家欲烧其尸，尸亡去归葬"。② 酷吏的悲惨下场是武帝施政严苛的典型体现。从酷吏家资看，一些人生前积累了大量财富，有些人还已然转化为势族的一员；一些人则以清廉闻名，他们的贫与富多取决于自身的修为，而非制度因素。如王温舒被夷五族，"家直累千金"③。酷吏杜周"初征为廷史，有一马，且不全；及身久任事，至三公列，子孙尊官，家訾累数巨万矣"④。酷吏张汤死，"家产直不过五百金"⑤，尹齐在淮阳都尉任上病死，其"家直不满五十金"。⑥ 正如司马迁所言，"其廉者足以为仪表，其污者足以为戒"⑦。臣下积累社会财富的过程往往与制度因素无关，这必定会增加国家的人事成本，反而不利于统治的稳固。进而言之，汉武帝时期，通过封赐来巩固统治基础的国策仍在执行，比如，元封元年（前110）夏，武帝"赐天下民爵一级，女子百户牛酒"。⑧ 广泛封赐的受益者存在一个自社会底层到上层逐步累加的过程，这样的赏赐方式当然也有利于酷吏积累财富，加之他们还可以用其他手法增加财富、巩固权势。因此，酷吏的升迁集中反映了汉代社会"制造"可堪与皇权抗衡的社会力量的特点。

第三，酷吏政治反映出武帝时期皇权超越法制，甚至破坏法制的现

① 秦进才：《汉武帝时代的皇权与酷吏》，《河北师范大学学报》（哲学社会科学版）2008年第5期。

② 同上书，第3151页。

③ 同上书，第3151页。

④ 同上书，第3154页。

⑤ 同上书，第3144页。

⑥ 同上书，第3151页。

⑦ 同上书，第3154页。

⑧ 《汉书》卷六《武帝纪》，中华书局1962年点校本，第191页。

象。酷吏执政须服从律法,一些酷吏还是遵纪守法的典型,如赵禹就以"据法守正"① 闻名,既使是王温舒之流,其打击势族的猛烈之举也不得不收摄于法治的权威之下,因为"法令是秦汉行政的重要依据"②,酷吏也不能例外。当然,也有用法深刻,甚至越法任能的酷吏,如酷吏杜周"善候伺","上所欲挤者,因而陷之;上所欲释者,久系待问而微见其冤状"。有人指责其"不循三尺法,专以人主意指为狱",他回应说:"三尺安出哉?前主所是著为律,后主所是疏为令,当时为是,何古之法乎!"③ 杜周的言论既反映出我国传统时代"王言为法"的法律文化传统,也反映了皇权可超越律法的事实,说明武帝的统治理念中有任法而治的一面,也有越法而治的现象。

第四,酷吏政治是"宽猛相济"的汉代治世传统中猛烈一端的体现,吻合汉武帝的统治风格。汉武帝执政时间较长,执政期间也处理过大大小小无数行政事务,他肢解封国、专营盐铁、北攻匈奴等的辉煌政绩对后世产生重大影响。总体而言,武帝善用"猛政",而酷吏恰恰吻合了他的施政风格。当然,武帝也受"霸王道杂之"的汉家统治原则约束,并非一贯地施以"猛政"。其执政晚期,出现诸多社会问题,武帝因此调整施政方略,酷吏的作用也因此下降。

值得注意的是,酷吏专事于打击势族,但却无法与这一社会集团完全隔缘。酷吏到地方任职,须借助地方势力以有效干预地方事务,这时,当地的势族成为他们资以利用的社会势力。如王温舒任广平都尉时,以当地豪强为掾属,"择郡中豪敢任吏十余人,以为爪牙,皆把其阴重罪,而纵使督盗贼,快其意所欲得。此人虽有百罪,弗法;即有避,因其事夷之,亦灭宗。以其故齐赵之郊盗贼不敢近广平,广平声为道不拾遗"。④ 之所以以势族为"掾属",是因为势族是颇具影响的地方势力,地方官与这些社会集团合作,巧妙地利用地方势族间的矛盾,借其中一部分的力量,对其他势族进行夷族灭宗。另一方面,当地势族也可借地方官的力量坐大实

---

① 《史记》卷 122《酷吏列传》,中华书局 1959 年点校本,第 3154 页。
② 邢义田:《治国安邦:法律、行政与军事》,中华书局 2011 年版,第 1 页。
③ 《史记》卷 122《酷吏列传》,中华书局 1959 年点校本,第 3153 页。
④ 同上书,第 3147 页。

力，进一步扩张他们在地方上的影响力。因此，酷吏打击地方势族，并不意味着能够全面消解这一集团，有时他们也会被势族利用，成为某些势族得以壮大的借助力量。一些酷吏在打击势族过程中积累了行政资本和财富，转而成了为霸一方的势族，如酷吏宁成赋闲后成为南阳郡有名的势族。宁成之所以能够成为势族集团的一分子，与其攻灭势族过程中揽政敛财的行为有关，也与当时中央政府有意保护酷吏的政治环境有一定关联，更与以功封赏的行政措施密切相关。换言之，西汉有"制造"势族的社会机制，成为新势族的现象也并非仅出现在酷吏集团之中。当然，酷吏一旦成为势族，就有可能成为其他酷吏打压的对象，义纵"破碎"宁成之家即是典型一例。

综上，酷吏政治既能反映武帝时期宏观意义上的国家统治思想，也能体现其较为微观的统治意志。从宏观层面讲，任用酷吏的主要目的是为了打击势族，从而试图消除二元化权力结构的社会基础，酷吏政治是汉代乃至汉至隋唐时期一以贯之的施政手段。用酷吏打击势族的过程中，盘踞于东海、南阳诸郡的势族受到残酷打压，有效地增强了中央王朝在这些地方的影响力。但是，凭借汉代"制造"势族的社会机制，一些酷吏转而成为势族的一员，这些现象说明武帝时期二元化的权力结构有其存续的社会基础，中央政府也无法从根本上清除势族集团。从微观层面看，汉武帝任用大批酷吏的现象说明，法家的君臣观对武帝的统治意志有一定影响，酷吏遵从律法与否也取决于帝王的态度，这一点也反映出武帝的施政具有君主专权统治模式的典型特征。

第四节　昭宣时期国家统治理念探析

昭宣时期的国家统治理念既有因循旧制的方面，也有一些新的变化，其中，利用各种力量打压势族是一以贯之的统治意志。昭宣时期，"霸道"政治观注解权力合法性的有效性有所下降，而能够体现"王道"政治的循吏政治、灵异观念等引起帝王重视，说明这一时期的统治思想较西汉前期发生了一定变化。

一　继承与改易之间：昭宣面临的政治遗产及其统治思想蠡测

昭宣时期的政治形势颇为复杂，汉室统绪出现大的波折，霍光等官僚集团势力膨胀，一些宗亲蠢蠢欲动，天下豪强仍对刘氏政权形成挑战，这大多与昭、宣面临的政治遗产有关，因此，从武帝晚年施政角度分析昭宣时期的统治思想及政治文化，是较为常见的分析方法。

昭帝继位后，与民休息、轻徭薄赋，放弃、撤销了酒的专卖和关中铁官，并与匈奴和亲，以解决边患。宣帝时期，除继承前朝基本国策外，还以平治狱讼、改善吏治等措施，缓和社会矛盾，巩固汉室天下。钱穆先生认为，昭宣息狱讼、繁生业、与民休养，功业不亚于文景之治，"而昭、宣、元、成之治，复有与文、景异者，则文、景惟尚无为，而昭、宣以下则儒术大兴，其意义亦与黄老'清静使民自化'之旨殊也。"① 在钱先生看来，昭宣以儒术治国，其统治理念不仅与文景有异，还当与用法深刻的武帝大有不同。换言之，钱穆先生强调昭宣时期的改弦易辙及其以儒治国的一面。田余庆先生认为汉武帝罪己之诏，挽回了"将颓之局"，是其探索统治经验相当成功的一个表征。② 由此看来，昭宣时期的国策溯源于武帝的"轮台之悔"，史称"孝武奢侈余敝师旅之后，海内虚耗，户口减半"③。武帝末年，"悔征伐之事，乃封丞相为富民侯。下诏曰：'方今之务，在于力农。'"④ 司马光认为武帝虽"有亡秦之失而免亡秦之祸"，关键在于他能"晚而改过"。⑤ 劳干先生认为，轮台之诏的发布，意在让国家民众休养生息，不再做新的进取，不过，武帝选择老臣桑弘羊做顾命大臣，说明武帝晚年并未完全放弃进取。⑥ 陈苏镇先生也认为，宣帝继续经营西域、内政厉行法治等都是武帝事业的继续。⑦ 由此可见，学界关于昭宣继承武帝遗业还是改易前帝之策的问题上有不同看法。

---

① 钱穆：《秦汉史》，载钱穆《钱穆先生全集》（新校本），九州出版社2011年版，第184页。

② 田余庆：《秦汉魏晋史探微（重订本）》，中华书局2011年第3版，第55页。

③ 《汉书》卷7《昭帝纪·赞》，中华书局1962年点校本，第233页。

④ 《汉书》卷24《食货志上》，中华书局1962年点校本，第1138页。

⑤ 《资治通鉴》卷二十二《汉纪十四·武帝后元二年》，中华书局1956年版，第748页。

⑥ 劳干：《古代中国的历史与文化》，中华书局2006年版，第141页。

⑦ 陈苏镇：《汉代政治与〈春秋〉学》，中国广播电视出版社2001年版，第292—303页。

　　笔者认为昭帝执政时期实际上是前朝旧臣秉国政的时代，武帝安排霍光、桑弘羊、金日磾、上官桀为顾命大臣，一方面让他们辅佐幼帝，安治天下，另一方面也有意在让他们相互牵制，避免一家坐大而天下旁落。这些旧臣本是武帝的左膀右臂，谙熟武帝执政之策，辅政时期自然也会执行武帝晚年意在守成的政策，武帝诏令霍光"行周公之事"①，其政治用意就是要霍光等人完成他未竟之事。昭帝继位，年仅八岁，"政事壹决于光"②。霍光"因循守职，无所改作"③，且能"知时务之要，轻徭薄赋，与民休息"④。完全贯彻了武帝遗志。因此，至少在昭帝时期，继承武帝遗志是当时国家统治理念的主要方面。不过，昭帝时期改革盐铁制度、与匈奴和亲等，当属改易先帝之策。宣帝时期的执政理念的确依循武帝遗志，但他兴于闾阎，知民事之艰难，曾称："庶民所以安其田里而亡叹息愁恨之心者，政平讼理也。与我共此者，其唯良二千石乎！"⑤宣帝为政以宽，力求"民安其业"⑥，这与他早年的经历多少有些关系。宣帝还多用循吏执政，"用吏多选贤良，百姓安土，岁数丰穰"⑦。陈苏镇先生认为："循吏政治的关键是扩大和强化条教的作用，使之成为国家律令与民间习俗即'公法'与'人情'之间的桥梁。与文吏政治相比，它的特点在于比较接近民俗，而与律令有一定距离。"⑧可见，宣帝的施政方式与武帝有一定不同。总之，昭宣采取"与民休息"，改易对外政策，任用"循吏"等，大多是出于客观需要，并非完全源于"轮台之悔"。因此，从昭宣对待武帝政治遗产角度分析这一时期的统治思想，得出的结论或许并不符合历史事实。

　　昭帝时，以顾命大臣为首的官僚势力急剧膨胀，他们相互勾结、把持朝政，甚至想取帝王而代之，而与皇权对立的代价，便是会成为皇权消灭的对象。这期间，宗室势力也趁机复兴，对君主专权构成较大威胁，为延

①　《汉书》卷68《霍光传》，中华书局1962年点校本，第2932页。
②　同上书，第2932页。
③　《汉书》卷89《循吏传》，中华书局1962年点校本，第3624页。
④　《汉书》卷7《昭帝纪·赞》，中华书局1962年点校本，第233页。
⑤　《汉书》卷89《循吏传》，中华书局1962年点校本，第3624页。
⑥　《汉书》卷8《宣帝纪·赞》，中华书局1962年点校本，第275页。
⑦　《汉书》卷24《食货志》，中华书局1962年点校本，第1141页。
⑧　陈苏镇：《汉代政治与〈春秋〉学》，中国广播电视出版社2001年版，第309页。

续汉家天下,虽要借助宗室力量,但打压封国觊觎皇权的行动一直在持续。武帝指定的顾命大臣,共同辅佐昭帝的使命把他们置放在同一个政治场域,政见上的不合、利益点的不同,又使他们陷入惊心动魄的政治斗争,上官桀、桑弘羊为此送了命。"巫蛊之祸"使汉家天下的传续遭遇危机和挑战,燕王旦不服昭帝以幼子身份继大统,心生"怨望","迷惑失道"①,与上官桀、桑弘羊勾结谋反,事败自裁。昭帝剪除上述官僚及宗亲势力多出于被动,但与汉武帝时期打击势族及宗室以强化皇权的动机是一致的,这在很大程度上反映出汉代国家统治理念的内在一致性。

皇权打压势族的统治意志,也延及霍光。霍光为霍去病异母弟,霍氏因军功起家,是典型的官僚势族,卫氏家族因"巫蛊之祸"受到政治清洗,但祸未及霍氏子孙,而武帝一生专事于打压势族,临了却以势族成员为顾命大臣,不得不说其中颇有戏剧性成分,也反映出势族力量在当时的强盛。昭帝时,霍光剪灭燕王、上官桀等人谋反,把持朝政,权倾一时,后霍光夫人派女医毒死许后,霍光包庇其妻之罪,上奏免除女医之罪。霍光死后,毒杀许后一事泄露,霍氏被夷族。霍光执政以来,为政勤恳,对刘氏皇权贡献良多。其家族权势日隆,家人奢侈,且多有"无礼"之举,但这并非是霍氏被清算的主因。霍光废帝立帝,对宣帝造成很大压力,史称:"宣帝始立,谒见高庙,大将军光从骖乘,上内严惮之,若有芒刺在背。后车骑将军张安世代光骖乘,天子从容肆体,甚安近焉。及光身死而宗族竟诛,故俗传之曰:'威震主者不畜,霍氏之祸萌于骖乘。'"② 毒杀许后是宣帝清洗霍氏的直接原因,权重震主引来皇权打压才是霍氏灭门的主因。

除清洗把持中央朝政的官僚势族外,昭宣时期,打击地方势族的行动也在持续。昭帝始元四年(前83),"徙三辅富人云陵,赐钱,户十万"。③ 宣帝本始元年(前73)春,"募郡国吏民訾百万以上徙平陵"。④ 宣帝时赵广汉任颖川太守,"郡大姓原、褚宗族横恣,宾客犯为盗贼,前

---

① 《汉书》卷7《昭帝纪》,中华书局1962年点校本,第227页。
② 《汉书》卷68《霍光传》,中华书局1962年点校本,第2958页。
③ 《汉书》卷7《昭帝纪》,中华书局1962年点校本,第221页。
④ 《汉书》卷8《宣帝纪》,中华书局1962年点校本,第239页。

二千石莫能禽制。广汉既至数月，诛原、褚首恶，郡中震栗。"① 如前所述，迁徙富豪至京师周边或帝王陵寝所在之处是汉代清除势族在地方上的影响力，以加强一元化统治的主要方式，昭宣时，仍在执行这一政策。值得一提的是，昭宣之后，这一政策仍在存续汉元帝时，"渭陵不复徙民起邑"，成帝时，陈汤认为"天下民不徙诸陵三十余岁矣，关东富人益众，多规良田，役使贫民，可徙初陵，以强京师，衰弱诸侯，又使中家以下得均贫富"②。皇帝也下诏迁徙关东富豪，不过，因皇权衰落，借此打击势族的施政效果不佳。

地方官打压势族也是强化皇权的一贯之策，昭宣时期也有这样的施政措施，所不同的是，赵广汉只诛杀势族"首恶"，不再采取酷烈的夷族方式解决势族问题。宣帝虽任用循吏改善吏治，但以"霸道"打击势族也是其执政的重要理念，这与强调教化的"王道"政治有很大区别。循吏王霸任丞相后，鼓励地方官员推行教化，京兆尹张敞上书："汉家承敝通变，造起律令，所以劝善禁奸，条贯详备，不可复加。宜令贵臣明饬长吏守丞，归告二千石，举三老孝弟力田孝廉廉吏务得其人，郡事皆以义法令捡式，毋得擅为条教；敢挟诈伪以奸名誉者，必先受戮，以正明好恶。"宣帝"嘉纳敞言，召上计吏，使侍中临饬如敞指意。霸甚惭"。③ 可见，为巩固皇权，帝王更倚重"霸道"，即用严刑峻法打压势族。这是汉室的一贯之策，也是昭宣时期统治思想的主体内容。

与打压势族相伴随的是，昭宣时期，皇权的赏赐及奖励军功的制度，仍在"制造"一批又一批势族。昭帝时，几位顾命大臣皆封侯进爵，势力大增。诸侯、列侯及二千石，乃至吏民多有封赏。

> 始元元年春二月，黄鹄下建章宫太液池中。公卿上寿。赐诸侯王、列侯、宗室金钱各有差。
>
> （始元元年）秋七月，赦天下，赐民百户牛酒。
>
> （始元四年）夏六月，皇后见高庙。赐长公主、丞相、将军、列

① 《汉书》卷76《赵广汉传》，中华书局1962年点校本，第3200页。
② 《汉书》卷70《陈汤传》，中华书局1962年点校本，第3023—3024页。
③ 《汉书》卷89《循吏传》，中华书局1962年点校本，第3633页。

侯、中二千石以下及郎吏宗室钱帛各有差。

（元凤）二年夏四月，上自建章宫徙未央宫，大置酒。赐郎从官帛，及宗室子钱，人二十万。吏民献牛酒者赐帛，人一匹。

（元凤）四年春正月丁亥，帝加元服，见于高庙。赐诸侯王、丞相、大将军、列侯、宗室下至吏民金帛牛酒各有差。赐中二千石以下及天下民爵。毋收四年、五年口赋。三年以前逋更赋未入者，皆勿收。

（元凤）五年春正月，广陵王来朝，益国万一千户，赐钱二千万，黄金二百斤，剑二，安车一，乘马二驷。①

宣帝时，广泛封授的现象屡见不鲜，仅本始元年（前73）就有过两次大规模的封爵和赏赐：

大将军光稽首归政，上谦让委任焉。论定策功，益封大将军光万七千户，车骑将军光禄勋富平侯安世万户。诏曰："故丞相安平侯敞等居位守职，与大将军光、车骑将军安世建议定策，以安宗庙，功赏未加而薨。其益封敞嗣子忠及丞相阳平侯义、度辽将军平陵侯明友、前将军龙洛侯增、太仆建平侯延年、太常蒲侯昌、谏大夫宜春侯谭、当涂侯平、杜侯屠耆堂、长信少府关内侯胜邑户各有差。封御史大夫广明为昌水侯，后将军充国为营平侯，大司农延年为阳城侯，少府乐成为爰氏侯，光禄大夫迁为平丘侯。赐右扶风德、典属国武、廷尉光、宗正德、大鸿胪贤、詹事畸、光禄大夫吉、京辅都尉广汉爵皆关内侯。德、武食邑。"

……

五月，凤皇集胶东、千乘。赦天下。赐吏二千石、诸侯相、下至中都官、宣吏、六百石爵，各有差，自左更至五大夫。赐天下人爵各一级，孝者二级，女子百户牛酒。租税勿收。②

---

① 《汉书》卷7《昭帝纪》，中华书局1962年点校本，第218、219、221、228、229、231页。

② 《汉书》卷8《宣帝纪》，中华书局1962年点校本，第239—242页。

宣帝时，二千石有功者"辄以玺书勉厉，增秩赐金，或爵至关内侯，公卿缺则选诸所表以次用之"①。地方官员有诸多加官晋爵的机会，他们中的一些人因此转化为官僚势族。

总之，昭宣时期的国家统治理念颇为复杂，武帝一朝的统治意志以其强大的施政功用及辐射能力，的确对昭宣时期的皇权运作产生重要影响。不过，细究之，昭宣时代国家权力运作的具体方式多出于施政的客观需要，其中既有遵循旧制的因素，也有改弦易辙的成分。因此，以"轮台之悔"理解这一时期的统治思想及政治文化难免偏颇而不得其要领。昭宣时，皇权不振、宠臣专权，难免使人形成这一时期与武帝乃至文景等朝不能等量齐观的印象，然而，如若拨开历史迷雾，细究这一时期国家权力运作的真实情形，仍能窥见其统治意志的核心内容。昭宣时期，皇权的核心统治意志仍在于利用各种力量打压势族，迁徙豪富、打击地方势族，清洗把持朝政的官僚势族等，都贯穿着皇权通过打击势族来强化统治的治国意志；与此同时，当时的国家行政体系又在"制造"大量势族，势族仍是当时力量甚为强大的政治集团。

二　灵异及其权力属性：国家统治理念中的因果律及其影响

古代中国，当人们对发生在自然界、人类社会中的一些事情无法给予符合常理的解释时，往往会将自身的惊异之感附加于认知对象，进而使之变得更加神秘莫测。人们还会把灵异事件看成人间灾祸福乐的预兆，从而形成一种神秘的因果律。以灵异现象解释现实政治的传统思维可谓起源甚早，阴阳、五行、神仙学说即与之有一定关联。②秦汉以来，军政力量被视为构建政权合法性的核心，加之"霸道"政治为主体的统治意志遮蔽了"王道"政治的实际作用，承载"王道"政治观的灵异现象未必能引起帝王重视，特别是热衷灾异者，往往得到的是严厉惩处，董仲舒因言灾异而获罪即是一例。因此，秦及西汉前期，尽管历史书写者不会忽略难得一见的灵异现象，但直到昭宣时期，灵异与现实政治之间的因果关系才被

---

① 《汉书》卷89《循吏传》，中华书局1962年点校本，第3624页。

② 比如，《左传》所记灾异与阴阳思想密切相关。参见顾钦《从〈左传〉灾异、占卜、战争记载看兵家阴阳思想》，《上海大学学报》（社会科学版）2006年第3期。

真正强调出来,并被皇权视为体现或表达国家权力合法性的重要方式。

昭、宣时期,祥瑞之昭频现,多为凤凰、神爵现于某处。《汉书·昭帝纪》载有3次瑞应现象:

> 始元元年春二月,黄鹄下建章宫太液池中。
>
> (始元三年)冬十月,凤皇集东海,遣使祠其处。
>
> (元凤)三年春正月,泰山有大石自起立,上林有柳树枯僵自起生。①

宣帝时,瑞应现象甚多,《汉书·宣帝纪》所记大概有以下15次:

> (本始元年)五月,凤皇集胶东、千乘。
>
> (本始四年)五月,凤皇集北海安丘、淳于。
>
> (地节二年)夏四月,凤皇集鲁郡,群鸟从之。
>
> (元康元年)三月,诏曰:"乃者凤皇集泰山、陈留,甘露降未央宫……"
>
> (元康二年)三月,以凤皇甘露降集,赐天下吏爵二级……
>
> (元康三年)春,以神爵数集泰山,赐诸侯王、丞相、将军、列侯、二千石金……
>
> (元康四年)三月,诏曰:"乃者,神爵五采以万数集长乐、未央、北宫、高寝、甘泉泰畤殿中及上林苑。……
>
> (元康四年)嘉谷玄稷降于郡国,神爵仍集,金芝九茎产于函德殿铜池中。……
>
> (神爵元年)三月……神鱼舞河。
>
> (神爵二年)诏曰:"乃者正月乙丑,凤皇甘露降集京师,群鸟从以万数。……"
>
> (神爵)四年春二月,诏曰:"乃者凤皇甘露降集京师,嘉瑞并见。……"
>
> (五凤三年)三月……甘露降,神爵集。已诏有司告祠上帝、宗

---

① 《汉书》卷7《昭帝纪》,中华书局1962年点校本,第218、221、228页。

庙。三月辛丑，鸾凤又集长乐宫东阙中树上，飞下止地，文章五色，留十余刻，吏民并观。……

（甘露元年）夏四月，黄龙见新丰。

（甘露二年）诏曰："乃者凤皇甘露降集，黄龙登兴，醴泉滂流，枯槁荣茂，神光并见，咸受祯祥。……"

（甘露三年）诏曰："乃者凤皇集新蔡，群鸟四面行列，皆乡凤皇立，以万数。……"①

如此多的瑞应，一方面意在昭示着这一时期的确为汉家中兴之时，另一方面，瑞应配合政权合法性建构的需要，颇有深刻的思想意味。昭帝以幼子身份继位，诸王不服，齐孝王孙刘泽、燕王旦企图谋反，对皇权构成一定威胁；宣帝起于平民，君权的合法性基础逊于前帝，他以频频出现的瑞应"包装"皇权，并下诏宣示祥瑞，配之以赏赐晋爵，以示尊贵，就是要以瑞应建构他承继大统的合法性。此外，祥瑞是灵异现象中引人注目且使人产生喜悦、好感的特殊现象，其中蕴含着皇权"王道"之治得到上天赞许的思维逻辑，用这种因果律来夯实君权的合法性，对于昭帝、宣帝而言虽不是开创之举，但至少可以说明这一时期的君权合法性建构方式比前朝开明了许多。

昭宣时期，还把灾异视为上天的警告，帝王以更为谨慎的言行对待政事，以求上天宽宥，并检视施政行为妥当与否，达到安抚吏民、改善统治的目的。《汉书》载有昭宣时期的灾异现象：

（元凤四年）五月丁丑，孝文庙正殿火，上及群臣皆素服。②

（本始四年）夏四月壬寅，郡国四十九地震，或山崩水出。诏曰："盖灾异者，天地之戒也。朕承洪业，奉宗庙，托于士民之上，未能和群生。乃者地震北海、琅邪，坏祖宗庙，朕甚惧焉……"

① 《汉书》卷8《宣帝纪》，中华书局1962年点校本，第242、246、247、253、255、257、258—259、262、263、266—267、269、272页。
② 《汉书》卷7《昭帝纪》，中华书局1962年点校本，第230页。

……上以宗庙堕，素服，避正殿五日。①

自董仲舒因灾异获罪后，以灾异言政成为政治禁忌。然而，到了昭宣时期，情况发生了变化，昭帝因孝文庙起火，着"素服"以谢上天、祖宗，宣帝因各地发生地震，视其为"天地之戒"，着"素服"，"避正殿五日"。

从昭宣热衷灵异角度看，既然帝王以瑞应宣示执政的合法性，那么也得承纳上天以灾异告诫帝王的神秘现象，因为灾异是建构"王道"政治的一个途径，也是帝王检视其施行妥当与否的一种方式。另一方面，与祥瑞之事昭示着天下太平、百姓安居的因果律一样，灾异意味着不恰当的施政、行为引起上天震怒、惩罚的因果律。总之，用灵异解释现实政治，意味着承纳了蕴含其中的因果律。

除帝王以灵异现象注解其政治行为外，以灵异解释人类行为的因果律在当时是人们的一个共识。比如，霍光死后，其"第中鼠暴多，与人相触，以尾画地。鸮数鸣殿前树上。第门自坏。云尚冠里宅中门亦坏。巷端人共见有人居云屋上，彻瓦投地，就视，亡有，大怪之"。② 萧望之也借灾异之事批评霍氏专权，声称"阴阳不和，是大臣任政，一姓擅势之所致也"。③ 后霍光妻毒杀许后等事败露，霍氏遭到清算。

综上，昭宣时期，人们把灵异现象与现实政治结合起来，作为注解施政妥当与否、权力合法与否等的一种方式，使各种奇异的自然现象附着上人类的思维与想象，最终形成一种特殊的因果律，同时也使灵异具有了某种权力属性。秦及西汉前期，君主专权合法性的建构多仰赖实际的政治控制、严刑峻法及强大的军事力量，由此形成的"霸道"政治观是维护君主专权的核心统治理念。至昭宣时期，各种政治因素使得"霸道"政治观注解权力合法性的有效性有所下降，而能够体现"王道"政治的循吏政治、灵异观等引起帝王重视，这说明昭宣时期以建构统治合法性为根本目标的统治思想发生了一定变化，其思想内涵也较之前变得更加丰富起来。

---

① 《汉书》卷8《宣帝纪》，中华书局1962年点校本，第245页。
② 《汉书》卷68《霍光传》，中华书局1962年点校本，第2956页。
③ 《汉书》卷78《萧望之传》，中华书局1962年点校本，第3273页。

从灵异对现实政治的影响方面看，一旦出现灵异现象，皇权往往通过大赦天下、策免群臣、诏举贤良、整顿吏治、减轻刑罚、减免赋税等方式①，要么回应祥瑞之事，要么以罪己诏检讨过失，特别是因灾异下罪己诏的现象最能体现灵异现象对现实政治的影响。宣帝五凤四年四月，"日有蚀之。诏曰：'皇天见异，以戒朕躬，是朕之不逮，吏之不称也。以前使使者问民所疾苦，复遣丞相、御史掾二十四人循行天下，举冤狱，察擅为苛禁深刻不改者。'"② 昭宣之后，以灾异检视施政成为一种惯例，如汉元帝曾下诏："盖闻贤圣在位，阴阳和，风雨时，日月光，星辰静，黎庶康宁，考终厥命。今朕恭承天地，托于公侯之上，明不能烛，德不能绥，灾异并臻，连年不息。乃二月戊午，地震于陇西郡，毁落太上皇庙殿壁木饰，坏败豲道县城郭官寺及民室屋，压杀人众。山崩地裂，水泉涌出。天惟降灾，震惊朕师。治有大亏，咎至于斯。凤夜兢兢，不通大变，深惟郁悼，未知其序。间者岁数不登，元元困乏，不胜饥寒，以陷刑辟，朕甚闵之。郡国被地动灾甚者无出租赋。赦天下。有可蠲除减省以便万姓者，条奏，毋有所讳。丞相、御史、中二千石举茂材异等直言极谏之士，朕将亲览焉。"③ 元帝以灾异之事检视施政行为，以求平治天下，蕴含其中的"王道"政治观已然成为评判执政得当与否的重要标准。总之，以灵异配合统治，可视为皇权的自抑之术，是统治上层主动调节施政方式，缓和社会矛盾、减轻吏民负担，稳定政局的一项举措，而昭宣时代逐步兴起的这一观念无疑是汉代统治思想的一个重要组成部分。

理论上讲，帝王因灵异优化施政，臣下借灾异批评政治，当有利于强化君权，不过，广议灵异也未必总能对皇权有利，有时会沦为政治斗争或臣下权谋的工具。汉成帝永始、元延年间，日蚀、地震等灾异频繁，"吏民多上书言灾异之应，讥切王氏专政所致"，成帝就此事密会张禹，询问处理之法，张禹平素与曲阳侯王根不和，但他深知自己年老后诸子没有能力与王氏抗衡，就想借此次机会与王氏苟合，遂对曰："灾变之异深远难见，故圣人罕言命，不语怪神。"他污蔑那些上书之人"乱道误人，宜无

---

① 吴青：《灾异与汉代社会》，《西北大学学报》（哲学社会科学版）1995 年第 3 期。
② 《汉书》卷 8《宣帝纪》，中华书局 1962 年点校本，第 268 页。
③ 《汉书》卷 9《元帝纪》，中华书局 1962 年点校本，第 281—282 页。

信用,以经术断之"。成帝听信张禹所说,从此对外戚王氏深信不疑,王氏听说此事后也"皆喜说,遂亲就禹"。① 借灵异之事展开政治斗争,是西汉晚期政治的一大特色。灵异观所表达的因果律虽然没有切实的依据,但它一旦形成、固化,便成为古代中国人知识观的组成部分,是他们借以表达社会观念、政治主张的一个工具,因此,它关涉古代中国人的宇宙观、知识观,也与他们的道德人格有一定关联。然而,正如徐复观先生所言:"专制政治及抱专制政治思想的人,在其本质上和知识与人格是不能相容的。"② 正唯如此,灵异观所展现的社会意识须服从具体的权力运作,其权力性格也盖过了这一观念所表达因果律的实质意义,因此,在国家管理与社会控制过程中,它所发挥的节制皇权的功能较为有限。

当然,灵异观的影响并不局限于政治领域,它对中国人思维方式的影响当更为深远。具体而言,灵异观所表达的因果律也是一般吏民百姓检视日常行为、解释自然及社会现象的一种思维方式,吏民百姓也把一些难以解释的自然现象或突如其来的灾难视为人类不恰当行为引起的报应。佛教传入中国后,用灵异之事把佛教世界观中的因果报应观与传统灾异观的因果律结合起来,成为佛教观念渗入中国人精神世界的一个重要方式。《洛阳伽蓝记》卷一《城内》"昭仪尼寺"载:"佛堂前生桑树一株,直上五尺,枝条横绕,柯叶傍布,形如羽盖。复高五尺,又然。凡为五重,每重叶楷各异。京师道俗谓之神桑。观者成市,布施者甚众。帝闻而恶之,以为惑众。命给事黄门侍郎元纪伐杀之。其日云雾晦冥,下斧之处,血流至地,见者莫不悲泣。"③ 北魏孝武帝灭佛,杀伐"神桑",出现灵异,意指灭佛之不当。《洛阳伽蓝记》卷二《城东》"平等寺"亦载:"寺门外有金像一躯,高二丈八尺,相好端严,常有神验,国之吉凶,先炳祥异。孝昌三年十二月中,此像面有悲容,两目垂泪,遍体皆湿,时人号曰佛汗。京师士女空市里往而观之。有一比丘,以净绵拭其泪,须臾之间,绵湿都尽。更换以它绵,俄然复湿。如此三日乃至。明年四月尒朱荣入洛阳,诛戮百官,死亡涂地。永安二年三月,此像复汗,京邑士庶复往观之。五

---

① 《汉书》卷 81《张禹传》,中华书局 1962 年点校本,第 3351 页。

② 徐复观:《两汉思想史》,华东师范大学出版社 2001 年版,第 113 页。

③ (魏)杨衒之撰,周祖谟校释:《洛阳伽蓝记校释》,中华书局 1963 年版,第 61 页。

月，北海王入洛，庄帝北巡。七月，北海王大败，所将江淮子弟五千，尽被俘虏，无一得还。永安三年七月，此像悲泣如初。每经神验，朝野惶惧，禁人不听观之。"① 《洛阳伽蓝记》卷四《城西》"开善寺"还载："阜财里内有开善寺，京兆人韦英宅也。英早卒，其妻梁氏不治丧而嫁，更纳河内人向子集为夫，虽云改嫁，仍居英宅。英闻梁氏嫁，白日来归，乘马将数人至于庭前，呼曰：'阿梁！卿忘我耶?'子集惊怖，张弓射之，应箭而倒，即变为桃人。所骑之马亦变为茅马，从者数人尽化为蒲人。梁氏惶惧，舍宅为寺。"② 可见，以灵异表达因果报应，是佛教干预人世、直接人心的一种思维方式。佛教借灵异之事作用于中国人精神世界的现象并非中原独有，《西天佛子源流录》为明代著名藏族高僧班丹扎释传记，其中记有诸多灵异之事，如"佛子四十一岁，在于岷地萨子山开山造寺。……山中取水甚远，山顶有泉，离寺三里……佛子命工引水已经一日，水犹未至。彼时干渠内忽出一虾蟆，循渠跳跃，至处水即盈满，直至寺傍。尔时僧徒、檀那及众知识生希有心，皆大欢喜"③。总之，佛教广为古代中国人所接受，其中一个重要原因是佛教借助了中国的子学传统，特别是灵异观所包含的因果律与佛教的因果报应说在某种意上具有思想观念上的同质性，这恐怕是佛教借以进入中国人思想世界的重要途径，也是灵异观产生影响的重要方面。

第五节　王莽改制与国家统治理念的修正

王莽改制不仅是秦汉政治史上的大问题，也是政治思想史领域颇受关注的话题。从统治思想史角度看，王莽推行的"王道"政治对传统中国国家权力合法性建构产生过重要影响，是古代中国国家统治理念建构历程中承上启下的重要一环。王莽改制关涉儒家政治观的实践性问题，也是考察国家权力内在扩展、修复机制的一个典型政治场域，因此需要深入考

---

① （魏）杨衒之撰，周祖谟校释：《洛阳伽蓝记校释》，中华书局 1963 年版，第 95—96 页。

② 同上书，第 161—162 页。

③ 《永乐弘恩嗣佛旨印品第五》，张润平、苏航、罗炤编著：《西天佛子源流录——文献与初步研究》，中国社会科学出版社 2012 年版，第 171 页。

察、研究。

一 王莽的"王道"政治实践

"王道"政治曾经是诸子之学的共同话语，儒、道、墨诸家的政治理想及具体主张多与之有一定关联。战国及汉代儒生通过整合诸子之学，把"王道"政治与儒家伦理观念糅合在一起，使之成为儒家政治观的核心内容。因此，西汉晚期，"王道"政治观已刻上儒家思想的烙印，与"德教"并称。

在国家统治理念层面，统治合法性的建构主要依赖强大的军事力量，行之有效的行政体系，严密的律法体系等，同时也要从意识形态层面建构统治基础，使国家权力合法性建构超越事功层次且能深入人心。要博取人心，就要承纳民众遵奉、认可的理想统治模式或政治典范，使统治者的政治行为符合多数民众的利益需要。刘氏统治天下以来，在统治合法性建构方面号称"霸王道杂之"，但在具体的政治实践中，"霸道"似乎更得帝心，汉宣帝"奈何纯〔任〕德教"①的言论即是最典型的体现。随着时间的推移，汉室平定天下、外御匈奴的治世之功逐步淡化，对国家权力合法性的支撑作用也在逐步下降；行政与律法体系在运作过程中形成的惰性因素，有可能会瓦解国家权力的合法性基础。昭宣时期，统治者已然意识到这个问题，试图通过"王道"政治来夯实统治基础。然而，无论是从当时的统治风格，还是从统治效果看，"王道"政治发挥的空间都较为有限，统治者更仰赖强硬的统治手段，也更倾向于雷厉风行的"霸道"政治及其统治效果。元成以来，统治者逐步扩大了推行"王道"政治的力度，这虽然与灾祸频仍的社会现实有一定关联，但更多的是汉代国家统治合法性建构理念发展变迁的必然结果。至王莽时，尽管他把持了朝政，甚至取而代之，但都没有阻碍或斩断国家统治思想的变迁轨迹，甚或是这种发展、变迁当对王莽篡汉多有益处。

王莽的"王道"政治实践从自身形象塑造开始。王莽出身外戚势族，其父早死，众兄弟皆侈靡，"莽独孤贫，因折节为恭俭"②，封侯后，仍节

---

① 《汉书》卷9《元帝纪》，中华书局1962年点校本，第277页。
② 《汉书》卷99《王莽传》，中华书局1962年点校本，第4039页。

俭自仰，家人也以节俭闻名，其妻"衣不曳地，布蔽膝"①，全然"僮使"模样，令人称奇。王莽辅政以来，不仅自身仍坚持节俭，还提倡节俭以纠社会奢侈之风，陈苏镇先生认为，这是宣元以来改制运动的主要目标之一，但都因执政的外戚和大臣们反对而无法深入，王莽、太后带头，公卿大臣慕效，其社会反响可想而知。②

皇权建构的官僚体制是实施国家管理与社会控制的主体，尽管建构这一体制的目的在于更好的实施权力运作，但官僚服从皇权的重要前提即是他们可以分享利用国家权力聚拢、搜刮的社会财富，统治者也深谙以物质利益为代价驱使臣下的伎俩、手段，因此，传统中国的官僚体制往往派生出的不仅是上下有序的统治秩序，也有以行政手段获取社会财富、过上吏民不可企及的奢侈生活的权力法则。加之汉代去先秦未远，贵族集团以爵位换取地位、财富的文化传统仍有延续，为官享福的思想也大有市场。在这一社会背景下，奢侈之风应当不是一个特殊现象，而是专制社会的通病。在儒家"王道"政治观念中，尧、舜、禹等圣王皆是节俭清廉的典范，伊尹、周公等贤臣亦以提倡简约严谨闻名，他们的楷模作用起始于清俭的个人修为，而王莽以节俭示人，无论出于真心，或是一种政治表演，显然都能起到收拢人心的作用。

王莽的形象塑造中，礼贤下士是不可或缺的内容。王莽出身高贵，却能做到"爵位益尊，节操愈谦"③，史称："莽休沐出，振车骑，奉羊酒，劳遗其师，恩施下竟同学。诸生纵观，长者叹息。"④ 王莽以谦卑之态，结交儒生，且在这一群体中获得清名。王莽还广交志同道合的卿相大夫，扩充其政治实力。礼贤下士的具体手段即是"散舆马衣裘，振施宾客"，且"收赡名士"⑤，既博得了名声，也收拢了人才。此外，为博得良好声誉，王莽散尽家财，在所不惜，曾"出钱百万，献田三十顷，付大司农助给贫民"⑥，为维持清廉严谨之名，令杀死家奴的儿子自尽，从而得到

① 《汉书》卷99《王莽传》，中华书局1962年点校本，第4041页。
② 陈苏镇：《汉代政治与〈春秋〉学》，中国广播电视出版社2001年版，第378页。
③ 《汉书》卷99《王莽传》，中华书局1962年点校本，第4040页。
④ 同上。
⑤ 同上。
⑥ 《汉书》卷99《王莽传》，中华书局1962年点校本，第4050页。

"在位更推荐之,游者为之谈说"①,"公聊皆慕效"②,"贤良周护、宋崇等对策深颂莽功德"③ 的效果。

儒生是"王道"政治观的载体,在文吏政治盛行的时代,他们的政治出路并不通畅,尽管国家立有经学博士,教育体系也以儒生为中坚,但政治观念与政治地位的边缘性一直令汉代儒生耿耿于怀。王莽以贵戚之尊礼贤下士,主动交好儒生集团,尤其重用刘歆等人,不仅使他们看到了改善社会地位,实施政治理想的希望,也使他们相信王莽执政必会推行"王道","虚誉隆洽"的社会舆论与政治气氛显然说明王莽形象塑造是较为成功的。王莽是位谙熟治术的政治家,其剪除异己的手段可谓无所不用其极,王公大臣、贵戚公侯,若是阻碍其施政,必会除之而后快,他也以礼遇贤士、节俭清廉之名"交结将相卿大夫甚众"。④ 在儒家"王道"政治的思想视域中,礼贤下士是圣王明君的基本政治修养,尧禅位于舜、商汤信任伊尹、武王托孤于周公,都是礼贤下士的典范,王莽亦有志于此,不仅成功地塑造了自身良好形象,也为之后的改制奠定了基础。

"王道"政治必然天下太平,因此,王莽专政以来,尤其是封为"安汉公"后,力图制造天下太平的社会局面。当时,"莽既致太平,北化匈奴,东致海外,南怀黄支,唯西方未有加",他以西羌所献地为"西海郡",并"增法五十条,犯者徙之西海。徙者以千万数"。⑤ 代汉后,皇权更替引起的政治动荡波及甚广,不同利益集团间的权力角逐甚为激烈,加之外患频仍,天下称不上"太平",而王莽建构的太平盛世,无疑是一个假象。不过,从其实施"王道"政治角度看,天下太平显然有利于他的改制运动。

表彰古文经学是王莽"王道"政治实践的重要一环。汉代经学盛行,其主要原因之一是汉人相信经学可资以治世,帝王表彰经学,既出于思想管控的治术之需,也有以经学配合统治的实际意图,表彰何种经学及立何种经书博士与其统治意志的具体倾向关系密切。西汉末年,刘向、刘歆治

---

① 《汉书》卷99《王莽传》,中华书局1962年点校本,第4040页。
② 同上书,第4050页。
③ 同上书,第4043页。
④ 同上书,第4040页。
⑤ 同上书,第4077—4078页。

经修书、力倡古文经学，并以灾异、谶纬之学配合古文经义，试图建构起实施儒家理想政治范式的完整的文本体系。关于刘歆以古文经义配合王莽"王道"政治实践，无论是在政治史还是在经学史上都有十分重要且争议颇多的话题。刘向、刘歆父子整理《周官》，将其列入"六艺略"礼类，始称《周官经》，还把"未得立"的"毛公之学"① 列入古文经，刘歆善治《左氏春秋》，史称其"引传文以解经，转相发明，由是章句义理备焉。"② 最终，"《左氏春秋》及《毛诗》《逸礼》《古文尚书》皆列于学官"。③ 王莽与刘歆少时俱为黄门郎，私交甚好，王莽得势后，封刘歆为红休侯，利用其经学造诣为"王道"政治建构理论蓝图。刘歆治古文经学，意在将儒家理想制度付诸实践，当时之势，王莽是实践"王道"的不二人选，二人因此建立起政治同盟关系。王莽推行古文经学，可谓不遗余力，史称其"起明堂、辟雍、灵台，为学者筑舍万区……立《乐经》，益博士员，经各五人。征天下通一艺教授十一人以上，及有逸《礼》、古《书》、《毛诗》、《周官》、《尔雅》、天文、图谶、钟律、月令、兵法、《史篇》文字，通知其义者，皆诣公车"。④ 王莽称帝后，封刘歆为"国师"，古文经学的政治地位也达到一个顶峰。

王莽篡汉后，取消"违于古典，缪于一统"⑤ 的西汉旧制，依《周官》建立复古色彩颇浓的官制，并在社会各领域全力推行"王道"旧制。王莽的"王道"政治实践，最典型且影响最大的莫过于推行上古井田之制，他下诏更天下田为"王田"，奴婢称"私属"，皆不准买卖，其改制的依据即是上古"王道"之法，他声称"古者，设庐井八家，一夫一妇田百亩，什一而税，则国给民富而颂声作。此唐虞之道，三代所遵行也。秦为无道，厚赋税以自供奉，罢民力以极欲，坏圣制，废井田，是以兼并起，贪鄙生，强者规田以千数，弱者曾无立锥之居。又置奴婢之市，与牛马同兰，制于民臣，颛断其命。奸虐之人因缘为利，至略卖人妻子，逆天

① 《汉书》卷30《艺文志》，中华书局1962年点校本，第1708页。

② 《汉书》卷36《楚元王传（附刘歆传）》，中华书局1962年点校本，第1967页。

③ 同上书。

④ 《汉书》卷99《王莽传》，中华书局1962年点校本，第4069页。

⑤ 同上书，第4105页。

心，悖人伦⋯⋯"① 为推行井田制，他下令"其男口不盈八，而田过一井者，分余田予九族邻里乡党。故无田，今当受田者，如制度"②。

王莽还极力塑造自己的圣王形象，利用各种手段把自己打造成与尧、舜相称的圣主明君，视其为乱臣贼子的班固也称"莽晏然自以黄、虞复出"③。至此，王莽的"王道"政治实践似乎一一得以落实。

总之，王莽以儒家经典中的"王道"理想为依归，其改制的思想依据直承汉末思潮而远承先秦儒学，因此，不能把他的政治活动单纯地视为外戚篡权。④ 王莽推行的"王道"政治改革，针对西汉中期以来国家权力合法性危机，试图建构基于天道、人心的合法性基础，这无疑丰富了国家统治思想的内涵，也使儒家的正统政治观获得了一次难得的实践机遇。

二　王莽改制失败主因解析

王莽改制以儒家"王道"政治观为依归，追求百姓富足、社会安定、君臣和谐、社会清明的政治效果，但是，从具体政治效果看，不仅没能达到上述目标，相反，新莽时期，社会矛盾之巨，民族关系之紧张，其程度似乎超过了汉末乱局，群臣不能安于统治，图谋造反者甚多；势族深受井田之制危害，抗命者聚众造反；百姓也未得益于改制，陷于穷困者愈多。王莽改革币制，百姓"皆私以五铢钱市买"，不用"大钱"，王莽便下诏："诸挟五铢钱，言大钱当罢者，比非井田制，投四裔。"王莽不仅严禁五铢钱流行，还把不用"大钱"视为反对改制，动辄将犯禁之人"投四裔"，最终导致"农商失业，食货俱废，民人至涕泣于市道。及坐卖买田宅奴婢，铸钱，自诸侯卿大夫至于庶民，抵罪者不可胜数"。⑤

王莽改制失败，其原因众说纷纭，时人认为王莽"不可谏，而好鬼神"⑥，王莽好大喜功、刚愎自用且好猜疑，其人格特点决定了他的败局。拥护汉室者视王莽为乱臣贼子、无道之人，"昔秦燔《诗》《书》以立私

---

① 《汉书》卷 99《王莽传》，中华书局 1962 年点校本，第 4110 页。
② 同上书，第 4111 页。
③ 同上书，第 4194 页。
④ 阎步克：《士大夫政治演生史稿》，北京大学出版社 1996 年版，第 388 页。
⑤ 《汉书》卷 99《王莽传》，中华书局 1962 年点校本，第 4112 页。
⑥ 同上书，第 4065 页。

议，莽诵《六艺》以文奸言，同归诛涂，俱用灭亡，皆亢龙绝气，非命之运，紫色蛙声，余分闰位，圣王之驱除云尔！"①乱臣贼子虽表彰"六艺"，但那不过是以圣人之言粉饰奸心，其权力的非法及施政的不得人心是败亡的主因。也有人认为王莽乃一介书生，"锐意于稽古之事，以为制定则天下自平。乃日夜讲求制礼作乐，附会六经之说，不复省政事"。②王莽虽有实施"王道"之志，但不善理政，这是他的致命弱点。

从政治思想史角度看，王莽力图推行"王道"政治的决心与其推行方式之间构成相悖关系，这是王莽改制失败的主因。

总体而言，"王道"政治观虽为儒家的理想型政治观念，但也有一定的历史依据和可操作的成分。就"王道"政治的实践性而言，有其实施的具体社会背景，即"王权—贵族"社会中君臣之间以"义"为本位的政治伦理关系，贵族集团相对独立的政治地位，血缘氏族共居共耕的生活生产方式等。

"王道"政治首先源于相对宽松的统治方式。在儒家看来，尧、舜、禹、汤、文、武时代，君臣关系仰赖于良风美俗，传说时代及早期王权承纳了小政治共同体的存续合法性，且对他们施以保护，各个部族首领臣服于王权，且主动维护王的权威，二者之间以盟誓、服制等构成相对松散的上下、内外关系，诸王"南面而治"，部族首领拥有统治区域内军政及经济大权。至商周时期，尽管王权有所强化，但当时的政治结构并没有发生大的改变，诸侯仍具有较高的独立性，王权展示其权力合法性的方式往往是温和的礼俗而非军事威慑。在这样的社会背景下，容易造就谦恭勤俭、礼贤下士、体恤臣民的贤君明主。

其次，"王道"政治源于对贵族集团利益的承纳与容忍。在儒家看来，上古贤明君主不搞上下一统的专制，相反，他们的至高声望源于承纳贵族利益的政治智慧。上古时期，尧、舜等明君实施禅让之制，以天下为公的政治气度，不仅承纳各部族相对独立的政治权利，还把王位传给德才兼备的异姓之人。商周时期，虽然实施"家天下"的王位传续之制，但是，通过分封制度，不仅与同族贵族分享天下土地、民人，还尽可能地把

---

① 《汉书》卷99《王莽传·赞》，中华书局1962年点校本，第4194页。

② （清）赵翼著，王树民校证：《廿二史札记校证》，中华书局1984年版，第72页。

异姓贵族纳入其中，不仅容纳了贵族集团的合法性，且在很大程度上帮助这一集团达成相对独立的军事、政治、经济诸项权利。总之，贵族集团是"王道"政治的载体，离开了这一集团相对独立的军政权力和相对自由的存续空间，"王道"政治是无法实施的。

最后，"王道"政治还与王权安于"内"的统治局面，不过多干预社会财富分配的治世之术有关。在儒家的政治蓝图中，上古贤君明主往往只将自己的统治限于王畿之地，不干预地方上的财富分配，即便是在王畿之地，王权也不会干预基层民众聚族共耕的生产、生活方式。由此，战国儒家想象中的井田之制，在一定程度上涵括了"王道"政治中相对宽松的民众生产、生活状态。

与"王道"政治诸要素相比，秦汉以来，君主专权制度的推行，很大程度上解构着这一理想政治范式存续的社会基础。西汉时期，尽管分封的诸侯王及势族集团在地方上拥有一定的相对独立权，但试图强化集权统治的皇权及其官僚体系不愿承纳与之相悖的政治力量，相对宽松的统治格局不再是皇权追求的理想型统治范式。从皇权打压势族的一贯作风看，君主专权的统治模式也不愿承纳势族集团的利益。西汉初期，虽一度出现中央与地方上下、内外的统治格局，但皇权强化对地方统治的意志，以及利用行政、司法、赋税等制度体系加强对百姓统治力度的决心都说明，专制君权不会承纳基层民众相对自主的生产、生活方式。

如前所述，秦汉的最高统治者专事于打压继先秦贵族集团崛起的势族集团，通过打击这一集团在社会诸领域的地位、权利及作用等来强化君主专制，是当时一以贯之的国家统治思想的核心内容。打压势族集团总体上有助于强化皇权，但因此也会付出一些代价，西汉出现的一些社会问题是由于打压势族引起的社会动荡导致的，加之当时的权力划分模式具有生成新的势族力量因素，皇权与势族的较量一直在持续。

综观王莽专权及篡汉后的政治表现，尽管他想实施"王道"政治，其具体政治行为却遵循着西汉历代君主打压势族强化皇权的统治意志。具体来说，王莽推行"王田""私属"之制意在瓦解势族集团的经济地位，使这一集团失去赖以存续的经济基础。耕地是势族集团在经济上与专制君权相抗衡的主要依凭，也是这一集团把控地方经济阻挡皇权延伸至地方经济领域的阵地。王莽宣布天下耕地皆为"王田"，按规制，耕地超过一井，就得分给"九族邻里乡党"，而没有耕地者则授其田，这实质上是把地主豪强的土地没收归公，从而在更大范围内实施国家授田制。在中央政府与地方势族争夺耕地所有权问题上，王莽的改革无疑对势族集团构成极大威胁，如果改革成功，势必会对他们的经济利益形成釜底抽薪式的摧垮效应。

此外，王莽通过废止军功爵制、武功爵，断汉家诸王世系等举措，打压势族集团的政治地位。居摄三年（8），王莽上书称："太皇太后躬统大纲，广封功德以劝善，兴灭继绝以永世，是以大化流通，旦暮且成。遭羌寇害西海郡，反虏流言东郡，逆贼惑众西土，忠臣孝子莫不奋怒，所征殄灭，尽备厥辜，天子咸宁。今制礼作乐，实考周爵五等，地四等，有明文；殷爵三等，有其说，无其文。孔子曰：'周监于二代，郁郁乎文哉！吾从周。'臣请诸将帅当受爵邑者爵五等，地四等。奏可。于是封者高为侯伯，次为子男，当赐爵关内侯者更名曰附城，凡数百人。击西海者以'羌'为号，槐里以'武'为号，翟义以'虏'为号。"① 王莽依古礼实施五等爵制，从而废除了汉初以来实施的二十级军功爵制。据学者研究，武功爵是汉武帝为奖励军功而设置的一种爵位制度，至宣帝元康四年（前62）仍存在，居摄三年（8），王莽奏请设五等爵制，武功爵被废。② 王莽还通过褫夺封号爵位、罢免官职等，基本断除了汉室诸王世系，《汉书·诸侯王表》《汉书·王子侯表》载有"王莽篡位，贬为公，明年废"；"王莽篡位，绝"等，《后汉书·城阳恭王祉传》亦云："及莽篡立，刘氏为侯者皆降称子，食孤卿禄，后皆夺爵。及敞卒，祉遂特见废，又不得官为吏。"

由此可见，王莽不仅承续了西汉诸帝打压势族以强化君权的统治意志，其手段之强悍可谓有过之而无不及。结合上述分析可知，按照儒家设计的政治蓝图，承续先秦贵族文化传统的势族应当是"王道"政治的承载体，王莽试图实施"王道"政治，却又专事于打压势族，这显然是相互矛盾的，而王莽试图以"王道"政治之手段强化皇权的做法，既违背了吏民向往天下安治的意愿，也大面积得罪了势族集团，其改制之失利、

---

① 《汉书》卷99《王莽传》，中华书局1962年点校本，第4089—4090页。
② 晋文：《西汉"武功爵"新探》，《历史研究》2016年第2期。

政权之速亡，主因即在于此。

三 王莽改制的政治思想史意义

王莽改制虽然以失败告终，但他毕竟将"王道"政治观纳入了国家权力合法性建构之中，这无论对于国家统治思想的发展变迁，还是对国家权力合法性建构本身，都有重大意义。

一般而言，新莽时期"王道"政治观地位的上升与儒生集团政治地位的巩固直接相关，这一政治观念之所以被最高统治者所接受，儒生集团的确功不可没。然而，王莽的作用显然也不可忽视。王莽辅政时期，力图改变西汉末年乱局，"王道"政治成为他解决社会诸项问题的一个突破口，篡取皇权后，"王道"政治仍是他追索的治世境界。无论是他出于真心想实践"王道"政治，还是想借这一政治观博取支持达到篡汉目的，或是仅为了沽名钓誉，都不能否认的是，新莽时代是早期中国难得一见的儒生执政时期，王莽虽然是位政治家，但他自身拥有深厚的儒学修养，其所作所为亦具有浓郁的儒生色彩，我们既不能以所谓政治正义衡量一个统治者的政治动机，当然也不能忽略一位政治家试图改弦更张的决心。王莽以"王道"政治观作为建构其执政合法性的理念基础，意味着他承纳、认可"三代"之治的治世之道及统治理念，也就是说，他把儒家锻造的"三代"治世理念中的贤君理念、轻徭薄赋、德主刑辅等视为衡量国家权力合法性的标准。正是在王莽执政时期，"王道"政治观超越了基于军政威权的合法性建构理念，成为之后历代君王建构权力合法性的主体内容，而这对于减弱国家权力的暴力属性，增强其承纳以德治国理念的统治机制，无疑具有重要意义。

从政治思想史角度看，王莽改制的另一个重要意义在于，它放大了"王道"政治观颠覆皇权的思想要素。从儒家建构的"王道"政治观念本身看，其中蕴含着这样一对逻辑关系：皇权实施"王道"政治能加强皇权存续的社会基础；以"王道"政治观批判皇权的酷烈专制则皇权势必会瓦解。简言之，"王道"政治观中暗藏着皇权自我颠覆的思想要素。就新莽政权来说，王莽通过打造自身贤主形象、表彰古文经学、制造太平盛世等手段，最终获取了皇权，从这一角度看，似乎是因为他推行了"王道"政治，所以才会取汉室而代之。但是，从另一个角度看，新莽政权意图建构君主专制，清除异己政治力量，征伐四夷、开疆拓土，借"王田""私属"干预社会财富分配等，都体现出皇权专制的一面，而这些施政行为大多并不吻合"王道"政治，甚至是与之背道而驰，尤其是王莽执政的后期，完全抛弃了"王道"政治，施行比前朝更为酷烈的统治手段。因之，王莽打造的"王道"政治使其走向了权力的顶峰，以"王道"政治衡量其行为的结果，却使之跌入权力的谷底。"王道"政治观暗含着的颠覆皇权的思想要素，对于历代统治者而言，无疑是悬在头顶的一把利剑。

最后，从政治思想史角度看，王莽改制失败说明"王道"政治与君主专制总体上是不相容的。王莽衷心表彰古文经学，力图实践"王道"政治，对于修正君主专权体制的严酷性，无疑是一次历史良机。然而，高绝的政治理想换来的却是政治上的惨败，"王道"政治的招牌不仅没有让王莽成为贤君明主，甚至连秦"二世而亡"的结局都好过新莽政权，这说明越是带有理想色彩的执政理念往往会给人们带来意想不到的政治恶果，也说明在当时的社会背景下，"王道"政治与君主专制本身是不相容的。"王道"政治虽有空想成分，但的确有其可以实践的政治内涵，比如，贵族集团相对独立的军政地位，天下为公的圣王之道，天命靡常唯德是辅的统治理念，以及汤武革命的警告等。在势族集团力量尚较强大且君主不能完全实施专制的时代，以仁理政、轻徭薄赋等一些"王道"政治的具体措施尚可能得以实施，而当皇权专制力量逐步坐大后，"王道"政治的作用势必式微。

总之，王莽改制在中国古代政治史上具有划时代的意义，它在一定程度上代表了"先秦以来志士仁人之公意"①，自此后，"王道"政治观蕴含着的皇权自我颠覆的思想意味，使皇权的专制属性受到抑制，也使古代中国在频繁的政权更迭过程中始终保留着以德治国的思想火种。当然，也应看当，"王道"政治与君主专权总体上是不相容的，而这又是皇权专制属性一直能够存续的根由。

---

① 吕思勉：《秦汉史》，上海古籍出版社 1983 年版，第 197 页。

第六节　光武帝时期的国家统治理念解析

光武帝时期，国家统治理念的内在结构及外在表现更加丰富多元，已然超越了西汉"霸王道杂之"的理念范畴，"王道"政治观对当时的国家统治理念具有统摄作用，儒生的地位也因此进一步上升，知识阶层对国家统治的批评意志相对减弱，国家权力与社会诸阶层之间的关系也相对缓和。国家权力承纳了势族集团利益，且国家仰赖势族集团建构其权力的合法性，这是光武帝时期国家统治思想的核心内容。

一　光武帝统治理念综述

光武帝刘秀以汉家宗室身份加入反新莽政权集团，在群雄逐鹿的混乱时局中，脱颖而出，光复汉室。刘秀利用图谶兴起，获取政权后，把谶纬视为法定经典，资以包装皇权，并以图谶治国；光武帝实施"柔术"，推行德治，儒生集团因此受到重用；光武帝还意在建构文吏政治，以确保君主专权。

第一，利用谶纬聚拢民心、巩固统治是光武帝时期的重要统治理念。

谶与纬起初并没有关联，所谓"谶"是指以隐语假托天命的预言，"纬"相对于"经"而言，是托名于孔子的诡语解经之书。"谶"起源甚早，《史记·赵世家》载，秦穆公曾说："帝告我：'晋国将大乱，五世不安；其后将霸，未老而死；霸者之子且令而国男女无别。'"史称"秦谶于是出矣"。①之后，"亡秦者胡也""今年祖龙死""大楚兴，陈胜王"等谶语对当时的政治产生过深刻影响。"谶"是伪托于天命的隐语，实际上往往反映着特定时期的民意、民愿，在社会矛盾突出的时代，它是一种"潜隐状态的社会抗议运动的曲折表现"。②西汉成哀时期，谶纬开始流行起来，至东汉初已然成为社会生活中常见的文化现象。

新莽时期，一些怀念汉家天下者以谶纬之说打造刘姓"更受命"的社会舆论。地皇二年（21），卜者王况对魏成郡大尹李焉说："新室即位

---

① 《史记》卷43《赵世家》，中华书局1959年点校本，第1787页。
② 冷德熙：《超越神话：纬书政治神话研究》，东方出版社1996年版，第238页。

以来，民田奴婢不得卖买，数改钱货，征发烦数，军旅骚动，四夷并侵，百姓怨恨，盗贼并起，汉家当复兴。君姓李，李音徵，徵火也，当为汉辅。"所作谶书声称："文帝发忿，居地下趣军，北告匈奴，南告越人。江中刘信，执敌报怨，复续古先，四年当发军。江湖有盗，自称樊王，姓为刘氏，万人成行，不受赦令，欲动秦、洛阳。十一年当相攻，太白扬光，岁星入东井，其号当行。"① 后因吏人告发，李焉、王况被下狱处死。不过，他们制造的"刘氏复起，李氏为辅"② 的谶语流传开来。

建武元年（25），强华自关中带《赤伏符》进献刘秀，其文云："刘秀发兵捕不道，四夷云集龙斗野，四七之际火为主。"③ 因之前已有"刘氏当复兴，国师公姓名是也"④ 的谶语，加之，刘歆于汉哀帝建平元年（前 6）改名秀，说明当时人们把汉室复兴的希望曾寄托于刘歆身上。⑤ 实际上，刘秀于新莽地皇三年（22）起兵，刘邦于公元前 206 年灭秦，由高帝灭秦至光武起兵共历 228 年，合于四七之数，即所谓"四七之际火为主"，刘秀应《赤伏符》之谶称帝。

统一天下后，光武帝仍崇信谶纬，发布诏令、任免官员时往往引用谶纬，并下诏校定图谶，把谶纬解释权收归中央，建武中元元年（56），正式"宣布图谶于天下"⑥。当时，谶纬之风弥漫于整个社会，《后汉书·方术列传》称："光武尤信谶言，士之赴趣时宜者，皆骋驰穿凿，争谈之也。故王梁、孙咸名应图箓，越登槐鼎之任，郑兴、贾逵以附同称显，桓谭、尹敏以乖忤沦败，自是习为内学，尚奇文，贵异数，不乏于时矣。"光武帝崇信谶纬自然是为了巩固其统治，上行下效的结果也导致"儒者争学图纬，兼复附以妖言"⑦ 的不良风气，但是，谶纬假借天意赋予臣民批评时政的权利，这在一定程度上起到防止君主一意孤行、昏暗偏私的作用⑧，与"王道"政治观有一定相合之处。

① 《汉书》卷 99《王莽传》，中华书局 1962 年点校本，第 4166—4167 页。
② 《后汉书》卷 1《光武帝纪》，中华书局 1965 年点校本，第 2 页。
③ 同上书，第 21 页。
④ 《汉书》卷 99《王莽传》，中华书局 1962 年点校本，第 4184 页。
⑤ 陈苏镇：《汉代政治与〈春秋〉学》，中国广播电视出版社 2001 年版，第 402 页。
⑥ 《后汉书》卷 1《光武帝纪》，中华书局 1965 年点校本，第 84 页。
⑦ 《后汉书》卷 59《张衡传》，中华书局 1965 年点校本，第 1911 页。
⑧ 王步贵：《谶纬与汉代政治》，《西北大学学报》（哲学社会科学版）1992 年第 1 期。

第二，表彰儒学且以"柔道"治国是光武帝时期统治理念的重要组成部分。

《后汉书·光武帝纪》载：

> 初，帝在兵间久，厌武事，且知天下疲耗，思乐息肩。自陇、蜀平后，非微急，未尝复言军旅。皇太子尝问攻战之事，帝曰："昔卫灵公问陈，孔子不对，此非尔所及。"每旦视朝，日仄乃罢。数引公卿、郎、将讲论经理，夜分乃寐。皇太子见帝勤劳不怠，承间谏曰："陛下有禹汤之明，而失黄老养性之福，愿颐爱精神，优游自宁。"帝曰："我自乐此，不为疲也。"虽身济大业，兢兢如不及，故能明慎政体，总揽权纲，量时度力，举无过事。

史称光武帝"讲论以理，夜公乃寐"，且有"禹汤之明"，显然，范晔意在把光武帝塑造为实施"王道"的政治典范。

按史籍所载，光武帝表彰经学绝非出于虚饰，在他执政期间，"乃修起太学，稽式古典，笾豆干戚之容，备之于列，服方领习矩步者，委它乎其中"。[①] 在恢复及新建儒学机构方面，光武朝堪称不遗余力，其目的，一方面在于表达国家重视儒学的立场，另一方面也为儒生们铺平入仕之路，把儒生集团纳入统治体系当中，既为他们谋得人生出路，也为实践儒家"王道"政治夯实基础。《后汉书·儒林传》载："及光武中兴，爱好经术，未及下车，而先访儒雅，采求阙文，补缀漏逸。先是四方学士多怀协图书，遁逃林薮，自是莫不抱负坟策，云会京师。"可见，与西汉普遍忽视儒生政治出路相对，光武帝重视儒学、表彰经学的实际行动当承续了王莽改制精神，反映出其统治理念的儒家化倾向。

重视儒学、表彰经学的统治理念反映在具体的施政方面，即意在力图实行儒家德治理念。光武帝号称"吾理天下，亦欲以柔道行之"[②]，综观光武朝的施政，虽不能完全吻合儒家德治理念，但"柔道"的确是其施政的主体风格。光武帝数次下诏要求释放奴婢，"诏王莽时吏人没入为奴

---

① 《后汉书》卷79《儒林传》，中华书局1965年点校本，第2545页。
② 《后汉书》卷1《光武帝纪》，中华书局1965年点校本，第68—69页。

婢不应旧法者，皆免为庶人"，"天地之性人为贵。其杀奴婢，不得减罪"，"诏陇、蜀民被略为奴婢自讼者，及狱官未报，一切免为庶（民）〔人〕"。[①] 战国以降，奴婢问题一直是国家治理的重点，私家拥有大量奴婢，一方面减少了国家直接控制人口的数量，另一方面引起诸多社会问题。光武帝释放奴婢及减罪之诏，主要是为了扩大国家在人口控制方面的影响力，但其实施的形式多以体恤民情出发，既能博得民众支持，又在一定程度上实践了儒家的德治理想。东汉之初，周边少数民族内侵频繁，国内政局初稳，民生问题突出，光武帝着力恢复社会生产，并不急于"武事"，其统治风范与新莽政权大不相同，这使得新建政权能够平稳过渡，而不至于重蹈新莽短命的覆辙。究其缘由，也在于光武帝对"王道"政治的实践较王莽更为实际，其表彰经学、重用儒生且以"柔术"治国，并没有完全停留在表面文章上，而是有所实际作为。从个人修为角度看，光武帝虽贵为宗室，但兴于兵事，与草莽为伍的经历，锻造了其务实、谨慎的人格特点，他信奉灾异、谶纬，虽有以迷信荒诞之事辅助统治的想法，但畏天命、信隐语的性格也反映出他在乎民意，愿意体察民情。光武帝往往以文景为榜样，"务从约省"[②]，力图节约行政成本，生活上也少了一般帝王的奢靡浮夸之气，这些都与儒家理想中的贤君明主作风多有相合之处。

顾炎武云："汉自孝武表彰六经之后，师儒虽盛，而大义未明，故新莽居摄，颂德献符者遍于天下。光武有鉴于此，故尊崇节义，敦厉名实，所举用者，莫非经明行修之人，而风俗为之一变……三代以下风俗之美，无尚于东京者。"[③] 如果说王莽开创了表彰经学、重用儒生之先，那么，真正落实这一统治意志者当是光武帝。儒生的价值取向固然受其生存环境的制约，至光武朝时多有"经明行修"之人，究其缘由乃是儒家"大义"在东汉之初有所落实，而把这一切都归因于儒生的"利禄"之需[④]，显然看轻了儒家"王道"政治理想对儒生集团本身的至深影响力。

---

① 《后汉书》卷 1《光武帝纪》，中华书局 1965 年点校本，第 50、57、59 页。

② 同上书，第 85 页。

③ （清）顾炎武著，黄汝成集释，栾保群、吕宗力校点：《日知录集释》卷 13《两汉风俗》，上海古籍出版社 2013 年版，第 752 页。

④ 臧知非：《两汉之际儒生价值取向探微》，《史学集刊》2003 年第 2 期。

第三，以"文吏"施政是光武朝的重要治术。

如前所述，"王道"政治观与君主专权的统治方式在其根本上是不相契合的，专制君主实施的"王道"政治往往是具体的，也是有限的，光武朝也概莫能外。"文吏"政治是汉代的传统施政方式，光武帝也重视吏治、刑律。《后汉书·申屠刚传》云："时内外群官，多帝自选举，加以法理严察，职事过苦，尚书近臣，至乃捶扑牵曳于前，群臣莫敢正言。"《后汉书·朱浮传》亦云："帝以二千石长吏多不胜任，时有纤微之过者，必见斥罢，交易纷扰，百姓不宁。"光武亲自选官吏，对其"法理严察"，稍有过失则"必见斥罢"。史称："光武、明帝躬好吏事，亦以课劾三公，其人或失而其礼稍薄，至有诛斥诘辱之累。任职责过，一至于此。"[1]《后汉书·循吏列传》亦云："建武、永平之间，吏事刻深，亟以谣言单辞，转易守长。故朱浮数上谏书，箴切峻政，钟离意等亦规讽殷勤，以长者为言，而不能得也。所以中兴之美，盖未尽焉。"

阎步克先生认为，光武帝在奖崇"经术"、表榜"柔道"的同时，还有一个深刻的"吏治"倾向伴随期间，而其"经术"与"吏化"的兼用，显然是向"霸王道杂之"的路线回归。[2]阎先生的观点忽略几个重要的事实，一是两汉儒家并不排斥"吏治"，他们也承纳"王道"政治理想与实际的"吏治"操作之间的实际差距；二是阎先生忽略了光武朝儒生参与"吏治"及当时法律儒家化倾向对"吏治"风格的影响；三是"文吏"政治是一种具体的统治技术，而非占主体地位的统治思想。《中庸》有"尊德性而道问学，致广大而尽精微，极高明而道中庸"的明训，"王道"政治观当是"极高明"的部分，而儒生参与"吏治"则是"道中庸"的体现，儒家的思想体系从不排斥具体的、现实的乃至残酷的政治行为，只是如若儒家有参政议政机会，力图以"中庸"之道规范之。上述史料中，光武帝"躬好吏事""课劾三公"，使君臣有"诛斥诘辱之累"，并不是说其重视"吏治"与奖励"经术"是相对立的，只是其治吏手段不合儒家之道。东汉是我国古代律法儒家化的一个重要时期，这既归因于古代律法发展变迁的总体趋势，也与当时大量儒生参与"吏治"有

---

① 《后汉书》卷33《朱浮传》，中华书局1965年点校本，第1146页。

② 阎步克：《士大夫政治演生史稿》，北京大学出版社1996年版，第415页。

一定关联，在儒生集团的施政范畴中，"经术"与"吏化"不可能完全对立。最为重要的是，如笔者在前言中所释，统治思想与具体的治术虽有一定关系，但区别较大，统治思想是具有宏观的、统摄意义的统治意志，而治术往往与具体施政行为有关，史实证明，光武帝的确重视"吏治"，但也有实施"无为之治"的施政内涵，这都是他资以统治的具体手段，与其以"王道"政治为统治纲领的统治意志并不在一个层面。

总之，光武帝时期国家统治理念及治术手段总体上呈现多元、丰富的状态，但究其实质，并不是向"霸王道杂之"回归，而是承继了王莽改制的主体精神，意在标榜"王道"政治。光武帝时期也是"王道"政治观作用于国家统治思想的重要时期，是历代王朝实施"王道"政治的一个重要典范。

二　光武帝统治思想形成与发展的社会背景解析

光武帝时期，以"王道"政治为依归的统治思想的形成与发展有其深刻的社会背景因素，而这一社会背景因素的核心内容即是势族集团的崛起及其在社会各领域地位与作用的强化。

新莽末年，"大姓各拥兵众"[①]，他们或支持更始政权，或聚族割据，是左右时局的主导力量。刘秀起兵以来，大量势族转投刘氏麾下，其左辅右弼，云台二十八将差不多都是豪族出身，他建立的政权即是豪族政权。[②] 早年鼓动刘秀起兵的李通，"居家富逸，为闾里雄"[③]，是南阳著名豪富。建武二年（26），李通封固始侯、任大司农，后又任大司空。光武帝外祖父樊家也是南阳势族，史称："其营理产业，物无所弃，课役童隶，各得其宜，故能上下勠力，财利岁倍，至乃开广田土三百余顷。其所起庐舍，皆有重堂高阁，陂渠灌注。又池鱼牧畜，有求必给。尝欲作器物，先种梓漆，时人嗤之，然积以岁月，皆得其用，向之笑者咸求假焉。赀至巨万，而赈赡宗族，恩加乡闾。"[④] 东汉初，地位显赫的势族甚多，

---

①　《后汉书》卷 17《冯异传》，中华书局 1965 年点校本，第 645 页。

②　杨联陞：《东汉的豪族》，《清华大学学报》（自然科学版）1936 年第 4 期。

③　《后汉书》卷 15《李通传》，中华书局 1965 年点校本，第 573 页。

④　《后汉书》卷 32《樊宏传》，中华书局 1965 年点校本，第 1119 页。

有些势族累世做官,权倾一时,如邓氏"自中兴后,累世宠贵,凡侯者二十九人,公二人,大将军以下十三人,中二千石十四人,列校二十二人,州牧、郡守四十八人,其余侍中、将、大夫、郎、谒者不可胜数,东京莫与为比"。① 耿氏"自中兴已后迄建安之末,大将军二人,将军九人,卿十三人,尚公主三人,列侯十九人,中郎将、护羌校尉及刺史、二千石数十百人,遂与汉兴衰云"。②

如前所述,战国以降,势族集团是重要的社会势力,尽管西汉诸帝及新莽政权不遗余力地打压这一社会群体,但一方面势族拥有坚实的宗法社会基础,不易消灭,另一方面,当时的社会政治具有生成新势族的机制,所以,势族集团历受打击仍能生生不息。东汉初期,社会上到处都是豪族强宗③,这支强大的社会势力是当时占中坚地位的政治力量,据学者研究,在光武朝,仅东汉颍川豪族所任郡守人数占全国的 5.97%,九卿人数占全国的 2.5%④,势族的官僚化已然是一个甚为普遍的政治现象。东汉的势族还是一股不可小觑的经济力量,他们往往拥有大片土地和豪华宅舍,还兼营他业,十分富有。他们还通过团结乡里宗亲,招引宾客,以扩大自己的势力。

刘秀起兵之时,与支持他的势族虽然在个人利害上不尽一致,但在政治利益上尚能达成一致,因此,团结、利用好这支力量是刘秀的当务之急。后来,刘秀消灭了拥兵割据的一些势族,建立统一政权,此时,势族已是一股尾大不掉的社会势力,尤其是他们把持了中央至地方的政治权力,对皇权构成极大的消解作用。光武帝通过裁减地方吏职、废罢郡国兵、放免奴婢、令列侯就国、强化吏治等抑制其势力的发展。⑤

把持地方政权是势族维持其权势的主要手段,光武针对这一点,以"县官吏职所置尚繁"为借口,下令裁并郡县、精简官员,"并省四百余县,吏职减损,十置其一"。光武帝还"罢郡国都尉官","且罢轻车、骑士、材官、楼船士及军假吏"等郡国兵,使势族失却地方军队之依凭。

① 《后汉书》卷 16《邓禹传》,中华书局 1965 年点校本,第 619 页。
② 《后汉书》卷 19《耿弇传》,中华书局 1965 年点校本,第 724 页。
③ 何兹全:《中国古代社会》,北京师范大学出版社 2001 年版,第 330 页。
④ 薛海波:《东汉颍川豪族的官僚化和士族化》,《文史哲》2006 年第 6 期。
⑤ 陈苏镇:《东汉的豪族与吏治》,《文史哲》2010 年第 6 期。

功臣把持中央朝政，有可能架空皇权，为此，光武帝一方面善待功臣，分封三百六十多位功臣为列侯，后下令"遣列侯就国"①，借此消解他们的权势。此外光武帝"退功臣而进文吏"②之策，亦有用选拔文吏之法取代功臣执政的意义。

光武帝还以释放奴婢、度田等手段打压势族。光武帝数次下诏释放奴婢，针对的就是势族集团控制大量人口，使政府直接控制的人口大为减少，从而削弱了国家统治的人口基础，而势族拥有的大量宗亲、宾客及奴婢，是他们扩充军政及经济力量的基础，光武帝利用国家力量强令地方豪右释放奴婢、减免奴婢罪行，显然可以起到消解势族集团政经力量的作用。《后汉书·光武帝纪》载，建武十五年（39）六月，"诏下州郡检核垦田顷亩及户口年纪"，光武帝的"度田"之策很快引起势族集团的反抗，次年九月，"河南尹张伋及诸郡守十余人，坐度田不实，皆下狱死。郡国大姓及兵长、群盗处处并起，攻劫在所，害杀长吏……青、徐、幽、冀四州尤甚"。土地是势族集团资以存续的根本，也是他们资以与中央王朝相制衡的关键因素，一旦国家以"度田"之名查实土地、人口，那么势族的政经优势便不复存在。因此，势族较集中的南阳等地掀反抗浪潮。史称："刺史太守多不平均，或优饶豪右，侵刻羸弱，百姓嗟怨，遮道号呼。时诸郡各遣使奏事，帝见陈留吏牍上有书，视之，云'颍川、弘农可问，河南、南阳不可问'。帝诘吏由趣，吏不肯服，抵言于长寿街上得之。帝怒。时显宗为东海公，年十二，在幄后言曰：'吏受郡敕，当欲以垦田相方耳。'帝曰：'即如此，何故言河南、南阳不可问？'对曰：'河南帝城，多近臣，南阳帝乡，多近亲，田宅逾制，不可为准。'帝令虎贲将诘问吏，吏乃实首服，如显宗对。"③ 年幼之人都明白"度田"何以在河南、南阳无法展开的原因，可见势族力量之强盛。最终，光武帝"度田"之策失败，光武朝也容纳了势族在地方上控制大量土地、人口的事实。

总之，在当时社会各种因素的共同作用下，势族成为东汉初期重要的

---

① 《后汉书》卷 1《光武帝纪》，中华书局 1965 年点校本，第 49、51 页。

② 同上书，第 85 页。

③ 《后汉书》卷 22《刘隆传》，中华书局 1965 年点校本，第 780—781 页。

社会力量，而大量存在的势族及这一集团在政治、军事及经济领域的地位与作用，决定了光武时期既依要依赖这一集团，又须打压这一群体的基本施政格局。就打压势族集团而言，光武帝承续了秦以降中央政权打击势族、巩固皇权的基本国策，而在依赖或容忍这一社会群体方面，当时的势族力量已然伸入社会各个领域，不是皇权想要打压就能打压得了的，也不是皇权想要瓦解其根基即可瓦解得了的，尽管光武帝实施了一系列措施试图打压势族，也收到了一定的效果，但是，这多半取决于光武帝个人的功业及修为，并不能成为延绵长久的治世良策，正如杨联陞先生所言："光武帝对整个大地主的态度是半推半就不即不离。这种态度，是当时情形下开明君主所必须采取的。只是这种态度，最难维持。而且开明君主不能常有。所以只东汉初两三代君主真能掌握大权。以后政权落到外戚宦官手中，可算是转入豪族自由支配时期了。"①

　　了解了势族集团在东汉初期社会中的地位与作用，再反观光武帝时期的国家统治思想，不难发现当时的最高统治意志基本上与势族集团相关。从一些具体的统治措施看，如何有效地打压势族势力是当时统治理念的一个方面，比如，要求释放奴婢是光武帝以"柔道"治国思想的具体体现。但是，从当时总体的统治理念看，光武帝时期统治思想的形成、发展依顺着势族集团的意志，所推行的"王道"政治理念实质上是为了迎合势族集团。

　　从理论层面看，"王道"政治观是先秦贵族政治文化传统的结晶，其形成与发展的社会基础即是贵族集团普遍拥有的相对独立的军政权利，如若这种政治观在秦汉时期得以实践，那么国家权力须在认可势族集团政治地位及经济利益的基础上加以推行，因为势族集团对皇权的支撑与限制作用是"王道"政治观得以实践的重要前提。如前所述，"王道"政治观是王莽时代统治思想的重要方面，但是，王莽继承了西汉诸帝打压势族的统治意志，其具体施政手段意在瓦解势族集团存续的政治及经济基础，因此遭到势族的全面反抗，新莽政权因此失去了势族集团的普遍支持，皇权与势族集团之间的利益制衡关系因此被打破，这都是导致王莽统治意志无法真正落实的原因。光武帝一方面吸取前朝教训，不再把执政的重点放在清

---

① 杨联陞：《东汉的豪族》，《清华大学学报》（自然科学版）1936 年第 4 期。

除势族集团上，而着力于如何与这个庞大的社会群体达成妥协，另一方面，在接受豪族林立社会现实的前提下，在国家统治思想层面承纳势族的利益诉求，从而为"王道"政治提供了得以实践的机会。

从史实角度看，除上述体现光武帝"柔道"统治理念的一些内容外，"柔道"应当是一种意在与势族达成妥协的统治理念。统观《后汉书·光武帝纪》，光武帝的"柔道"治国理念还十分典型地体现在对势族的优容上。比如，李通深得光武帝恩宠，他与光武帝的君臣关系与儒家的"王道"理想甚为相合：

> 时天下略定，通思欲避荣宠，以病上书乞身。诏下公卿群臣议。大司徒侯霸等曰："王莽篡汉，倾乱天下。通怀伊、吕、萧、曹之谋，建造大策，扶助神灵，辅成圣德。破家为国，忘身奉主，有扶危存亡之义。功德最高，海内所闻。通以天下平定，谦让辞位。夫安不忘危，宜令通居职疗疾。欲就诸侯，不可听。"于是诏通勉致医药，以时视事。其夏，引拜为大司空。
>
> 通布衣唱义，助成大业，重以宁平公主故，特见亲重。然性谦恭，常欲避权势。素有消疾，自为宰相，谢病不视事，连年乞骸骨，帝每优宠之。令以公位归第养疾，通复固辞。积二岁，乃听上大司空印绶，以特进奉朝请。有司奏请封诸皇子，帝感通首创大谋，即日封通少子雄为召陵侯。每幸南阳，常遣使者以太牢祠通父冢。十八年卒，谥曰恭侯。帝及皇后亲临吊，送葬。[①]

或许是出于谦虚自抑的真心，或许是慑于光武帝忌惮功臣的威权，"助成大业"后，李通"连年乞骸骨"，而"帝每优宠之"。李通不仅在其生年地位崇高，死后也拥有无上荣光。史家感叹："论曰：子曰'富与贵是人之所欲，不以其道得之，不处也'。李通岂知夫所欲而未识以道者乎！夫天道性命，圣人难言之，况乃亿测微隐，徼狂无妄之福，污灭亲宗，以觖一切之功哉！昔蒙谷负书，不殉楚难；即墨用齐，义雪燕耻。彼之趣舍所

立，其殆与通异乎?"① 他们二人的关系算得上是君贤臣忠的典范，而光武帝优待李通及其家族是其"柔道"治国理念的具体体现，反映出光武帝力图与势族集团达成良好合作关系的统治思想。

如前所述，光武帝表彰经学的目的在于把更多的儒生纳入统治体系中，使之成为"王道"政治的载体，光武帝优容儒家、标榜经学的做法也对当时崇儒尊经的社会风气起到推波助澜的作用，史称："自光武中年以后，干戈稍戢，专事经学，自是其风世笃焉。"② 光武帝借表彰经学实施"王道"政治的统治意志不仅仅落实于普通儒生身上，更多地与经学世家有关。西汉中期以来，表彰经学逐步成为国家统治的重要内容，至西汉后期逐步形成传承经学的世家大族，新莽时期，以经学参政成为时尚，东汉初年，已形成一个经学世家群体，他们也是势族集团的组成部分。光武中兴，收拢了范升、陈元、郑兴、杜林、刘昆等一大批著名儒生，其中一部分家学深厚，是典型的经学世家出身。据《后汉书·儒林传》，刘昆早年师从沛人戴宾习学《施氏易》，其人"能弹雅琴，知清角之操"，新莽时，"教授弟子恒五百余人"，光武时，任江陵令，后升迁侍中、弘农太守，官至骑都尉。南阳人洼丹"徒众数百人"，此人"学义研深，《易》家宗之，称为大儒"。北海安丘人甄宇"习《严氏春秋》，教授常数百人。建武中，为州从事，征拜博士，稍迁太子少傅，卒于官"。琅邪东武人伏恭于"建武四年，除剧令。视事十三年，以惠政公廉闻。青州举为尤异，太常试经第一，拜博士，迁常山太守。敦修学校，教授不辍，由是北州多为伏氏学"。上述儒生大多出身经学世家，其教授门徒动辄数百上千人，且大多有致仕经历，他们在思想界乃至政界的声音代表着那个时代的"强音"，他们的价值倾向及政治好恶也对儒生集团起到导向作用。士族是势族集团中以经术见长且家学渊源深厚的一个群体，"二汉登贤，莫非经术，服膺雅道，名立行成"。③ 北朝人颜之推也说："汉时贤俊，皆以一经弘圣人之道，上明天时，下该人事，用此致卿相者多矣。"④ 可见，任

---

① 《后汉书》卷15《李通传》，中华书局1965年点校本，第577页。
② 《后汉书》卷79《儒林传》，中华书局1965年点校本，第2588页。
③ 《梁书》卷48《儒林传·序》，中华书局1973年点校本，第662页。
④ 《颜氏家训·勉学》，王利器撰:《颜氏家训集解》(增补本)，中华书局1993年版，第176页。

用有一定文化传统的士族充任官僚是汉代政治的一个传统。光武帝十分重视这些儒学精英，他启用、提拔世家子弟是其表彰经学的重要方面。受经学世家以儒术治国理念影响，当时的官僚体系呈经学化趋向，一些官员本身就是经师，如汝南太守寇恂"素好学，乃修乡校，教生徒，聘能为《左氏春秋》者，亲受学焉"。① 东汉初期官僚集团及其政治文化的经学化②，显然更能典型地体现汉武帝以经学配合"王道"政治的统治理念。

综上，光武帝时期国家统治思想的核心理念是实践儒家的"王道"政治观，如若仅从当时统治思想的具体内容看，锻造政权的合法性及塑造贤君明主形象是这一时期统治思想的主要目标，但如果结合当时的社会背景，可看到光武朝的统治思想与势族集团的利益诉求关系密切，光武帝推行的"柔道"统治理念既有与势族集团相妥协的思想内涵，也有通过优容这一集团达成稳定政局的考量，而表彰经学的统治意志也和在政治上与经学世家合作的统治思想有关。东汉初期，皇权表现出明显的自抑倾向，知识界的批评意志似乎也较为淡薄，正如吕思勉先生所言："中国之文化，有一大转变，在乎两汉之间。自西汉以前，言治者多对社会政治，竭力攻击。东汉以后，此等议论，渐不复闻。"③ 东汉皇权的专制性相对较弱，当时儒生也不专事于"竭力攻击"时政，这与国家与势族集团达成妥协，且势族政治地位得到皇权认可密切相关，而这也是"王道"政治观有效作用于现实政治的典型例证。

---

① 《后汉书》卷 16《寇恂传》，中华书局 1965 年点校本，第 624 页。
② 汪荣：《儒家经学礼法观对东汉社会的控制与整合窥探》，《贵州社会科学》2014 年第 4 期。
③ 吕思勉：《秦汉史》，上海古籍出版社 1983 年版，第 197 页。

第 六 章

总　　论

通过分析先秦、秦汉时期国家统治思想的具体内容及其发展变迁的基本轨迹，笔者感觉到国家权力犹如流动的水一样，起初为小政治共同体内的点滴，逐步汇成涓涓之流，沿着历史发展的长河逐步壮大，至秦时已如滔滔江水。显然，如江河泛滥般广阔、凶猛的君主专权体制在其发展为势不可当的强大力量之前，即帝制中国的国家权力在其最终成为主宰一切的力量之前，有一个漫长的发育、生长过程，其间也受到一些社会势力的抑制、消解，使其专制性无法一蹴而就，而这一点恐怕是这股"流动的权力"中既生动又有趣的历史场景。

在笔者看来，对王权（皇权）形成抑制、消解作用的社会势力即为先秦时期的贵族集团和秦汉时期的势族集团，在早期中国，他们是不可忽视的重要社会势力，在政治、经济、军事等诸项事务中发挥过举足轻重的作用，他们既是形成国家统治的中坚力量，也是抑制、消解王权（皇权）的主要因素。受贵族、势族集团影响，先秦、秦汉时期的国家管理与社会控制方式与后世多有不同，国家统治思想的内涵也因这些社会势力的参与呈现出较为复杂的状态，社会性质也因此颇具时代特色。

——

笔者认为讨论早期国家阶段的统治理念，有必要分析这一时期国家权力运作的制度框架，也须探究这些制度的内在结构，只有这样才能窥见当时统治集团主张或秉持的统治思想。同时，有关统治思想的研究还须以了解、确定特定时期社会性质为前提，否则会失去方向，误判研究对象的时空坐标，得出不恰当的结论。进而言之，思想史研究的结论应当能经得起政治史结论的考验，同时也应当能够帮助人们更加深入地理解、把握特定时期社会性质的研究成果。

　　就中国早期国家阶段的社会性质而言，学术界有过很多讨论。综而观之，结合先秦时期的氏族、分封、宗法制等来确定当时社会性质的成果占多数。比如，陶希圣先生曾用"氏族时代"指涉商周时代①，侯外庐先生把文明时代的氏族遗制称作"维新的路线"，认为我国早期城市国家建构于氏族制度的"废址"之上。② 雷海宗先生认为先秦为部民社会③，沈长云先生也力主这一观点④。晁福林先生也称先秦时期为氏族时代，他认为所谓氏族时代是指氏族作为社会基本组织形式的历史时期，中国古史上的氏族时代的特色主要在于它没有随着原始时代的结束而终结，进入文明时代以后很久，氏族还是社会的基本组织形式，是社会的基本细胞，氏族长期而普遍的存在是影响先秦时代社会性质的主要因素。⑤ 民国时期，诸多学者以古汉语语义中的"封建"即封土建邦指涉西周时期或商周时代。当下，以周代分封、宗法制确定周代社会性质的观点渐成主流，如张广志先生认为三代社会形态为"村社型封建制"⑥ 社会，晁福林先生认为周代王权牢笼于宗法与分封制下⑦，冯天瑜先生也认为夏商至战国可称为封建时代⑧。

　　血缘氏族是构成早期国家阶段社会结构的基础要素，基于血缘氏族理解先秦历史也渐成共识，因此，先秦时期也可称之为氏族时代。但是，当时的氏族及部民虽然是构成先秦社会的基本要素，但从社会性质层面看，

---

　　①　陶希圣：《中国政治思想史》（第一册），中华印刷出版公司1948年版，第9页。

　　②　侯外庐等著：《中国思想通史》（第一卷），人民出版社2011年版，第10、15页。

　　③　雷海宗：《世界史分期与上古中古史中的一些问题》，《历史教学》1957年第7期。

　　④　沈长云：《从不同文明产生的路径看中国早期国家的社会形态》，《文史哲》2014年第5期。

　　⑤　晁福林：《论中国古史的氏族时代——应用长时段理论的一个考察》，《历史研究》2001年第1期。

　　⑥　张广志、李学功：《三代社会形态——中国无奴隶社会发展阶段研究》，陕西师范大学出版社2001年版，第95页。

　　⑦　晁福林：《先秦社会最高权力的变迁及其影响因素》，《中国社会科学》2015年第2期。

　　⑧　冯天瑜：《"封建"考论》（修订版），中国社会科学出版社2010年版，第423页。

超血缘、跨地域社会政治因素决定着当时的社会性质，中国的早期国家已有较为鲜明的地缘色彩，而氏族内部的自然血亲关系虽是划分权力、财富的重要依据，但并不是处理跨地域、超血缘关系的根本准则，因此，仅从氏族角度理解先秦社会形态是不够的。单纯地从宗法制或分封制不能说明当时的社会性质，因为宗法制一方面是特定时代的产物，并不贯穿于整个早期国家阶段，另一方面，它是"宗法封建制"的基层组织，"舍此即无'宗法'制度"①，且"宗法"在一定意义上是传统中国的基本特色；而分封制实际上是商周社会的基本权力设计，尽管比盟誓制度、内外服制更能典型地体现先秦国家权力运作及其制度体系的基本特点，且具有很强的延续性，但它并不触及国家顶层权力设计。因此，以"宗法社会"或"封建社会"概括当时的社会性质实则不够准确。

判定早期国家阶段社会性质方面，时贤早有卓见。张金光先生认为，国家权力是中国历史的决定性因素，不是社会塑造国家权力，而是国家权力塑造了整个社会。② 李振宏先生认为，从人类社会最基本最重大的社会生活领域看，某一历史时段的特点或属性都会在政治问题上反映出来，而政治层面上最核心的问题就是国家政体，国家政体的属性或形式，在任何时代都无例外地是该时代最突出的标志或旗帜，因此，应从国家政体的角度判断社会属性。③ 还有一些学者已注意到贵族集团对当时社会性质的重要影响，杜正胜先生认为，周初以下至战国以前的五百余年间，中国城邦时代的政治可称为贵族政治。④ 赵光贤先生认为西周是贵族政治⑤，刘源先生通过考察西周对商代政治制度及礼制等的承袭，认为当时最为活跃和强势的内服贵族、外服诸侯造就了商周社会结构特点的同一性，商代至春秋的社会可称为"贵族宗法社会"。⑥

结合学界相关观点，笔者认为早期国家阶段影响国家政体的两大权力

---

① 童书业著，童教英校订：《春秋左传研究（校订本）》，《童书业著作集》（第一卷），中华书局 2008 年版，第 454 页。

② 张金光、韩仲秋：《独上高楼，望尽天涯路——张金光教授访谈》，《史学月刊》2012 年第 7 期。

③ 李振宏：《从国家政体的角度判断社会属性》，《史学月刊》2011 年第 3 期。

④ 杜正胜：《周代城邦》，台湾联经出版社 1979 年版，第 93 页。

⑤ 赵光贤：《先秦贵族政治略说》，《宝鸡师院学报》（哲学社会科学版）1989 年第 3 期。

⑥ 刘源：《周承殷制的新证据及其启示》，《历史研究》2016 年第 2 期。

集团为王权（王室集团）和贵族集团，王权是贵族集团的"共主"，可纳入贵族集团，之所以把王权分立出来，唯其虽居于共主地位，但政治属性在一定程度上有别于贵族，且与贵族集团形成联合与对立的双重关系。"王权—贵族"是决定早期国家阶段国家政体的两大政治实体，也是构成国家政体的基本要素，这一时期的社会也可称为"王权—贵族"社会。具体来说，王权与贵族既是政治上的联合体，也是国家权力体系中的一对矛盾体；贵族的世袭权力虽需王权认可，但这一权力及其合法性并非完全来自王权的封赐，特别是在其延续的过程中明显具有相对独立性。在逐级分封的制度体系下，王权一般只与内服诸卿与诸侯一级的外服贵族产生权利义务关系，地方权力运作也采取逐级服从的法则。"王权—贵族"社会的权力运作与皇权政治之间的相同点在于下对上的服从，且都具有二元化的权力结构，不过，前者是逐级服从，后者讲普遍服从，换言之，前者缺乏一以贯之的权力基础和制度保障。

总之，从"王权—贵族"权力结构角度看，早期国家阶段的王权与贵族在长期的政治博弈中，血缘氏族是二者合作、斗争的社会基础，而处理超血缘、跨地域的权力关系与政治问题是当时国家最高统治者面对的主要问题，与之相关的统治理念则是这一阶段统治思想的核心内涵。由"王权—贵族"构成的权力结构实际上就是当时的国家政体，而这一政体又决定着当时的社会性质，了解这一点既有助于厘清当时的国家统治理念，也有助于认清早期国家阶段的社会性质。

二

从秦汉时期国家统治思想的流变过程看，秦代是一个颇为特殊的时期，在强有力的一体化制度体系的作用下，秦似乎摆脱了贵族政治文化传统，君主集权的官僚社会形态似乎得以落实。然而，历史文化传统是一种社会存在和环境，不是想抛弃就能抛弃掉了的[①]，正是因为消解了贵族集团在军政事务中的作用，使秦的一体化施政模式失去了某种制衡而完全超越了各种边界，呈现出非理性的发展趋势，国家

---

① 刘泽华：《中国政治思想史集》（第二卷），人民出版社 2008 年版，第 1 页。

管理与社会控制的各项举措在六国故地遇到的各种挑战也加速了秦的覆灭。

西汉初期，构成当时势族集团主体力量的是六国贵族的余脉，同时，当时的权力体系有不断制造出新的势族力量的社会机制，加之汉初承纳了分封制，势族力量因此不断壮大。鉴于势族集团对皇权构成威胁，《汉书》关于"豪强""豪猾"的历史书写，含有一种违法的意义在内，官僚体系有义务与之作对①，而对付他们的主要办法之一即是迁徙，使之集中于京都，便于监视。西汉及新莽时期，打压势族来强化君权是一以贯之的统治理念。东汉初期，"豪族"势力空前强大，国家政体与这一集团的关系更为密切，杨联陞先生称这一时期为"豪族政权"②。和西汉时势族集团历受皇权打压的态势不同，东汉初期，皇权与势族集团达成妥协，势族的政治地位因此得到巩固，至东汉后期，国家权力沦为势族集团获取政经权益的一个工具，尽管皇权借宦官集团等试图打压势族，但终究不能清除势族在社会诸事务中的影响，他们不仅把持了中央至地方的权力，经济领域也获得了空前利益，且在地方事务中扮演着替代国家权力的重大作用。据学者研究，东汉时钱塘县防海大塘的修建，是由以当地华信家族为代表的豪族联合策划、组织、实施的，本应由政府使用公权力组织实施的水利事业，受到了私家势力相当程度的渗透，反映出这一时期这一地域国家权力并没有贯彻到基层，以及国家统合程度较低的事实。③ 这即是典型例证。

受"爵—秩体系"发展过程中官爵与民爵分化导致官僚贵族化现象的影响④，势族集团的贵族性在东汉乃至魏晋南北朝愈加突出。秦及西汉时期，军功爵制的推行实际上是先秦分封制的泛化，使得当时的国家权力具有形成新的势族力量的生成机制。西汉中期以来，经学与势族的"联姻"，使经学赋予的文化功能成为势族扩大其权势的一种资本，东汉时，庄园经济为势族进一步扩张权势奠定了强大的经济基础，而对中央及地方

① 劳干：《古代中国的历史与文化》，中华书局 2006 年版，第 283 页。

② 杨联陞：《东汉的豪族》，《清华大学学报》（自然科学版）1936 年第 4 期。

③ 王铿：《东汉、六朝时期三吴地域水利事业性质之考察》，《中华文史论丛》2014 年第 4 期。

④ 凌文超：《汉初爵制结构的演变与官、民爵的形成》，《中国史研究》2012 年第 1 期。

政治的有效控制则是势族门阀形成的政治基础①，势族不仅把持中央大权，还胁迫地方官服从他们在地方上的既有秩序，汉桓帝建和元年（147），曾下诏严令地方"不得迫胁驱逐长吏"②，但面对势族势力业已坐大的局面，这样的诏令已于事无补。据严耕望先生研究，秦及西汉，郎吏是宫官，是家臣，其进身多由荫任与訾选，非贵即豪，实为势族子弟续继父兄之业之捷径，故饶有贵族性；西汉末及东汉，郎吏为府官，是朝臣，进身多由孝廉与明经，非文吏即儒生，实优秀平民参政宦达之阶段，故富平民性。郎吏身份的转变，关键在武帝创孝廉、甲科除郎之制。③ 的确，武帝以来，以郎署为组织，收拢平民俊秀参政来达成限制势族权势之政治效果，借此加强了皇权，但是，势族集团借"论族性阀阅"④ 的察举制控制了人才遴选之途，并通过扩充门生、故吏来加强社会控制力量，进而从体制内部抑制、消解皇权。东汉中叶以降，达宦世儒把持郎署，势族权势由此放大，除郎之制会聚民间士人以参政议政的功能已基本消解，这一制度发展演变进程至魏晋时达到高潮，九品官人法的实施即是一个标志。

　　表面上看，旧贵族的衰落，自耕农地位的上升，官僚制度的形成，使秦汉时期皇权得以大大强化，其社会性质与先秦时代完全异质。然而，如若结合史实，且充分估量到势族集团在当时社会诸领域的地位与作用，恐怕不能将这一时期称为皇权专制下的官僚社会。笔者认为，除秦代短暂实现皇权专制外，两汉时期皇权及其官僚体系在国家管理与社会控制中并非完全达成一体化的统治格局，在地理空间上，势族在政经领域的相对独立性使得皇权无法渗入一些区域；在权力划分上，势族集团有时替代了官僚体系的作用，或是成为官僚体系中的主导力量；在社会经济领域，势族是横亘于皇权与吏民之间的重要社会势力，他们与皇权共同争夺人口、土地

　　① 周天游：《东汉门阀形成的上层建筑诸因素——东汉门阀问题研究之三》，《学术界》1989 年第 5 期。

　　② 《后汉书》卷 7《桓帝纪》，中华书局 1965 年点校本，第 289 页。

　　③ 严耕望：《秦汉郎吏制度考》，《严耕望史学论文选集》（下），中华书局，2006 年版，第 283—284 页。

　　④ 《意林》引仲长统《昌言》曰："天下士有三俗：其一俗，选士而论族姓阀阅。"见黄晖撰：《论衡校释》，中华书局 1990 年版，第 536 页。

资源，而一般吏民则在皇权与势族共同构造的权力游戏中成为双方拉拢的对象，这是这一时期下层吏役及自耕农社会地位颇高的主因。因此，既不能放大皇权及其官僚体系在当时社会的地位与作用，也不能仅以国家权力与基层社会关系角度总结这一时期的社会性质，而应当充分考虑到势族集团对当时社会性质的影响。笔者认为这一时期可称为"皇权—势族"社会，皇权与势族集团共同构成当时的统治阶层，二者之间有密切的合作关系，也存有相互制约的关系，尤其是势族集团对皇权的抑制、消解作用是形成这一时期社会性质及其特质的主要因素。事实上，魏晋南北朝时期的士族门阀政治也取决于当时"皇权—势族"社会的社会性质，势族是这一时期社会的中坚力量，即使至南北朝后期，作为门阀士族基础的宗族仍普遍存在，在当时纷乱的社会中仍发挥着坚固凝聚的力量和接力相续的作用，而颂扬门阀士族的思想也在延续。① 田余庆先生认为，门阀政治是皇权与士族势力的某种平衡，是一种在特定条件下出现的皇权政治的"变态"，是政治体制演变的回流。② 笔者认为如若结合秦汉以来势族集团在国家管理与社会控制中的地位与作用，以及在经济、文化诸领域的影响，恐怕不能说门阀政治是因为分裂时代皇权衰微而出现的"变态"体，而是切切实实影响到当时社会性质的社会势力。当然，笔者也并不赞同"六朝贵族论"③，贵族是特殊时代的产物，势族虽有很大权势，毕竟无法与先秦贵族相提并论，先秦以后当没有贵族。中国古代历史的发展也并非如"唐宋变革论"者所说的那样，于宋代进入一个颇为乐观的近世社会，相反，中国古代历史呈现出某种"倒叙"的发展历程，受贵族（势族）集团消解、抑制王权（皇权）专制的影响，先秦、秦汉乃至魏晋南北朝时期的社会尚有较宽松的政治氛围，文人的思想也较激越、奔放，唐宋以来，一元化的专制体系在制度、观念等层面逐步得以全面建构，专制皇权在社会诸领域的渗透程度逐步加深，至清时，因辅加了民族压迫的专制属

---

① 李凭：《〈北史〉中的宗族与北朝历史系统——兼论中华文明长存不衰的历史原因》，《中国社会科学》2016 年第 5 期。

② 田余庆：《东晋门阀政治》，北京大学出版社 1996 年版，第 359—362 页。

③ 持这一观点的主要是日本京都学派，是其"唐宋变革论"的组成部分，日本汉学界持这一观点的学者颇多，比如谷川道雄就认为中世中国为"贵族社会"。参见［日］谷川道雄著，马彪译《中国中世社会与共同体》，中华书局 2004 年版，第 61—106 页。

性，国家权力的一元化意志得以全面落实，思想世界也因此变得黯淡沉寂。

由此观之，春秋战国时期的社会转型显然不是一蹴而就的，至两汉时也未完成转型，其真正转型的下限应当在唐宋，而夏、商、西周及春秋时期属于"王权—贵族"社会，战国时期属于过渡期，两汉魏晋南北朝则属于"皇权—势族"社会。一体化的君主专权体制与思想观念层面上的"王权主义"在先秦至魏晋南北朝时期虽呈由弱渐强的总体发展趋势，但是，最高统治者梦寐以求的一体化君主专制体制在早期中国并没有真正落实。①

笔者认为早期中国阶段存在着二元化的权力结构，王权与贵族、皇权与势族尽管不是平等的关系，但贵族集团对王权的制约以及势族集团对皇权的抑制、消解作用显然是历史事实。中国历史上曾存在过一个漫长的非专制时代，尽管商周最高统治者自称"余一人"，字面上就有王权强大之意，但是，试图强化王权的理念与王权在当时社会中的真实作用是两个问题，不能因为当时有强化王权的理念就得出王权已然强化的判断。中国历史也曾经历过一个皇权想要实施专制但一体化的统治格局还未实现的时代，受势族集团影响，皇权专制在秦汉至魏晋南北朝时期还未真正达成。

从先秦、秦汉国家统治思想的总体特征看，王权（皇权）想要在更广大的区域、更多的社会领域实现专制是其实施国家管理与社会控制的总目标，最高统治者也承纳了一些有利于国家权力平稳运行的统治技术。受制于各个时期特殊的社会政治条件，国家统治思想的表现形式也各有不同。这一阶段的国家统治思想总体上受到二元化权力结构的强烈束缚，王权（皇权）的专制性一定程度上受到抑制。先秦、秦汉时期的政治实践遗留下了宝贵的政治遗产：即以二元化的权力结构保持权力边界，且确保权力运作的稳定有序，这在当时是一个重要政治原则，蕴含其中的政治智慧经儒家、道家、墨家等总结、提炼成为"王道"政治观的主体思想。先秦、秦汉时期贵族、势族集团起到过抑制、消解王权、皇权专制性的作

---

① 雷戈先生也认为刘泽华先生的"王权主义"观是一种典型的整体主义，明显过于绝对，而中国历史上的王权专制有一个变化过程，并非一直如此。参见雷戈《从简单本质到复杂本质——〈中国政治思想通史（综论卷）〉开放出的思想境域》，《史学月刊》2016 年第 5 期。

用，尽管不能视贵族及势族集团为一种正义力量，但史实证明，在传统的贵族（势族）政治文化体系中，君权的专制性无论在观念层面还是在地理区域、典章制度等方面并不能一以贯之，承继并发扬贵族文化传统的诸子思想，也并非皆为服务于王权（皇权）的专制思想。中国古史中存有抑制、消解王权（皇权）、甚至反对专制的制度设计和思想观念，这恐怕既不是一种历史想象，也不是史学诠释的结果，而是被各种历史的或现实的因素遮蔽了的真实的历史细节。

参 考 文 献

一 古籍文献类

（汉）贾谊撰，阎振益、钟夏校注：《新书校注》，中华书局 2000 年版。

（汉）司马迁：《史记》，中华书局 1959 年点校本。

（汉）刘向集录：《战国策》，上海古籍出版社 1985 年版。

（汉）班固：《汉书》，中华书局 1962 年点校本。

（汉）郑玄注，（唐）孔颖达正义，吕友仁整理：《礼记正义》，上海古籍出版社 2008 年版。

（汉）何休解诂，（唐）徐彦疏，（清）阮元校刻：《春秋公羊传注释》（《十三经注疏》本），中华书局 2009 年版。

（汉）王符著，（清）汪继培笺，彭铎校正：《潜夫论笺校正》，中华书局 2014 年版。

（南朝宋）范晔：《后汉书》，中华书局 1965 年点校本。

（魏）杨衒之撰，周祖谟校释：《洛阳伽蓝记校释》，中华书局 1963 年版。

（唐）姚思廉：《梁书》，中华书局 1973 年点校本。

（唐）柳宗元著，易新鼎点校：《柳宗元集》，中国书店 2000 年版。

（宋）司马光：《资治通鉴》，中华书局 1956 年版。

（宋）晁公武撰，孙猛校证：《郡斋读书志校证》，上海古籍出版社 1990 年版。

（明）李贽评纂：《史纲评要》，中华书局 1974 年版。

（清）王夫之：《读通鉴论》，中华书局 1975 年版。

（清）顾炎武著，黄汝成集释，栾保群、吕宗力校点：《日知录集释》，上海古籍出版社 2013 年版。

（清）章学诚著，叶瑛校注：《文史通义校注》，中华书局 1985 年版。

（清）焦循撰，沈文倬点校：《孟子正义》，中华书局 1987 年版。

（清）孙诒让撰，孙启治点校：《墨子闲诂》，中华书局 2001 年版。

（清）王先慎撰，钟哲点校：《韩非子集解》，中华书局 2013 年版。

（清）王先谦撰，沈啸寰、王星贤点校：《荀子集解》，中华书局 2013
年版。

（清）陈立撰，吴则虞点校：《白虎通疏证》，中华书局 1994 年版。

（清）赵翼著，王树民校证：《廿二史札记校证》，中华书局 1984 年版。

国家文物局古文献研究室编：《马王堆汉墓帛书》（壹），文物出版社
1980 年版。

王利器撰：《新语校注》，中华书局 1986 年版。

马承源主编：《商周青铜器铭文选》，文物出版社 1988 年版。

刘文典撰，冯逸、乔华点校：《淮南鸿烈集解》，中华书局 1989 年版。

黄晖撰：《论衡校释》，中华书局 1990 年版。

睡虎地秦墓竹简整理小组：《睡虎地秦墓竹简》，文物出版社 1990 年版。

周振甫：《周易译注》，中华书局 1991 年版。

苏舆撰，钟哲点校：《春秋繁露义证》，中华书局 1992 年版。

王利器：《盐铁论校注》，中华书局 1992 年版。

王利器撰：《颜氏家训集解》（增补本），中华书局 1993 年版。

荆门市博物馆：《郭店楚墓竹简》，文物出版社 1998 年版。

张家山二四七号汉墓竹简整理小组：《张家山汉墓竹简（二四七号墓)》，
文物出版社 2001 年版。

刘雨、卢岩编著：《近出殷周金文集录》，中华书局 2002 年版。

徐元诰撰，王树民、沈长云点校：《国语集解》，中华书局 2002 年版。

承载撰：《春秋穀梁传译注》，上海古籍出版社 2004 年版。

黎翔凤撰、梁运华整理：《管子校注》，中华书局 2004 年版。

蒋礼鸿撰：《商君书锥指》，中华书局 2014 年版。

顾颉刚、刘起釪：《尚书校释译论》，中华书局 2005 年版。

马承源主编：《上海博物馆藏战国楚竹书》（五），上海古籍出版社 2005
年版。

中国社会科学院考古研究所编：《殷周金文集成》（修订增补本），中华书

局 2007 年版。

马承源主编：《上海博物馆藏战国楚竹书》（六），上海古籍出版社 2007
年版。

杨伯峻：《春秋左传注》，中华书局 2009 年版。

许维遹撰，梁运华整理：《吕氏春秋集释》，中华书局 2009 年版。

陈鼓应：《庄子今注今译》，中华书局 2009 年版。

陈鼓应：《老子注译及评介》，中华书局 2009 年版。

湖南省文物考古研究所：《里耶秦简》，文物出版社 2012 年版。

陈伟主编：《里耶秦简牍校释》（第一卷），武汉大学出版社 2012 年版。

程树德撰，程俊英、蒋见元点校：《论语集释》，中华书局 2014 年版。

二　学术专著类

陶希圣：《中国政治思想史》（第一册），中华印刷出版公司 1948 年版。

范文澜：《中国通史简编（修订本）》，人民出版社 1955 年版。

陈登原：《国史旧闻》（第一分册），生活·读书·新知三联书店 1958
年版。

瞿同祖：《中国法律与中国社会》，中华书局 1981 年版。

吕思勉：《秦汉史》，上海古籍出版社 1983 年版。

任继愈：《中国哲学发展史》，人民出版社 1985 年版。

唐兰：《西周青铜器铭文分代史征》，中华书局 1986 年版。

陈梦家：《殷虚卜辞综述》，中华书局 1988 年版。

雷海宗、林同济：《文化形态史观》，台湾业强出版社 1988 年版。

朱凤瀚：《商周家族形态研究》，天津古籍出版社 1990 年版。

胡适著，姜义华主编：《胡适学术文集·中国哲学史》，中华书局 1991
年版。

徐中舒：《先秦史论稿》，巴蜀书社 1992 年版。

傅荣珂：《睡虎地秦简刑律研究》，台北商鼎文化出版社 1992 年版。

宋镇豪：《夏商社会生活史》，中国社会科学出版社 1994 年版。

许倬云：《西周史》，生活·读书·新知三联书店 1994 年版。

谢维扬：《中国早期国家》，浙江人民出版社 1995 年版。

王育民：《中国人口史》，江苏人民出版社 1995 年版。

冷德熙:《超越神话:纬书政治神话研究》,东方出版社1996年版。

吴荣曾主编:《尽心集——张政烺先生八十庆寿论文集》,中国社会科学出版社1996年版。

[美]郝大维、安乐哲著:《孔子哲学思微》,蒋弋为、李志林译,江苏人民出版社1996年版。

胡庆钧主编:《早期奴隶制社会比较研究》,中国社会科学出版社1996年版。

郭沫若:《十批判书》,东方出版社1996年版。

阎步克:《士大夫政治演生史稿》,北京大学出版社1996年版。

田余庆:《东晋门阀政治》,北京大学出版社1996年版。

杨宽:《西周史》,上海人民出版社1999年版。

[美]顾立雅著:《孔子与中国之道》,高专诚译,大象出版社2000年版。

刘小枫:《儒家革命精神源流考》,上海三联书店2000年版。

何兹全:《中国古代社会》,北京师范大学出版社2001年版。

徐复观:《两汉思想史》(第一卷),华东师范大学出版社2001年版。

陈苏镇:《汉代政治与〈春秋〉学》,中国广播电视出版社2001年版。

张广志、李学功:《三代社会形态——中国无奴隶社会发展阶段研究》,陕西师范大学出版社2001年版。

傅斯年:《民族与古代中国史》,河北教育出版社2002年版。

葛剑雄:《中国人口史》(第一卷),复旦大学出版社2002年版。

张光直:《商文明》,辽宁教育出版社2002年版。

[美]赫伯特·芬格莱特著:《孔子:即凡而圣》,彭国翔、张华译,江苏人民出版社2002年版。

[美]艾兰著:《世袭与禅让——古代中国的王朝更替传说》,孙心菲、周言译,北京大学出版社2002年版。

[日]伊藤道治著:《中国古代王朝的形成——以出土资料为主的殷周史研究》,江蓝生译,中华书局2002年版。

曹旅宁:《秦律新探》,中国社会科学出版社2002年版。

王玉哲:《中华远古史》,上海人民出版社2003年版。

李雪山:《商代分封制度研究》,中国社会科学出版社2004年版。

[美]本杰明·史华兹著:《古代中国的思想世界》,程钢译,刘东校,江

苏人民出版社 2004 年版。

［日］谷川道雄著：《中国中世社会与共同体》，马彪译，中华书局 2004 年版。

吕思勉：《先秦史》，上海古籍出版社 2005 年版。

劳干：《古代中国的历史与文化》，中华书局 2006 年版。

辛田：《春秋战国时期社会转型研究》，陕西人民出版社 2006 年版。

詹子庆：《走近夏代文明》，东北师范大学出版社 2006 年版。

李健胜：《先秦文化批判思想研究》，兰州大学出版社 2006 年版。

沈长云：《先秦史》，人民出版社 2006 年版。

严耕望：《严耕望史学论文选集》，中华书局，2006 年版。

张岂之主编：《中国思想学说史》，广西师范大学出版社 2007 年版。

吕静：《春秋时期盟誓研究》，上海古籍出版社 2007 年版。

李零：《郭店楚简校读记（增订本）》，中国人民大学出版社 2007 年版。

李峰著，徐峰译：《西周的灭亡：中国早期国家的地理和政治危机》，上海古籍出版社 2007 年版。

刘泽华：《中国政治思想史集》，人民出版社 2008 年版。

童书业著，童教英整理：《童书业著作集》，中华书局 2008 年版。

王国维著，谢维扬、房鑫亮主编：《王国维全集》，浙江教育出版社、广东教育出版社 2009 年版。

李健胜：《子思研究》，陕西师范大学出版社 2009 年版。

阎步克：《品位与职位：秦汉魏晋南北朝官阶制度研究》，中华书局 2009 年版。

［美］狄百瑞著：《儒家的困境》，黄水婴译，北京大学出版社 2009 年版。

李峰著，吴敏娜等译：《西周的政体：中国早期的官僚制度和国家》，生活·读书·新知三联书店 2010 年版。

［日］工滕元男著：《睡虎地秦简所见秦代国家与社会》，［日］广濑薰雄、曹峰译，上海古籍出版社 2010 年版。

冯天瑜：《"封建"考论》（修订版），中国社会科学出版社 2010 年版。

中国文化遗产研究院编：《出土文献研究》第 9 辑，中华书局 2010 年版。

严耕望：《治史三书》，上海人民出版社 2011 年版。

侯外庐等著：《中国思想通史》（第一卷），人民出版社 2011 年版。

顾颉刚：《顾颉刚古史论文集》，中华书局 2011 年版。

雷晋豪：《周道：封建时代的官道》，社会科学文献出版社 2011 年版。

钱穆：《钱穆先生全集》（新校本），九州出版社 2011 年版。

邢义田：《天下一家：皇帝、官僚与社会》，中华书局 2011 年版。

邢义田：《治国安邦：法制、行政与军事》，中华书局 2011 年版。

田余庆：《秦汉魏晋史探微（重订本）》，中华书局 2011 年版。

张润平、苏航、罗炤编著：《西天佛子源流录——文献与初步研究》，中
国社会科学出版社 2012 年版。

张分田：《中国古代统治思想研究》，人民出版社 2013 年版。

马孟龙：《西汉侯国地理》，上海古籍出版社 2013 年版。

秦晖：《传统十论》，东方出版社 2014 年版。

袁林主编：《早期国家政治制度研究》，科学出版社 2015 年版。

［加］卜正民主编，［美］陆威仪著，王兴亮译：《哈佛中国史》第 1 卷
《早期中华帝国：秦与汉》，中信出版集团 2016 年版。

三　学术论文类

杨联陞：《东汉的豪族》，《清华大学学报》（自然科学版）1936 年第
4 期。

雷海宗：《世界史分期与上古中古史中的一些问题》，《历史教学》1957
年第 7 期。陈梦家：《东周盟誓与出土载书》，《考古》1966 年第 5 期。

唐兰：《马王堆出土〈老子〉乙本卷前古佚书的研究——兼论其与汉初儒
法斗争的关系》，《考古学报》1975 年第 1 期。

顾颉刚：《"周公制礼"的传说和〈周官〉一书的出现》，《文史》（第 6
辑），中华书局 1979 年。

河北省文物管理处：《河北省平山县战国时期中山国墓葬发掘简报》，《文
物》1979 年第 1 期。

徐中舒：《西周史论述（下）》，《四川大学学报》（哲学社会科学版）
1979 年第 4 期。

杨宽：《吕不韦和〈吕氏春秋〉新评》，《复旦学报》1979 年第 5 期。

刘启益：《西周金文中所见的周王后妃》，《考古与文物》1980 年第 4 期。

徐鸿修：《周代贵族专制政体中的原始民主遗存》，《中国社会科学》1981

年第 2 期。

杨范中、祝马鑫：《春秋时期楚国集权政治初探》，《江汉论坛》1981 年第 4 期。

杨宽：《春秋时代楚国县制的性质问题》，《中国史研究》1981 年第 4 期。

王利器：《桑弘羊与〈盐铁论〉》，《西北大学学报》1982 年第 1 期。

徐中舒、唐嘉弘：《论殷周的外服制：关于中国奴隶制与封建制分期的问题》，《人文杂志》1982 年，增刊。

裘锡圭：《甲骨卜辞中所见的"田""牧""卫"等职官的研究——兼论"侯""甸""男""卫"等几种诸侯的起源》，《文史》（第 19 辑），中华书局 1983 年。

何凡：《"国人暴动"性质辨析》，《人文杂志》1983 年第 5 期。

杨希枚：《论先秦所谓姓及其相关问题》，《中国史研究》1984 年第 3 期。

晁福林：《试论殷代的王权与神权》，《社会科学战线》1984 年第 4 期。

李玉洁：《评周厉王革典》，《河南大学学报》（社会科学版）1986 年第 1 期。

朱维铮：《〈论语〉结集脞说》，《孔子研究》1986 年第 1 期。

王玉哲：《尧、舜、禹"禅让"与"篡夺"两种传说并存的新理解》，《历史教学》1986 年第 1 期。

张懋镕：《金文所见西周世族政治》，《人文杂志》1986 年第 6 期。

赵光贤：《先秦贵族政治略说》，《宝鸡师院学报》（哲学社会科学版）1989 年第 3 期。

周天游：《论东汉门阀形成的标志——东汉门阀问题研究之一》，《西北大学学报》（哲学社会科学版）1989 年第 3 期。

彭邦本：《从曲沃代翼后的宗法组织看晋国社会的宗法分封性质》，《中国史研究》1989 年第 4 期。

周天游：《东汉门阀形成的上层建筑诸因素——东汉门阀问题研究之三》，《学术界》1989 年第 5 期。

朱凤瀚：《殷墟卜辞所见商王室宗庙制度》，《历史研究》1990 年第 6 期。

李朝远：《论西周土地交换的程序》，《江西社会科学》1990 年第 6 期。

林宏跃：《论三家分晋形成的社会机制》，《山西师大学报》（社会科学版）1992 年第 1 期。

王步贵:《谶纬与汉代政治》,《西北大学学报》(哲学社会科学版)1992年第 1 期。

晁福林:《"共和行政"与西周后期社会观念的变迁》,《北京师范大学学报》(社会科学版)1992 年第 3 期。

朱君孝、朱思红:《炎帝后裔与周族兴衰》,《西北大学学报》(哲学社会科学版)1994 年第 3 期。

张二国:《先秦时期的会盟问题》,《史学集刊》1995 年第 1 期。

赵伯雄:《从〈春秋繁露〉看董氏〈春秋〉学》,《南开学报》1995 年第 1 期。

吴青:《灾异与汉代社会》,《西北大学学报》(哲学社会科学版)1995 年第 3 期。

罗新:《从萧曹为相看所谓"汉承秦制"》,《北京大学学报》(哲学社会科学版)1996 年第 5 期。

孙立群:《世族、士族与势族》,《历史教学》1997 年第 2 期。

杨东晨、杨建国:《"汉阳诸姬"国史述考》,《学术月刊》1997 年第 8 期。

罗新慧:《周礼·仁政·入仕——孔子无法释然的情结》,《齐鲁学刊》1998 年第 1 期。

沈长云:《古代中国政治组织的产生及其模式》,《史学理论研究》1998 年第 2 期。

张国硕:《试论商代的会盟誓诅制度》,《殷都学刊》1998 年第 4 期。

王双怀:《武则天与酷吏的关系》,《唐都学刊》1999 年第 1 期。

何晋:《秦称"虎狼"考》,《文博》1999 年第 5 期。

张淑一:《周代命氏方式详考》,《陕西师范大学学报》(哲学社会科学版)2000 年第 4 期。

彭邦本:《儒墨举贤禅让观平议——读〈郭店楚墓竹简〉》,《四川大学学报》(哲学社会科学版)2000 年第 5 期。

王晖:《从虡簋铭看西周井田形式及宗法关系下的分封制》,《考古与文物》2000 年第 6 期。

李伟山:《周宣王——中国古代变法改制的先行者》,《文史杂志》2000 年第 6 期。

晁福林：《论中国古史的氏族时代——应用长时段理论的一个考察》，《历史研究》2001 年第 1 期。

李模：《试论先秦盟誓制度的历史功用》，《天府新论》2001 年第 1 期。

查昌国：《论西周孝尊祖敬宗抑制父权——兼论古史研究中经史方法的运用》，《史学理论研究》2001 年第 2 期。

叶文宪：《论春秋战国时期中国社会的转型》，《史学月刊》2001 年第 3 期。

晁福林：《〈庄子·让王〉篇性质探论》，《学习与探索》2002 年第 2 期。

朱绍侯：《西汉初年军功爵制的等级划分——〈二年律令〉与军功爵制研究之一》，《河南大学学报》（社会科学版）2002 年第 5 期。

湖南省文物考古研究所等：《湖南龙山里耶战国——秦代古城一号井发掘简报》，《文物》2003 年第 1 期。

朱绍侯：《从〈二年律令〉看汉初二十级军功爵的价值——〈二年律令〉与军功爵制研究之四》，《河南大学学报》（社会科学版）2003 年第 2 期。

臧知非：《两汉之际儒生价值取向探微》，《史学集刊》2003 年第 2 期。

董珊：《略论西周单氏家族窖藏青铜器铭文》，《中国历史文物》2003 年第 4 期。

李玉洁：《论任人惟亲制度对楚国的负面影响》，《河南大学学报》（社会科学版）2003 年第 5 期。

阎步克：《〈二年律令·秩律〉的中二千石秩级阙如问题》，《河北学刊》2003 年第 5 期。

曾加：《〈二年律令〉中的〈盗律〉及其法律思想初探》，《西安电子科技大学学报》（社会科学版）2004 年第 4 期。

沈刚：《〈张家山汉简·二年律令〉所见汉初国家对基层社会的控制》，《学术月刊》2004 年第 10 期。

晁福林：《试论先秦道家"无为"思想的历史发展——从关于郭店楚简的一个争论谈起》，《江汉论坛》2004 年第 11 期。

张鹤泉：《〈二年律令〉所见二十等爵对西汉初年国家统治秩序的影响》，《吉林师范大学学报》（人文社会科学版）2005 年第 3 期。

张分田：《秦汉之际法、道、儒三种"无为"的互动与共性——兼论"无为而治"是中国古代的一种统治思想》，《政治学研究》2006 年第 2 期。

顾钦：《从〈左传〉灾异、占卜、战争记载看兵家阴阳思想》，《上海大学学报》（社会科学版）2006 年第 3 期。

薛海波：《东汉颖川豪族的官僚化和士族化》，《文史哲》2006 年第 6 期。

万光军：《儒学革命观的逻辑解读》，《中华文化论坛》2007 年第 1 期。

雒有仓：《论西周的盟誓制度》，《考古与文物》2007 年第 2 期。

卜宪群：《春秋战国乡里社会的变化与国家基层权力的建立》，《清华大学学报》（哲学社会科学版）2007 年第 2 期。

张分田：《深化中国古代统治思想研究的几点思考》，《天津师范大学学报》（社会科学版）2007 年第 3 期。

晁福林等：《周代宗法制问题研究展望》，《历史教学问题》2007 年第 3 期。

高凯：《秦代人口比例与人口下降问题——以刑徒墓的发现为例》，《文史哲》2007 年第 5 期。

周淑萍：《宋代孟子升格运动与宋代儒学转型》，《史学月刊》2007 年第 8 期。

张忠炜：《〈二年律令〉年代问题研究》，《历史研究》2008 年第 3 期。

秦进才：《汉武帝时代的皇权与酷吏》，《河北师范大学学报》（哲学社会科学版）2008 年第 5 期。

杨振红：《秦汉官僚体系中的公卿大夫士爵位系统及其意义——中国古代官僚政治社会构造研究之一》，《文史哲》2008 年第 5 期。

方光华：《思想与皇权的协调——论孝观念从孔孟到〈白虎通义〉的转变》，《学术研究》2008 年第 5 期。

王彦辉：《试论〈二年律令〉中爵位继承制度的几个问题》，《江苏行政学院学报》2009 年第 2 期。

杜勇：《从陶寺文化看尧舜部落联合体的性质》，《中华文化论坛》2009 年第 3 期。

彭裕商：《禅让说源流及学派兴衰——以竹书〈唐虞之道〉、〈子羔〉、〈容成氏〉为中心》，《历史研究》2009 年第 3 期。

李振宏：《"禅让说"思潮何以在战国时代勃兴——兼及中国原始民主思

想之盛衰》，《学术月刊》2009 年 12 期。

秦平：《〈春秋穀梁传〉华夷思想初探》，《齐鲁学刊》2010 年第 1 期。

骆扬：《原"孝"——从"孝"看西周的时代背景》，《中国社会科学院研究生院学报》2010 年第 1 期。

方克立、陆信礼：《"侯外庐学派"的最新代表作——读〈中国儒学发展史〉》，《中国社会科学院研究生院学报》2010 年第 2 期。

贾文丽：《关于〈二年律令·户律〉受田宅对象的探讨——兼与李恒全同志商榷》，《首都师范大学学报》（社会科学版）2010 年第 3 期。

徐冲：《"禅让"与"起元"：魏晋南北朝的王朝更替与国史书写》，《历史研究》2010 年第 3 期。

王树明：《山东省高青县陈庄西周城址周人设防薄姑说——也谈齐都营丘的地望与姜姓丰国》，《管子学刊》2010 年第 4 期。

陈苏镇：《东汉的豪族与吏治》，《文史哲》2010 年第 6 期。

山东省文物考古研究所：《山东高青县陈庄西周遗址》，《考古》2010 年第 8 期。

朱子彦、王光乾：《曹魏代汉后的正统化运作——兼论汉魏禅代对蜀汉立国和三分归晋的影响》，《中国史研究》2011 年第 1 期。

李若晖：《厉始革典——中国专制君权之萌生》，《政治思想史》2011 年第 1 期。

陈勇：《论钱穆文化民族主义史学思想的形成》，《史学理论研究》2011 年第 2 期。

张学海等：《山东高青县陈庄西周遗址笔谈》，《考古》2011 年第 2 期。

葛兆光：《什么才是"中国的"思想史？》，《文史哲》2011 年第 3 期。

李振宏：《从国家政体的角度判断社会属性》，《史学月刊》2011 年第 3 期。

陈莹：《从接受视域探析唐前〈史记〉的儒化现象》，《史学月刊》2011 年第 5 期。

谢乃和：《春秋时期晋国家臣制考述》，《史学月刊》2011 年第 10 期。

王翠、马孟龙：《汉高帝十年侯国地理分布研究》，《历史地理》（第二十六辑），2012 年

魏道明：《中国古代容隐制度的价值与正当性问题》，《青海社会科学》

2012 年第 1 期。

凌文超：《汉初爵制结构的演变与官、民爵的形成》，《中国史研究》2012
年第 1 期。

王震中：《论商代复合制国家结构》，《中国史研究》2012 年第 3 期。

李健胜：《古史儒化现象探析——以井田制、禅让制为中心》，《史学理论
研究》2012 年第 4 期。

张金光、韩仲秋：《独上高楼，望尽天涯路——张金光教授访谈》，《史学
月刊》2012 年第 7 期。

晁福林：《"君民同构"：孔子政治哲学的一个重要命题——上博简和郭店
简〈缁衣〉篇的启示》，《哲学研究》2012 年第 10 期。

李巍涛：《汉代酷吏的法律文化解读》，《陕西师范大学学报》（哲学社会
科学版）2013 年第 2 期。

李振宏：《中国政治思想史研究中的王权主义学派》，《文史哲》2013 年
第 4 期。

朱凤瀚：《论西周时期的"南国"》，《历史研究》2013 年第 4 期。

刘源：《"五等爵"制与殷周贵族政治体系》，《历史研究》2014 年第
1 期。

王海、张利军：《伯唐父鼎与周穆王治理荒服犬戎》，《东北师大学报》
（哲学社会科学版）2014 年第 1 期。

赵世超：《服与等级制度》，《陕西师范大学学报》（哲学社会科学版）
2014 年第 2 期。

杨国荣：《以人观之、以道观之与以类观之——以先秦为中心看中国文化
的认知取向》，《中国社会科学》2014 年第 3 期。

［日］阿部幸信：《西汉时期内外观的变迁：印制的视角》，《浙江学刊》
2014 年第 3 期。

张富祥：《黄老之学与道法家论略》，《史学月刊》2014 年第 3 期。

晁福林：《"五刑不如一耻"——先秦时期刑法观念的一个特色》，《社会
科学辑刊》2014 年第 3 期。

李健胜：《文本与政治变迁——思想文化史视域中的秦汉君主专制及其建
构》，《中国史研究》2014 年第 3 期。

王铿：《东汉、六朝时期三吴地域水利事业性质之考察》，《中华文史论

丛》2014 年第 4 期。

汪荣：《儒家经学礼法观对东汉社会的控制与整合窥探》，《贵州社会科学》2014 年第 4 期。

谢维扬：《禹会涂山之意义及中国早期国家形成过程的特点》，《蚌埠学院学报》2014 年第 4 期。

沈长云：《从不同文明产生的路径看中国早期国家的社会形态》，《文史哲》2014 年第 5 期。

桓占伟：《百家争鸣中的共鸣——以战国诸子"义"思想为中心的考察》，《史学月刊》2014 年第 6 期。

李秀华：《先秦无为思想起源考论》，《海南大学学报》（人文社会科学版）2014 年第 6 期。

尹弘兵：《地理学与考古学视野下的昭王南征》，《历史研究》2015 年第 1 期。

晁福林：《先秦社会最高权力的变迁及其影响因素》，《中国社会科学》2015 年第 2 期。

康丽：《近三十年殷商内外服制研究述评》，《殷都学刊》2015 年第 3 期。

魏晓立、钱宗范：《清华简〈保训〉"中"字再辨》，《古籍整理研究学刊》2015 年第 5 期。

程平山：《两周之际"二王并立"历史再解读》，《历史研究》2015 年第 6 期。

张利军：《商代内外服制度的发展、演变》，《兰州学刊》2015 年第 12 期。

邓联合：《"阴谋家"：老子何以被诬?》，《中国哲学史》2016 年第 1 期。

胡宁：《从大河口鸟形盉铭文看先秦誓命规程》，《中国史研究》2016 年第 1 期。

董灏智：《〈孟子〉的尴尬》，《读书》2016 年第 2 期。

晋文：《西汉"武功爵"新探》，《历史研究》2016 年第 2 期。

刘源：《周承殷制的新证据及其启示》，《历史研究》2016 年第 2 期。

李凭：《〈北史〉中的宗族与北朝历史系统——兼论中华文明长存不衰的历史原因》，《中国社会科学》2016 年第 5 期。

雷戈：《从简单本质到复杂本质——〈中国政治思想通史（综论卷）〉开放出的思想境域》，《史学月刊》2016 年第 5 期。